한국사법의 근대성과 근대화를 생각한다

신화와 우상을 넘어선 성찰적 법의 역사를 위하여

김성돈 · 이정훈 · 다키이 가즈히로 ·
류부곤 · 박성민 저

세창출판사

이 책은 한국연구재단의 지원으로 세창출판사가 출판, 유통합니다.

이 도서의 국립중앙도서관 출판시도서목록(CIP)은 e-CIP 홈페이지(http://www.nl.go.kr/ecip)에서 이용하실 수 있습니다.(CIP제어번호: CIP2013000125)

머리말

오늘도 어제처럼 법학교수는 법학을 가르치고 연구한다. 판사, 검사, 변호사는 각자의 위치에서 자신의 임무를 수행하고 있다. 서울남부지방법원은 조선시대 한성부와 다르다. 성균관대학교는 더 이상 조선조의 성균관이 아니다. 우리는 우리가 인식하든 인식하지 못하든 '근대'라는 공간 속에서 살고 있다. 법도 '근대'라는 형식으로 존재한다. 근대법을 배우고, 근대법을 가르치고, 근대법으로 재판을 한다. 그러나 우리는 우리에게 주어진 이 '근대'라는 것에 대해 성찰하는 것을 터부시해 왔다. 근대법과 근대법원은 갑자기 하늘에서 떨어졌거나 땅에서 솟아난 것인 양 치부해 버리면 그만이었다. 이러한 의도적 회피의 이유는 무엇일까? 우리의 '근대'를 성찰하기 위해서는 '근대일본'이라는 괴물과 마주쳐야 하기 때문이다.

우리는 우리가 누구인지 잘 모른다. 현재 우리의 법원이 또는 검찰이 가지고 있는 문제의 연원을 모른다. 문제의 연원을 모르기 때문에 문제를 해결하기 위해 내놓는 방법도 부박할 수밖에 없다. 어떤 문제에 봉착하면 선진국에서 시행하고 있는 제도 중 일부를 취사선택하여 수입하면 된다고 간단하게 생각한다. 역사문화적 배경의 간격과 사상사적 맥락의 다름은 엄청난 차이임에도 불구하고 이를 의도적으로 또는 의식하지 못한 채 간과해 왔다. 한국에서 법학은 단지 영미와 독일의 이론을 번역하여 소개하는 것을 의미했다.

역사적 평가도 극단적인 이분법에 충실했다. 개화파 인사들은 친일파로 지탄받다가도 내재적 발전의 근거로 혹은 자주적 근대화

가능성의 선구자로 숭배되기도 했다. 근대인물이나 제도에 관한 연구는 마치 기념사업회의 홍보물처럼 찬양이나 숭앙으로 점철되거나 정치선언문처럼 '수탈', '침탈', '폭압'이라는 압축적 개념어로 그 역사적 의의가 매도되기도 했다. 통감부 이전 정치개혁이나 사법개혁에 관한 해석도 그 개혁에 참여한 사람들의 생물학적 유전자가 더 중요한 문제였다. 이토 히로부미의 메이지 헌정을 그대로 추종하는 인사가 있다고 가정해 보자. 법사의 맥락에서 이 사람의 유전자가 중요한 것인가 아니면 내면의 법사상이 더 중요한 것인가?

본 한국형벌사 연구팀은 한국연구재단의 연구과제(KRF 2009-32A-B00225)를 수행하면서 이러한 극단적 이분법이 만들어 내는 문제점들을 극복하고 객관적으로 한국사법의 '근대성'과 '근대화'를 인식하고자 노력했다. 한국사법의 근대성과 근대화를 분석하기 위한 통합과학적 인식을 가로막는 신화와 우상을 파괴하는 것이 이 연구의 가장 중요한 목적이다.

이에 김성돈 교수는 "한국 형법의 사회상규조항의 계보와 그 입법적 의의"라는 연구를 통해, 한국의 대표적 근대법률가로 숭배의 대상이 된 김병로와 동양적 전통사상에 근거한 독자적 형법조항으로 평가받는 '사회상규조항'을 독일 나치형법의 맥락 속에서 설명함으로써 그 계보와 입법적 의의를 분석해 내었다.

이정훈 교수는 "한국 법체계에서 근대성, 근대화 논의의 의의: 변증적 성찰을 통한 역사적 현존재의 이해와 해석"이라는 연구를 통해 '한국법사에서 근대란 무엇인가?'라는 본질적 문제를 다루었다. 가치평가와 사실기술을 분리하는 연구방법을 시도하지 않음으로써 '근대' 논의에서 사회과학이 잠식되는 한국적 상황을 분석하였다.

사법의 영역에서 일본의 영향으로 발생한 근대적 변화를 분석 없이 '폭압'의 수단으로 단정하는 태도의 비과학적 모순을 지적하고 오리엔탈리즘과 식민주의를 극복한다는 미명하에 역설적으로 오리엔탈리즘과 식민주의의 전형이 되어버린 선행연구들을 비판했다. '근대란 무엇인가?'에 대한 성찰은 존재하지 않는 근대의 원형을 발굴하기 위함이 아니고, 현존재의 성찰적 자기이해의 과정이라는 철학적 해설을 내놓았다. 또한 한국법의 역사에서 무엇이 단절된 것이고, 무엇이 연속된 것인가를 일본의 근대적 영향을 기준으로 분석하는 작업이 필수불가결한 것임을 주장했다.

다키이 가즈히로 교수는 "지(知)의 정치가, 통감 이토 히로부미의 사상적 배경"이라는 연구를 통해 한국의 사법과 정치에 엄청난 영향을 끼친 이토 히로부미에 대한 객관적 연구가 부족한 한국의 현실을 지적하면서, '지의 정치가'로서 서구의 근대를 수용한 이토 히로부미 사상의 근대성을 객관적으로 설명했다.

류부곤 교수는 "안중근 재판에 대한 형사법리적 검토"라는 연구를 통해 민족주의적 감상이 아닌 형사법리의 객관적 관점에서 안중근 재판을 분석했다. 근대적 형사재판이라는 차원에서 당시 일본의 근대형사법의 실제를 파악할 수 있을 뿐만 아니라, 식민지화 과정에서 사법의 현실을 객관적으로 인식할 수 있는 연구를 수행했다.

박성민 박사는 "일제강점기 사상범에 대한 형사사법절차: 이재유의 조선공산당재건 경성지방협의회사건을 중심으로"라는 연구를 통해 식민지 시기 일제가 운용한 형사사법절차의 실제를 사상범 이재유 사건을 통해 객관적으로 분석했다.

19세기 조선의 사법과 정치현실을 냉철하게 비판하며 개혁을 부르짖었던 다산 정약용은 긴 유배생활을 통해 현실정치에서 철저하게 배제되었다. 다산과 같은 개혁가들을 제거하고 부패한 권력을 공고하게 만든 조선은 20세기 초에 이르러 더 이상 국가라고 하기 어려운 지경에 이르렀다. 19세기 이전에 이미 왜란과 호란을 겪은 조선의 지식인들은 국제정세와 현실을 객관적으로 인식하기보다 콤플렉스와 패배감으로 조선을 더욱 고립시켰고 '소중화'라는 소아병적 우상과 신화를 만들어 내었다. 이 소아병적 역사인식의 전통은 과학적 분석과 해석을 저해하는 유산으로 현재까지 지식계에 잔존하고 있다.

일제 식민통치를 겪은 우리는 근대성과 근대화의 실상과 근대일본의 영향을 과학적으로 분석하기보다 고종과 민씨 척족의 부패권력을 계몽군주의 체제로 미화하려는 민족주의적 감상을 더 선호하고 있다. 일제의 영향을 모두 폭압으로 설정해야 하기 때문에 다산의 개혁을 좌절시켰던 부패의 시대를 고매한 선비들의 이상적 철인정치 시대로 미화하기도 한다. 근대일본의 영향을 과학적으로 분석하는 시도들을 '폭압'이라는 단어로 멸절시키는 그야말로 학술의 세계에서의 폭압을 민족주의의 신화로 감행한다. 근대법사를 논한다고 하면서 아예 '근대'에 대한 논의를 배제시키는 태도도 일반적이었다. "근대란 무엇인가?"라는 질문을 회피한 연구자가 어떻게 한국근대법사를 논할 수 있다는 말인가? '근대'를 탈락시킨 상태에서 근대법을 논하고 근대법을 배우고 근대법으로 재판을 해왔다.

때로는 지식세계의 심각한 공간적 불일치도 발생한다. 몸은 서울, 부산, 울산에 살면서 마치 자신의 정신은 런던, 뉴욕, 파리, 프랑크푸르트에 살고 있는 것처럼 시공간의 맥락 없이 포스트모던에 들떠 있는 한국 지식인들의 역설적인 우상과 신화가 존재했다. 이러한 우상과 신화에서 벗어나기 위해 21세기에 오히려 베버의 통합과학적 방법론에 주목해야 하는 분명한 이유가 존재하는 것이다. 존재하는 것을 과학적으로 분석하는 행위와 나아가야 할 길을 제시하는 행위는 분명히 다르다. 그러나 존재하는 것에 대한 과학적인 분석이 없으면 나아가야 할 길도 알 수 없는 것은 자명하지 아니한가?

끝으로 한국형벌사 연구팀의 연구를 지원해 주시고 격려해주신 연구자들, 가족들, 지인들께 감사를 드린다. 특히 독회와 세미나를 위해 장소를 제공해 주신 성균관대학교 법학연구소와 한-일 국제학술교류를 적극적으로 지원해 주신 일본 고베대학교 법학전문대학원의 토시 미노하라 교수님께 감사의 마음을 전한다.

2012년 겨울

한국형벌사 연구팀

▌차 례▌

제1장

한국 법체계에서 '근대성', '근대화' 논의의 의의: 변증적 성찰을 통한 역사적 현존재의 이해와 해석

이정훈

제2장 한국 형법의 사회상규조항의 계보와 그 입법적 의의 김성돈

제3장 '안중근 재판'에 대한 형사법리적 검토

류부곤

제4장 지(知)의 정치가 —통감 이토 히로부미의 사상적 배경—

다키이 가즈히로(瀧井一博)

제5장 일제강점기 사상범에 대한 형사사법절차 —'이재유의 조선공산당재건 경성지방협의회사건'을 중심으로—

박성민

제1장

한국 법체계에서 '근대성', '근대화' 논의의 의의: 변증적 성찰을 통한 역사적 현존재의 이해와 해석

이 정 훈

한국사법의 근대성과 근대화를 생각한다

I. 근대성, 근대화에 관한 논의의 한국적 문제 상황

1. 서구화는 문명화라는 등식과 서구화는 근대화라는 등식의 문제: 변증적 성찰과 역사적 자기이해를 위한 근대성, 근대화 논의

(1) 우리에게 '근대'의 경험은 존재하지 않았는가?

최근 한 원로학자가 스스로의 지적 여정을 다룬 책 한 권을 내놓았다. 한국의 근대를 고민하는 필자에게 이 책은 가뭄 때 시원한 소나기 같은 감동을 선사해 주었다. 그는 젊은 시절 전공이 무엇이냐는 질문을 받았을 때 "한국근대문학"이라고 답하면서 느꼈던 불안감을 솔직하게 고백했다. '한국'도 '문학'도 어느 수준에서 규정되기 이전, 요컨대 선험적인 범주로 인식되었지만 그 한가운데 놓인 '근대'야말로 괴물의 형상으로 저만치 놓여 자신을 노려보고 있었다고 술회하고 있다.[1] 그는 이 괴물과 싸웠고, 그의 지적 여정 앞에 존경심을 표하지 않을 방도가 없었다.

한국에서 법학을 전공한다고 하면서, 필자도 이 질문으로 늘 불안했다. 한국의 사법근대화와 법의 근대성은 무엇인가? 이 질문에 답하지 않고서는 한 발짝도 나아갈 수 없다는 불안감 속에서, 하지만 아무도 불안해하고 있지 않다는 기괴한 사실에 불안감은 더 커져만 갔다. 마치 모두가 구한말에 냉동고에서 깊이 잠들었다가 깨어보니 현재의 법원과 검찰이 존재하게 된 것처럼 공부하고 토론했다. 한국 법체계에서 근대는 정말 도둑처럼 아무도 모르게 타임머신을 타고 우리 앞에 현재의 상태로 주어진 것인가? 근대 일

---

1) 김윤식, 『내가 읽고 만난 일본』, 그린비, 2012, 25면.

본의 영향을 '수탈'이나 '이중국가' 등의 단순한 이데올로기적 역사 해석을 집약한 개념어로만 표현할 수 있는가?

"켈젠이나 하트, 드워킨을 왜 공부하는가?"라는 질문에 "켈젠이니까 드워킨이니까 당연히 공부해야지, 그런 질문을 왜 해?"라는 반문이 자연스러운 한국의 지적 풍토에서 이런 질문은 다소 엉뚱한 것일 수도 있다. 우리가 공부하는 '근대법'에서 자연스럽게 '한국'은 탈락되고, 이것이 이상할 이유도 이상할 필요도 없었다. 우리는 그저 한국사회와 무관하게 한국사회에 살면서도 한국과 관련이 없는 사람처럼 우주공간을 유영하며 독일과 영미의 학자를 소개하고 그들의 이론을 수입하면 그만이었다.

어떤 이는 마치 '근대'가 영원히 현실세계에서는 도달할 수 없는 이상적인 '민주주의', '입헌주의'의 이념인 양 설명하고, 어떤 이는 '근대'의 원형이 존재하므로 한국 법사의 법과 법현실이 이 원형에 부합하는가를 따져본다. 식민지 또는 식민지적 현상은 근대의 이상적 원형에 부합하지 못하므로 또는 이상적 상황에 도달하지 못했으므로 우리에게는 근대화의 경험도 근대성에 대한 인식도 존재할 수 없다는 말인가?

정녕 우리에게는 사법근대화의 과정도 근대성의 역사적 경험도 존재하지 않은 채 어느 날 불현듯 현재의 사법체계가 별똥별처럼 우리 앞에 떨어져 존재하고 있는 것인가? 법원이나 검찰의 개혁을 논의할 때도, 기타 입법에 관한 논의를 할 때도 몇몇 선진국의 예를 찾아 비교한 뒤 졸속으로 진지한 성찰 없이 제도를 수입하는 것으로 상황을 마감하는 한국적 태도의 원인은 바로 이러한 왜곡된 역사인식에서 비롯되었다고 할 수 있다.

하이데거에 의하면 모든 역사적 시대는 존재의 의미에 대한 특정한 이해를 전제하고 있다. 예컨대 중세에서 존재자가 '존재한다'는 것은 '신의 피조물로서 존재한다'는 것을 의미하고, 현대의 과학기술시대에서 존재자가 '존재한다'는 것은 '인간이 그것의 작용법칙을 냉철히 파악하는 것을 통해서 지배할 수 있는 에너지들의 집합체로서 존재한다'는 것을 의미한다.[2] 분명 '법'이라는 존재는 한국사회에서 유교적 '禮'의 수사가 아닌, 새로운 의미로 존재하게 되는 역사적 과정을 겪었다. 조선시대를 관통하는 '禮'의 실현도구로써의 '법'이나, 유교적 통치목적에 부합하는 수단으로써의 '법'은 더 이상 존재하지 않는다. 서구로 상징되는 근대일본을 접촉하고, 그들을 닮고자 충동하는 과정에서 경험한 새로운 '법'이라는 존재의 의미에 대한 특정한 이해와 그 역사성을 밝히는 것이 바로 근대 논의의 의의가 된다.

하이데거는 해석학이라는 명칭을 현존재의 역사성에 대한 이해와 해석이라고 설명한다.[3] 법이 현재 한국사회에 존재한다면 '근대'는 이 존재의 일종의 존재방식이다. 어느 순간 의미체계를 완전히 바꾼 새로운 존재방식이 도입되었고, 시간 속에서 역사성을 갖고 이 법이라는 존재는 변화되어 현재에 이르렀다.

한국 법체계에서 근대화와 근대성을 논의하는 것은 실체가 없는 근대의 원형을 찾고자 함도 아니요, 민족주의적 감상으로 어떤 이데올로기를 유통시키고자 함도 아니다. 한국이라는 공간과 시간

---

2) 이수정 · 박찬국, 『하이데거 그의 생애와 사상』, 서울대출판부, 2004, 54면.
한국의 연구자가 설명한 하이데거의 이론이나 입장에 다른 의견이 있다거나, 혹은 그 연구자가 하이데거를 오해했다고 판단되는 경우가 아니라면, 하이데거를 직접 인용할 필요가 없다고 생각한다. 2차문헌이 아닌 1차문헌을 보았음을 확인하는 불필요한 주석이나 동 시대의 한국연구자의 노력을 인정하지 않고 투명인간 취급하는 태도는 저급한 것이라고 생각한다. 이런 태도들이 바로 내면의 식민성이 아니겠는가? 필자는 불필요한 주석을 모두 생략했다.

3) 양해림, 『현대해석학강의』, 집문당, 2011, 88면.

속에서 '근대'라는 새로운 존재방식으로 존재하게 된 '법'이라는 존재의 역사성을 이해하는 것, 즉 현재 한국의 법과 법체계의 역사성에 대한 이해와 해석과정 그 자체가 바로 근대 논의가 되는 것이다. 다시 말해, 근대논의는 현재의 법체계에서 법을 인식하고 살고 있는 우리의 '자득적 자기 이해'를 위한 해석과정인 셈이다. 우리 자신을 냉정하게 성찰하여 우리가 가야 할 길을 모색하기 위한 필수불가결한 실존적 자기이해의 과정이다. 여기서 한 가지 분명해지는 것은 근대일본을 간과하고 우리의 현재를 말할 수 없다는 역사성에 대한 이해이다. 이제 역사성의 이해와 해석을 통한 자기이해라는 차원에 기초해서 한국법의 근대화와 근대성에 관한 논의를 시작해 보자.

(2) 근대 일본은 우리에게 무엇인가?

'일본의 진보 역사학자들이 말하는 한국 강제 병합의 의미'라는 부제가 붙은 『일본, 한국 병합을 말하다』라는 책은 일본의 한국병합을 '근대화'라는 관점에서 평가하는 시도들을 겨냥한 비판적 연구서라고 할 수 있다. 이 책에서 미야지마 히로시(宮嶋博史) 교수는 후쿠자와 유기치(福澤諭吉)와 마루야마 마사오(丸山眞男) 등 일본학자들의 '탈아론(脫亞論)'적 역사인식 패러다임을 문제삼는다. 즉, '서구화 = 문명화'의 도식을 거부하고 '유교문명주의'의 역사적 의의를 재고해야 한다는 입장을 제시하고 있다.[4]

그의 주장은 '일본에 의한, 일본을 통한 한국의 근대화'라는 논제에 중요한 반대 논거가 될 수 있다고 생각한다. 또한 동아시아

---

4) 미야지마 히로시(宮嶋博史)/최덕수 역, "일본사 인식의 패러다임 전환을 위하여," 『일본, 한국병합을 말하다: 일본의 진보 역사학자들이 말하는 한국 강제 병합의 의미』, 열린책들, 2011, 15-44면.

유교문명주의의 의의도 상세하게 재고되어야 한다는 그의 의견에 동의한다. 그러나 그 이전에 '근대화'와 '근대성'에 대한 개념문제를 다른 시각에서 톺아보아야 한다.

'서구화 = 문명화'라는 등식은 성립할 수 없다. 그렇다. 조선의 유교문명과 중국 명(明)대의 유교문명은 당시 서유럽의 문명과 견주어 '반문명'이라고 할 수 없다. 오히려, 어떤 면에서는 선진적이라고 평가할 수 있는 내용도 존재했다. 예를 들어, 중앙집권적 관료제의 발전은 서구에 비해 중국이 선도적이라는 사실을 부정할 수 없다.[5] 서구 밖의 세계를 '반문명'으로 묘사하는 것에 동의할 수는 없다. '비서구 = 반문명'의 등식은 서구의 승리감이 오만하게 투영된 평가임을 부정할 수 없다. 그러나 '서구화 = 근대화'의 등식의 배경에 존재하는 '도구적 합리성'의 문제는 지양되어야 할 것이 아니라, 오히려 동아시아의 역사적 특수성으로 인하여 구체적 근대 징후들을 포착할 수 있는 전제로써 분석적 유용성을 제공해 줄 수 있다.

후쿠자와 유기치의 문명론을 상세하게 분석하면서 제시된 키워드는 '접촉'과 '충동'이다.[6] 일본이 역사적으로 중국과 인도로 상징되는 유교와 불교를 접촉한 사건, 그리고 서양문명과 접촉한 사건을 유비적 관점에서 평행적으로 이해할 수는 없다. 또 이해해서도 안 된다. "선진적인 서양 문명국을 모범으로 삼아 근대 일본에서의 문명적 인민의 창출을 추구한다"라는 후쿠자와의 말처럼, 그들에게는 명확한 추종모델이 존재했고 공포의 감정을 기초로 생존

---

5) 프랜시스 후쿠야마(Francis Fukuyama)/함규진 역, 『정치질서의 기원』, 웅진지식하우스, 2012, 144면.

6) 고야스 노부쿠니(子安宣邦)/김석근 역, 『후쿠자와 유기치의 문명론의 개략을 정밀하게 읽는다』, 역사비평사, 2007, 23-30면.

이냐 죽음이냐의 실존적 기로에서 서양과 접촉했고 서양을 닮고자 충동했다.

동아시아의 역사에서 서양과의 만남은 결코 간과할 수 없는 근대와 전근대 사이의 '연속과 단절', 즉 '연속된 것'과 '단절된 것'이라는 역사적 '현실'을 만들어 내었다. '접촉'과 동시에, 그들처럼 되어야 한다는 목적적 '충동'이 발생했다. '접촉'과 '충동'은 '연속과 단절'이라는 역사적 '현실태'들을 만들어 내었다. 어쩌면 동아시아의 역사적 특수성으로 인해, '근대성'은 '식민성'을 본질적으로 보지하고 있다고 할 수 있다.[7)]

한국은 일본이 서양문명을 접촉하고 충동했던 것처럼, 서양으로 상징되는 일본을 접촉하고 충동했다. 한국의 사법체계에서 '근대화' 와 '근대성'을 읽어 내기 위해서는 반드시 이러한 '연속과 단절'의 문제를 인식해야 한다. 역사적 연구들은 때로는 통시적으로, 때로는 공시적 · 미시적 관점으로 연속과 단절에 대한 한국적 근대 징후들을 포착해 낼 수 있다. '수탈'이나 '침탈'과 같은 이미 정해져 있는 가치평가적 결론에 맞추기 위해 징후들을 취사선택하는 방식의 논의는 분명히 지양되어야 한다. 근대적 변화를 나타내는 징후들을 고의적으로 왜곡하거나 사장시킬 수 있기 때문이다. '수탈'의 요소도 특수하게 드러난 징후를 통해 객관적으로 포착할 수 있다.

뒤에 자세히 논의하겠지만 하버마스가 비판의 대상으로 삼고 있는 서구중심적 근대성 개념은 문화대립의 차원에서 동아시아의 역사 속에서 실재했고 탈아론이라는 명칭으로 일본 파워 엘리트들

---

7) 이러한 취지의 연구로는 마츠모토 다케노리(松本武祝), "조선의 신민지 근대논의에 대해서," 『동방학지』 147(2009); 松本武祝, "植民地的近代をめぐる近代の朝鮮史研究," 『植民地近代の視座2: 朝鮮と日本』(東京: 岩波書店, 2006), 47-266면.

의 내면을 지배했다. 이러한 서구중심적 근대 개념 자체에 이미 문화적 대립의 구도가 내포되었다는 지적[8]은 동아시아의 근대, 특히 한국의 근대를 인식하는 데 중요한 시사점을 던져준다. 하버마스가 베버의 한계라고 지적하는 행위개념의 편협성은 오히려 일본과 한국의 근대화 과정을 설명하는 데 유용성을 제공할 수 있다.

베버와 루카치, 그리고 1세대 비판이론가들(프랑크푸르트 학파의 1세대)은 사회적 합리화 과정을 단지 도구적이고 기능적인 행위 및 질서의 확대 과정으로만 해석해 왔다. 특히 베버는 경제체계나 행정체계의 차원에서 진행되는 행위체계의 합리화만을 파악했을 뿐, 생활세계 내의 일상적 실천에서 나타나는 다차원적인 합리화 과정을 해명하지 못한다고 비판을 받았다.[9] 근대적 합리화 과정을 단지 목적합리성의 증대 과정으로만 해석하게 되는 베버의 이론적 한계는 동아시아 근대화의 역사적 특수성으로 인해 오히려 분석을 위한 전제로 주목받을 수 있다.

메이지 유신으로 상징되는 근대화의 주역들은 국민을 교화의 대상으로 보고 일방적인 명령하달과 국가적 계획실행의 방식으로 근대적 국민국가와 자본주의에 합목적적인 법, 행정, 경제체계를 도구적 합리성의 증대라는 측면에 초점을 맞추어 근대국가를 건설하고자 했다. 일본의 근대화와 이에 부응하는 식민지배라는 목적에 부합하도록 타율적으로 합리화 과정을 겪은 한국의 근대화는 오히려 한계로 지적된 베버의 이론적 특성이 분석의 전제로서 장점이 될 수 있는 역사적 배경을 갖는다.

---

8) 고호상, 『하버마스의 현대성 주장과 보편적 합리성 문제』, 한국학술정보, 2006, 18면.

9) 김원식, "하버마스, 의사소통 행위 이론과 생활세계 식민화 테제," 『프랑크푸르트 학파의 테제들』, 사월의책, 2012, 208면.

특히 법체계의 근대화, 즉 사법근대화는 도구적이고 기능적인 목적합리성의 증대의 과정이 두드러진다고 할 수 있다. 이러한 과정에서 미약하게나마 생활세계 내의 일상적 실천에서 나타나는 다차원적 합리성의 가능성도 부정할 수 없을 것이다. 문제는 베버적 '목적합리성의 증대'의 차원에서 근대관념을 전제하고, 생활세계의 특수한 변화들이나 합리화 과정을 미시적 관점에서 포착해 내는 연구들이 가능할 것이다. 이렇게 포착된 '징후'들을 통해 한국의 근대화를 해석할 수 있다.

가령 형사사법절차가 군수재판(원님재판)에서 판사와 검사가 역할을 담당하는 근대적 탄핵주의 형사소송절차로 변경되어 새롭게 시행되었을 때 체계의 변화 그 자체, 그리고 생활세계에 나타나는 변화들을 근대적 징후로 포착할 수 있을 것이다. 당시 일본이 추구한 검찰제도가 공안 통치를 위해 서구와 다르게 검사의 지위를 판사와 대등하게 설정했다든지, 일본인과 한국인 피고인을 어떻게 다루었는지 하는 제도적 특성과 이에 따른 생활세계의 변화들을 징후로 포착하여 사법근대화의 문제를 해석해 내는 것이 가능하다.

이러한 근대화에 대한 인식은 서구—비서구의 문화대립을 전제로 하는 서구중심적 관점을 필자가 가치평가적 관점에서 지지한다는 것과 무관한 것이다. 특수한 역사적 배경으로 인해 한국과 일본의 근대화 과정을 더 진실에 부합하게 기술할 수 있는 방법론을 발견할 수 있음을 설명하는 것이다. 한국인의 입맛에 맞지 않을지 모르겠지만, 존재했던 역사적 사실과 현상을 사실적으로 묘사할 수 있는 분석적 관점이 필요하다.

서구중심의 근대성 이론을 비판하는 관점은 근대 자체를 부정하는 방향이나 상대주의적 입장으로 나아갈 수도 있다. 그러나 한국 학계에서의 심각한 문제는 사회과학 자체를 잠식시키는 민족주의적 감성 논의를 통해, 한국사에서 근대화 과정을 소거한 채, 어느 날 우연히 현재 시점이 도래해 있는 것처럼 설명하는 것이다.

어떤 경우에는 서구적 개념이나 서구적 가치가 근대일본을 접촉하기 이전에 먼저 한국의 전통시대에 존재했다는 것을 입증하는 방식으로 논의가 왜곡되기 때문에, 역설적으로 논의의 출발선상에서 부정했던 서구중심의 근대성 이론을 거꾸로 인정하는 논리적 모순에 처하게 된다. 또한 근대화 과정을 사실적으로 인식할 수 없는 문제 상황에도 봉착하게 된다. 이러한 문제 상황은 현재 한국사회가 처해 있는 사회문제들의 원인과 해결방안을 성찰하는 데 심각한 장애 요소가 될 수 있다.

역사적 근대화 과정을 보다 사실에 부합하도록 분석하기 위한 전제로서의 근대개념은 법, 행정, 경제 체계들이 어떤 과정을 거쳐 도구적 차원에서 목적합리성을 증대시켰는지 그리고 이러한 체계의 지배는 한국사회와 생활세계에 어떤 영향을 주었는가를 사실적으로 인식하려는 노력을 통해서, 그 근대적 징후들과 미시적 경험들을 포착하고 이 포착된 내용들을 컨텍스트 안에서 체계적으로 해석해 낼 수 있다. 이러한 과정을 통해 사법체계에 대한 미래지향적 논의의 기초를 세울 수 있다. 이 연구는 바로 이러한 전제로서의 근대개념의 문제를 다루는 것을 목적으로 한다.

뒤에 자세히 논의하겠지만, 미국학자들과 일본학자들이 근대에 관해 논의한 하꼬네 회의에서 드러난 것처럼 근대의 본질을 규명하고자 하는 입장이나 근대적 징후들을 발굴해서 나열하는 방식의 입장 모두 변증적 성찰을 통한 자기인식의 차원에서 의미를 가질 수 있다. 그러나 변증적 성찰과정이 없는 본질에 대한 규명과 징후나열은 그 자체로서는 의미가 없다고 하겠다.

불교철학의 수식어를 들먹이지 않아도 해석주체의 인식의 대상이 된 역사적 · 문화적 배경이 다른 각 사회를 종합하는 고정불변의 근대의 본질을 구하고자 하면, 그 본질의 실체가 실체로서 존재하지 않음이 드러나게 될 것이기 때문이다. 이와 반대로, 근대적 징후를 나열하기 위해 징후를 찾아 나선 자는 포착된 징후를 '근대적인' 징후로 인식할 수 있는 선험적 인식의 형식과 관념을 자연스럽게 필요로 하게 된다.

동아시아에서는 서구 제국주의와의 접촉과 충동이라는 역사적 특수성으로 인해, 특히 한국의 경우 도구적 목적합리성의 증대라는 베버적 관념을 전제로 하고, 체계와 생활세계에서 포착되는 다양한 징후들을 인식하여 변증적 성찰을 통해 해석할 수 있다. 근대적 징후포착의 전제로서의 베버적 근대성 관념에서 출발(이는 '서구중심성'으로 상징되는 '왜곡'을 비판적 관점에서 현실로 인정하는 것을 의미한다)하여 한국사회에서 등장한 연속과 단절의 문제를 실증적으로 분석하는 과정에서 특수한 또는 다차원적인 징후들을 포착해 낼 수 있다.

어떤 경우에는 해석자가 고수했던 기존의 전제적 인식과 '근대성'의 연속 안에서 존재하고 있는 현재의 한국사회에 대한 인식과 해석을 변경해야 하는 상황이 올 수도 있다. 인식과 해석의 주체가 객관적 대상을 인식하고 해석하는 과정에서 자신에 대한 인식을 변경할 수도 있는 것이다. 이렇게 변증적 성찰을 통한 반성적 자기인식, 즉 한국사회에 대한 성찰적 인식이 바로 근대성과 근대화에 대한 논의의 의의가 된다. 이러한 변증적 성찰의 근대인식(자기 인식의 과정, 즉 현재 한국사회에 대한 인식)을 가로막는 한국 사회 특유의 사회과학 잠식 상황을 해결하는 것이 선결 과제라고 할 수 있다.

2. 모든 사회문제의 원인은 일제의 식민통치인가? – 사회과학의 잠식상황

일제가 행했던 고문의 형태와 양상은 전적으로 일제에 의해 개발되고 전승된 것이라고 평가하면서, 조선왕조 시대에도 고문은 있었지만 이 시대는 실체적 진실을 밝히려는 노력과 고문의 금지, 공정한 재판의 확보를 규정한 법률도 존재했다는 주장이 제기된 바 있다.[10)]

또한 '국가범죄'에 대해 설명하면서 정치적 목적에 봉사하는 재판, 즉 정적을 제거하는 도구로서 기능한 사법을 '정치사법(political justice)'으로 평가하는 연구가 있다. 이 연구는 이러한 국가범죄에 대한 과거청산의 문제를 이론적으로 다루고 있는데, 친일파 청산과 제주 4 · 3군사재판 등의 다양한 사례들을 다루고 있다.[11)]

두 연구서 모두 현대적 고문과 정치사법의 원조로 일제의 식민통치를 시목하고 있다. 그러나 사건을 조작하여 사법절차를 통해 정적을 제거하는 국가범죄로서의 정치사법은 식민지 이전부터 우리에게 아주 오랜 역사적 '연속성'을 지닌 사법의 한 형태였다. 암살보다는 재판이라는 수단을 통해 정적을 제거하는 방식을 조선조의 정치가들은 매우 선호했다. 또한 일본의 영향으로 형사사법 전반의 개혁이 시행되기 전까지 조선시대에 고문과 자백은 형사사법 절차의 핵심 요소였다. (갑오개혁의 개혁조치를 의미하는 것이 아니라면) 조선시대에 법으로 고문을 금지했다는 주장은 사실이 아니다.

---

10) 박원순, 『야만시대의 기록: 고문의 한국현대사 1』, 역사비평사, 2007, 53면.

11) 이재승, 『국가범죄: 한국현대사를 관통하는 국가범죄와 그 법적 청산의 기록』, 앨피, 2010, '정치사법'의 개념은 이 책의 개념을 참조했다.

식민지시기 일제의 수사기관이 고문을 자행한 것은 사실이지만, 실제로 존재했던 항일독립투쟁이나 사회주의 운동을 탄압한 것으로, 해방 후 독재정권의 고문을 통한 공안사건 조작과는 그 본질과 양상이 다르다고 할 수 있다.

정치사법은 식민화 이전부터 긴 역사적 '연속성'을 갖는데, 다만 일본을 통해 규문주의가 아닌 탄핵주의 형사사법의 새로운 절차와 형식을 받아들여 '사법살인'을 더욱 정교하게 (재판이라는 수단을 이용하여 재판을 가장한 '살인'으로 일종의 국가범죄라고 할 수 있다.) 할 수 있게 되었으며, 해방 후 독재정권은 이를 계승 · 발전시켰다고 보는 것이 사실에 더 가깝지 않겠는가? 그렇다면 이 지점에서 우리의 사법에서 '연속과 단절'을 인식하기 위한 '근대' 개념에 관한 논의가 왜 유용한가를 충분히 짐작할 수 있다고 생각한다.

한국의 검찰과 법원의 현실을 정확하게 진단하기 위한 논의의 전제가 되는 것이 바로 '근대화'와 '근대성' 논의인 것이다. '정치의 시녀', '정치의 도구'라는 말로 검찰을 비판하고, 정치사법을 비판하지만, 그 역사적 '연속과 단절'의 문제를 제대로 인식하지 못했다. 현재의 문제들의 원인이 일본의 식민통치로 무조건적으로 환원되거나, 우리의 근대는 일본과 무관하고 이미 조선조의 유교문명으로 근대는 성취된 것이라고 주장하거나, 무조건 일본 때문에 한국의 법제와 법체계가 왜곡되었다는 무의미하고 비이성적인 동어반복은 미래에 대해 아무런 통찰도 얻을 수 없는 공염불에 지나지 않는다.

가치평가적 차원에서 '일본'을 '악'으로 설정해야 하기 때문에 조선조를 선비들이 구성한 도덕적 이상사회인 양 '미화'해야 하는 악순환에 빠지게 되고, 이 과정에서 한국의 근대화를 해석하는 사회과학이 잠식당하게 된다. "우리 것은 좋은 것"이라는 맥락 안에서만 해석이 허용되므로 '왜곡'이 발생한다. 이 과정에서 사회과학이 사회를 객관적으로 인식하거나 진단할 수 없는 무기력한 상태로 전락하게 되는 것이다.

현재 존재하는 근대적 체계와 제도에서 발생하는 대부분의 사회문제의 원인으로 일본의 식민통치를 지목하는 연구자들이 많다. 그들은 이러한 측면을 소위 '일제의 잔재'라고 부른다. 잔재가 존재하려면 그 이전에 영향이 선재해야 하는 것은 상식이다. 영향은 부정하면서 잔재는 인정하는 것이 논리적으로 가능한가?

일본식 용어조차도 생활세계에서 추방할 것을 역설하기도 하는데 정작 우리의 사유를 지배하는 거의 모든 법률용어와 학술개념들이 일본에 의해 번역된 번역어라는 사실을 망각하는 것처럼 보인다. 우리는 역설적으로 '근대일본'이라는 존재를 배제하고서는 언어를 통한 사유 자체가 불가능하다는 사실을 너무 쉽게 망각한다. 우연히 근대일본이 한자를 사용했다는 공통점으로 인해 자신이 사용하고 있는 개념어가 마치 조선시대에서 유래한 것으로 착각하는 것인가? 법학에서 사용하는 '법'이라는 단어 자체가 조선시대에 사용하던 '법'이 아니라, 번역어라는 사실조차도 우리는 너무 쉽게 간과한다.

일제의 잔재는 근대적 한국의 다양한 사회문제의 원인이 될 수 있지만, 그 잔재에 앞서 당연히 전제되어야 하는 일본에 의한 근대적 '영향'을 부정하는 모순이 한국사회에 존재하는 것은 '가치평가—사실기술'의 차원을 구분하지 않는 상태에서 사회과학 자체가 잠식당했기 때문이다. 그 영향의 결과가 긍정적이든 부정적이든 사실적으로 일본의 근대가 끼친 영향에 의한 한국사회에서의 '연속'과 '단절'의 문제를 분석적 차원에서 기술해야만 이에 대한 가치평가가 의미 있게 존재할 수 있을 것이다.

한국사회에서 존재했던 대부분의 근대논의는 호르크하이머와 아도르노의 비판적 관점도 아니요, 하버마스처럼 보편적 합리성(객관적인 보편성이 아닌 의사소통적 행위의 형식적 보편성을 의미한다)에 집요하게 천착하면서, 반성적 관점에서 근대를 성찰함으로써 그 왜곡된 구조를 드러내는 차원도 아니었다. 그렇다고 근대 자체를 부정하지도 않는다.

이러한 문제의 원인은 민족주의적 정서와 감성에 기대어 분석적 접근을 거부하는 과정에서 사회과학 자체를 잠식시키는 데 있다고 할 수 있다. 사회과학이 민족주의 정서로 잠식된 학계에서 연구자 개인은 대부분 실증연구를 추구하고 있다고 주장하는 기묘한 역설이 발생하기도 한다.

3. 식민주의와 오리엔탈리즘의 지독한 역설

역설은 또 있다. 식민주의와 오리엔탈리즘의 역설은 한국 사회에서 매우 사실적이다. 서울대학교 법과대학은 '근대법학 100주년 기념관'을 세웠는데, 100주년의 기산점은 갑오개혁의 성과로 설립된 '법관양성소'였다. 한국의 근대법학은 일본에 의해 시행된 갑오개혁과 일본의 근대법학에 그 뿌리를 두고 있음을 공개적으로 천명한 사건으로 볼 수 있다. 그러나 이를 공개적으로 인정하는 그 대학의 구성원은 존재하지 않는 것처럼 보인다. 최근 항일 이미지의 상징과 같은 이준의 동상을 동 대학의 캠퍼스에 세웠다. 그러나 이준이 관여한 '헌정연구회'가 이토 히로부미의 메이지 헌법과 그 헌정을 추종했음에 비추어 보면, 이 또한 매우 역설적이다. 이러한 역설이 바로 오리엔탈리즘과 식민주의의 역설과 무관하지 않다.

그렇다면 해방 이후 한국에서 식민주의나 오리엔탈리즘에 빠

지지 않고 실증적 역사 연구나 법제사 연구를 한다는 것은 무엇을 의미하는가? 위에서 언급한 것처럼, 아주 역설적으로 조선시대에 존재했던 제도나 개념 속에서 서구적 · 근대적 가치를 찾아내어 그것이 우리에게도 있었음을 증명하는 방식이었다. 조선조의 토지소유권이 동 시대의 일본에 비해 보다 서구적인 개념에 부합하는 것이 한국의 소위 자칭 탈식민주의, 탈오리엔탈리즘 연구자들의 자랑이자 자부심이었다.

한국의 민족주의적 연구자들은 스스로 '좋은 것'으로 평가한 서구적 요소(서구적 권리개념, 입헌주의, 민주주의 등)를 조선시대 토지제도나 정치 · 사법제도에서 찾고자 노력했다. 민족주의 연구자들은 이러한 태도를 소위 '식민주의의 극복'이라고 부른다. 그러다가도 일순간 돌변해서 서구적 관점이나 서구적 개념으로 조선시대나 전통법제를 분석하는 것은 오리엔탈리즘이라고 비판하기도 한다.

여기서 더 나아가 '근대화 = 서구화'라는 등식을 인정하는 입장에 기초해 논의를 전개하다가도 일본의 영향으로 사법의 절차와 형식에 있어 큰 변화가 이루어지는 역사적 사실에 직면하면, 이것을 '근대법'의 징후로 볼 수 없다고 주장한다.[12)]

---

12) 인문 · 사회분야의 모든 민족주의적 연구들을 거론하기에는 지면도 부족할 뿐만 아니라 여러 가지 문제가 발생할 수 있으므로 생략했다. 법사학 분야의 대표적인 연구를 소개하면 다음과 같다. 정긍식, 『韓國近代法史攷』, 박영사, 2002, 57-59면 이하: 서구법을 근대법으로 보고 자본주의에 적합한 법으로 평가한다. 법내용에 있어 천부인권의 보장을 위한 입헌주의, 죄형법정주의, 사적 자치의 원칙 등을 근대법의 요소로 열거하고 있다. 자본주의 발전의 중요 요소로써 절차적 · 형식적 합리성을 강조하는 제도적 변화는 일본이 주도한 개혁에서 나타나는 것이 역사적 사실이다. 그러나 일본이 개입한 개혁을 근대법의 시기(始期)로 삼으면 한국사의 타율성 이론을 수용하는 것이 되므로, 이를 거부해야 한다고 밝히고 있다. 중화적 세계관의 극복과 민족의 주체성의 확립 등의 요소를 강조하고 토지소유권이 조

또한 한국의 민족주의적 연구자들은 식민지적 콤플렉스로 인해 한말 갑오개혁의 의의를 내재적 발전론의 근거로 평가하면서도(사실 이 개혁도 철저하게 일본의 정치적·외교적 전략에 의해 진행된 것이다), 갑오개혁의 부실이나 한계 등 한말의 상황에 대한 부정적 사료에 직면하면, "일본 역시 초기의 사법·행정개혁 때에는 문제가 많았다"라는 식의 평가를 하기도 한다.[13] 일본도 개혁 초기에는 부작용이 많았으니, 한말 갑오개혁의 문제와 한계도 자연스러운 것으로 보아야 한다는 논리다.

서구중심의 관점을 견지하는 오리엔탈리즘이라고 다른 연구들을 비판하면서도, 자신의 연구에서는 서구 근대법학의 개념을 검증도 하지 않고 사용해 왔다. 번역어인 '법'과 '법전'이 한자가 동일하므로 조선시대에도 동일한 개념으로 사용되었던 것처럼 연구에 사용되기도 했다.

한국의 법제사 연구자들은 대명률을 형사일반법이라고 주장[14]하지만, '김구의 치하포사건'의 재판과정을 검토해 보면, 조선의 관리에게는 없었던 새로운 인식이 독일형법학을 접해 본 일본

선 초부터 확립되었음을 강조한다. '근대법 = 서구법'이라는 등식은 인정하지만, 일본이라는 요소가 개입되면 타율성의 역사를 인정하게 되므로 받아들일 수 없다는 입장이다. 따라서 이를 거부하고 주체적 역사의식에 입각해 근대법의 시기(始期)를 정해야 한다고 주장했다. 그러나 이 책은 근대법의 시기를 밝히지 않고 있다. 또한 일제의 모든 사법제도는 폭압의 도구였다고 주장하고 있다. 책제목이 "韓國近代法史攷"인데 한국의 근대가 무엇을 의미하는가에 대해 해결하지 않은 채, 논의를 진행하고 있는 이상 현상을 한국의 학계에서는 오히려 자연스럽게 여기고 있는 것 같다.

13) 문준영, 『법원과 검찰의 탄생』, 역사비평사, 2010, 175면.

14) 조지만, 『조선시대의 형사법: 대명률과 국전』, 경인문화사, 2007, 110면; 정긍식, "대명률의 죄형법정주의 원칙," 『법학』, 서울대학교 법학연구소 49권 1호(2008), 111면; 심재우, "조선말기 형사법 체계와 대명률의 위상," 『역사와 현실』 65호, 2007, 129면.

관리에게서는 포착된다는 사실을 파악할 수 있다.[15] 현대의 한국 법제사 연구자가 대명률을 구성요건 중심의 범죄인식 체계에 근거해서 형사일반법이라고 평가한 것도 그가 20세기 초 일본 관리처럼, 일본의 영향으로 계수한 독일 형법학의 영향을 받았기 때문이다. 그러나 조선시대에는 '법전'이라는 단어의 개념도 서구의 그것과 달랐으며, '구성요건'이라는 개념은 존재하지도 않았다. '구성요건'이라는 개념으로 조선시대 형사법을 설명하기 위해서는 좀 더 치밀한 방법론의 검토가 선행되어야만 한다.

형벌중심의 범죄체계에서 구성요건 중심의 범죄체계로 형사사법의 인식이 전환되는 역사적 단절의 지점을 포착해야 전근대 법제에 대한 올바른 평가도, 또 현대 법제에 대한 올바른 인식도 가능해 진다. 오리엔탈리즘의 역설은 이처럼 매우 심각하다. 연구방법론의 문제와 개념의 준거를 명확하게 사용하는 것으로 이 역

15) 손세일, 『이승만과 김구 1-1』, 나남, 2008, 425면: 1896년 일본영사대리 하기와라 슈이치(萩原守一)는 감리 이재정에게 김구를 '대명률'의 '인명모살인죄(고의를 가지고 계획적으로 살인한 죄)'에 따라 참형에 처하는 것이 가하다는 의견을 법부에 제시할 것을 요청했다. 조선의 형사재판에서 '구성요건' 중심의 범죄체계인식은 익숙한 것이 아니었다. 조선시대에는 '교화'라는 유교적 형벌목적에 부합하는 양형을 기준으로 대명률의 조문을 사건에 적용시키는 목적적 법해석을 주로 하였다. 이것이 '조율(照律)'이다. 당시 조선의 형사법원(法源)인 '대명률'을 구성요건 중심의 범죄체계에 근거해서, '인명모살인죄'의 구성요건에 김구의 실행행위가 포섭된다는 방식의 법해석은 다른 차원의 범죄인식을 보여주는 것이다. 대명률을 조선의 형사법으로 인정한다고 해서, 범죄체계 자체에 대한 인식이 현재와 동일하다고 볼 수 없다. 대명률이라는 법전의 성격은 현대의 형사일반법과 매우 다른 차이를 보이고 있다. 현대 한국법제사 연구자들이 당시 일본의 관원처럼 독일형법학의 영향으로 구성요건 중심의 범죄체계 이론의 틀로 대명률을 보았기 때문에 '형사일반법'이라는 평가를 한 것으로 추정할 수 있다. 일본의 영향은 한국의 법학에도 지대한 영향을 주었다는 것을 연구자들 스스로 생생하게 증명해 주고 있는 것이다.

설을 극복할 수 있다. 독일형법학을 일본을 통해 수용하는 과정을 분석하는 것을 통해서 사법근대화가 진행되는 것을 객관적으로 인식함과 동시에, '구성요건'과 '법전'이라는 대륙법계 근대형법학의 개념을 보다 정확한 방법론의 관점에서 비교분석에 활용할 수 있는 것이다. 정확한 방법론에 근거한 비교분석은 조선시대에는 '범죄'와 '범죄체계'에 대한 관념 자체가 근대독일과 달랐으며 '형벌' 중심의 범죄체계를 형성하고 있었다는 해석을 가능하게 한다. 비교분석을 위한 정확한 개념의 사용은 오히려 우리에게는 낯설 수 있는 전통시대를 보다 객관적으로 해석할 수 있는 기회를 제공한다.

이러한 역설 외에도 더 본질적인 문제가 존재한다. 그동안 '일본에 의한, 일본을 통한 사법근대화'라는 논제에 반대의 입장을 취했던 민족주의 연구자들뿐만 아니라, 일본과 한국의 많은 사회과학도들은 '근대 = 좋은 것'이라는 가치평가에 사로잡혀 있었다. 따라서 그들에게 '전범국가 일본에 의한 사법근대화'라는 테제는 '일본 = 나쁜 것'이기 때문에 인정할 수 없는 것이었다. '근대'자체에 대한 이해와 비판적 성찰이 필요한 이유가 바로 여기에 있다고 하겠다.

일찍이 아도르노와 호르크하이머는 대량살상 무기의 개발과 홀로코스트로 상징되는 '서구의 근대'를 주도면밀하게 비판한 바 있다.[16] 한말 조선사회의 문제점들을 지적하면, 방어적으로 당시 서구사회의 문제점과 일본의 초라한 현실을 예로 들면서 한국만 미약했던 것이 아니라는 식의 반론을 펴는 전형적인 식민지 콤플렉스의 발현은 '서구의 근대'가 갖는 본질적인 문제를 철학적으로

16) Th. W. 아도르노 · M 호르크하이머/김유동 역, 『계몽의 변증법』, 문학과지성사, 2011(초판 11쇄), 이 책은 *Dialektik der Aufklärung: Philosophische Fragmente*의 번역서이다.

반성하고 비판하는 아도르노와 호르크하이머의 작업과는 그 본질이 다르다고 할 수 있다.

또한 '입헌주의'와 같이 서구의 근대를 상징하는 '개념어'의 사용 문제에 기인하여, '유교입헌주의', '유교공동체주의'를 둘러 싼 논쟁들이 나타났다. 이러한 연구자 간 용어 사용의 차이와 개념범주 설정의 차이에서 비롯되는 불필요한 논쟁들의 원인도 '근대화'와 '근대성'의 개념에 대한 의견 불일치에서 파생하는 경우가 대부분이라고 평가할 수 있다. 다시 말해, 법학의 분야에서 '근대'의 개념에 대한 문제를 그 논의의 난처함으로 인하여 정면으로 다루지 않고 회피한다면, 유교문명의 제도모델과 관련한 '유교입헌주의' 문제 등에 관한 제2, 제3의 소모적 논쟁들을 야기하게 될 것이다.[17)]

조선의 개국으로 제도화된 유교문명의 국가체계와 사법은 현재 한국의 정치와 법에 일정부분 영향을 끼치고 있다. 그리고 일본에 의해, 일본을 통해 수용한 서구법의 형식은 우리의 사법현실을 구성하고 있다. 일본을 통해 타율적으로 이식된 새로운 법체계가 우리의 역사적 경험과 현재에 어떤 영향을 끼치고 있는지 사실적으로 인식할 필요가 있다. 우리가 분석이 아닌 감정에 취해 일본의 영향을 부정하는 순간, 우리는 우리의 현재를 객관적으로 인식할

---

17) 베버는 고대 로마시대에도 '자본주의'가 존재했음을 설명했다. 그러나 '근대'자본주의와는 구별된다. 베버는 자본주의를 체계적, 형태적, 정신적 측면을 구분하여 설명했다.
조선조의 법・정치체계를 '입헌주의'로 설명할 수 있는가의 문제와 '근대'입헌주의는 다른 측면을 가질 수 있다. 한국에서는 이러한 '측면'들의 존재를 구분하지 않고 '입헌주의'라는 개념어를 마치 명예로운 '훈장'처럼 생각하기 때문에 불필요한 소모적 논쟁을 야기하게 되는 것이다.
김덕영, 『막스 베버, 통합과학적 인식의 패러다임을 찾아서』, 도서출판 길, 2012, 156~160면 참조.

수 없게 되고, 무엇이 연속된 것이고, 무엇이 단절된 것인지, 그리고 무엇이 수입되어 우리의 방식으로 정착되어 수용된 것인지 알 수 없게 된다. 이러한 문제의식을 염두에 두고 '근대'논의를 진행해야만 한다.

II. 우리에게 '근대'란 무엇인가?

1. 서구적 근대 개념

(1) '유교모델'과 근대화의 문제

당파싸움을 "세계에서도 드물 만큼 소아병적이고 추잡한 것"이라고 평가한 박정희의 생각[18]이 '탈아론'적 관점에서 읽히는 것은 왜일까? 그에게 '조선 = 반문명', '메이지유신 = 문명화'였을 것이다. 현재까지 한국에서 '산업화'와 '근대화'의 상징적 지도자로 대중에게 추앙받고 있는 그를 일본의 '근대'와 분리할 수 있을까? 박정희로 상징되는 한국적 근대화를 일본의 근대와 분리하는 것은 사실상 불가능하다.[19]

서중석은 이승만의 한국형 파시즘의 사상적 연원을 유교에서 찾고 있다. 한국의 정치문화에서 '관(官)'을 민(民)보다 우선시하고

---

18) 이성무, 『조선시대 당쟁사 1』, 아름다운날, 2009(3쇄), 19면, 이성무가 박정희의 주장을 인용한 것을 재인용했다.

19) 강상중 · 현무암/이목 역, 『기시 노부스케와 박정희: 다카키 마사오, 박정희에게 만주국이란 무엇이었는가』, 책과함께, 2012, 참조. 지면의 한계상 박정희의 근대화에 끼친 일본의 영향을 비중 있게 다루지 못했다. 이 책은 제국일본이 만주국개발을 통해 그 제국주의적 침략을 확장하는 과정과 이 과정에서 활약했던 인물들이 박정희에게 끼친 영향 등이 자세히 나타나 있다.

중요시하는 태도도 유교정치사상에 기인한다.[20] 일본 근대화의 과정에서 등장한 초국가주의(超國家主義)는 개인을 국가를 위해 희생해야 하는 존재로 파악하고 개인의 권리를 무시하는 정치이념으로, 우익적 전체주의라고 볼 수 있다. 박찬승은 박정희 시대를 비롯하여, 한국적 국가주의의 연원으로 일본의 초국가주의를 지목했다.[21] 근대 일본의 초국가주의, 이승만의 한국형 파시즘, 박정희의 국가주의는 모두 유교와 연관을 갖고 있으며, 동시에 일본의 초국가주의가 이승만 시대와 박정희 시대에 영향을 주었다.[22]

위에서 언급한 것처럼, 미야지마 히로시(宮嶋博史)는 일본사 인식의 패러다임 전환의 기축이 되는 것은 유교, 혹은 유교모델에 대한 인식의 문제라고 지적했다. 그가 말하는 유교모델은 유교(주자학)를 이념으로 하고 그 이념의 실현을 지향하는 국가나 사회체제를 의미한다.[23] 그는 19세기 중반까지 일본이 동아시아의 주변적 지위에 있었던 것은 유교모델을 거부한 것에 기인한 것으로 설

20) 서중석, 『이승만의 정치이데올로기』, 역사비평사, 2005, 167-195면.

21) 박찬승, "20세기 한국 국가주의의 기원," 『한국사연구』 117권(2002), 200-201면.

22) 최근 유럽과 북미의 연구자들이 불교와 주자학을 포스트모던이라는 차원에서 새롭게 인식하는 현상이 두드러지게 나타나고 있다. 포스트모던의 관점에서 서구인들에게는 신선한 충격을 주고 있는 주자학이 한국형 파시즘이나 일본의 초국가주의에 영향을 주었다는 것을 받아들이기 어려울 수도 있을 것이다. 그러나 서구인들은 전근대시대에 주자학이 제도화되는 상황이나 구조를 알지 못하고, 일본의 근대화 과정에 끼친 영향을 실증적으로 인식하는 데 한계를 갖는다. 주자학의 '레토릭'은 현실정치로 구현될 때 전혀 다른 양상을 초래할 수 있음을 간과하는 것이다. 한국연구자들은 이러한 서구의 오해된 관점을 자랑스럽게 여기는 것 같다.

23) 미야지마 히로시(宮嶋博史)/최덕수 역, "일본사 인식의 패러다임 전환을 위하여: 한국병합 100년을 맞이하여," 『일본한국병합을 말하다』, 열린책들, 2011, 16면.

명하고, 19세기 후반 이후 일본이 동아시아의 중심으로 도약할 수 있었던 것도 유교모델로부터 일본이 상대적으로 자유로웠던 것이 결정적으로 작용했다는 점을 지적한다. 나아가 현재 국제화가 맹위를 떨치고 있는 가운데 유교모델 수용의 역사적 경험부재라는 조건이 일본의 진로를 크게 제약하고 있다고 판단한다.[24)]

'유교모델'이라고 표현한 유교적 국가체제의 내용은 동아시아 정치와 법의 역사에서 배제될 수 없는 중요한 요소이다. 조선을 개국하는 과정에서 성립된 유교적 국가체제는 한말에 이르러 그 제도적 장점이 잠식되었고, 조선은 부정한 힘에 의한 지배 상태에 놓이게 된다. 유교모델의 보수성은 서구의 근대적 제도와 문물을 수용하는 데 장애가 되었다. 특히 유교문명의 완성에 대한 조선 지식인들의 우월감은 서양문명을 수용할 수 없게 하는 가장 큰 원인이었다. 정조대의 '소중화주의'는 중국문명의 아류(亞流)라는 의미가 아니라, 명왕조가 멸망한 이상, 진정한 중화적 문명국은 조선뿐이라는 자부심의 표현이었다.[25)] 상대적으로 유교모델이 정착되지 못했던 일본은 양이파(攘夷派)의 반발을 물리치고 '이와쿠라 사절단'으로 상징되는 서구화를 이루어 낸다.

본고는 바로 이 지점에서 미야지마 교수의 견해와 다른 관점을 제시하고자 한다. 일본은 오히려 메이지유신의 과정을 통해 '유교모델'을 국가체제의 근간으로 수용했다. 뒤늦은 수용이다. 다시 말해, 메이지 유신은 유교모델과 서구적 정치·법제도를 혼합한 독특한 국가체제의 실현이라고 평가할 수 있다는 것이다. 이것이 '초국가주의'의 이념적 기초가 된다.

이토 히로부미는 전제군주에 대항해 입헌제를 쟁취한 구미와

---

24) 미야지마 히로시, 위의 글, 동면.

25) 정옥자, 『정조의 수상록: 일득록연구』, 일지사, 2001, 27-31면.

달리 일본에서는 자유과격론에 이끌려 입헌제를 도입할 것이 아니라 천황제를 중심으로 기존의 여러 국가기구를 입헌적으로 바꿈으로써 입헌체제의 수립이 가능하다는 확신을 가지고 있었다. 슈타인(Lorenz von Stein)의 가르침을 받은 이토는 "오늘날 프러시아가 부국강병을 이루어 국민의 안녕과 행복을 유지하고 증식하는 까닭은 결코 자유민권의 뿌리로부터 나오는 것이 아니"라고 생각했다. 이토는 군주권력과 의회세력이 대립하는 입헌제가 아니라 군주주권과 행정권을 분리하고 군주제 아래에서 입법부와 행정부가 균형을 취하는 군주입헌체제의 수립을 구상했다.[26] 사법부와 의회를 독립된 기관으로 설립하는 제도적 설계를 제외하면, 이토의 구상은 정도전의 구상과 유사한 점이 많다. 본고는 이토 히로부미의 유교에 대한 소양이 슈타인의 공법과 행정에 관한 이론에 친밀감을 느끼게 해 주었고(이토는 특히 국가유기체설에 감동했다), 이를 수용하게 되었을 것이라고 추론하고 있다.

마루야마는 "법은 천황을 장(長)으로 하는 권위의 체계에서의 구체적인 지배수단에 지나지 않는다. 그러므로 준법이라는 것은 오로지 아랫사람에 대한 요청인 것이다"라고 일본 국가주의 체제에서의 법의 지위를 설명했다.[27] 메이지 헌정체계는 정도전이 구상했던 '효과적인 왕권통제의 제도화'라는 유교입헌주의에 비해, 여러 가지 면에서 '입헌주의의 제도적 장점'(권력을 효과적으로 통제한다는 차원에서의 장점이다)이 부족하다고 평가할 수도 있다. 그러나 이토 히로부미의 구상은 독립된 의회(제도상으로 독립한 것이지, 현대적 관점에서 많은 한계를 갖는다)와 사법부, 행정부로 나뉘는 권

26) 방광석, 『근대 일본의 국가체제 확립과정』, 혜안, 2008, 152면.

27) 마루야마 마사오(丸山眞男)/김석근 역, 『현대정치의 사상과 행동』, 한길사, 1997, 56면.

력분립과 대의제의 서구적 형식을 갖추었다. 조선의 유교모델과 이토 히로부미의 국가체제 구상에서 가장 큰 차이는 슈타인으로 상징되는 독일 공법학과 행정학의 영향이 있었는가, 즉 서구의 영향을 받았는가 여부에 기인한다.

기존의 연구들은 조선조 유교모델의 체계적인 구상을 분석·평가하는 과정에서 정도전이 구상한 국가체제와 유교적 정치·사법제도를 '근대'라는 관점에서 재조명하고 싶어했을 것이라고 추측할 수 있다. '유교모델' 자체가 이미 '근대성'과 관련이 있다는 주장도 제기되었다.[28]

그렇다. 조선조의 유교모델은 성급하게 '근대성'을 언급할 만한 정치적·제도적 가치를 포함하고 있다. 이러한 제도화와 국가체제의 구상에 대해 '입헌주의'로서 평가할 수 있는가에 대한 중요한 연구도 있었다.[29] 또한 위에서 언급한 미야지마 교수도 우메 겐지로의 구관조사(舊慣調査)의 예를 들면서 유교를 '문명화 = 서구화'의 장애로 인식한 탈아론적 역사인식을 비판했다. 서구 근대법에 적합하지 않은 구관을 조사한 다음, 한국의 독자적 민법을 제정하기 위해 우메 겐지로 박사가 실시한 조사가 구관조사이다. 우메

---

28) 함재봉, 『탈근대와 유교: 한국정치담론의 모색』, 나남출판, 1998, 227-282면: 함재봉은 베버테제를 비판하면서 푸코가 비판한 '근대성'이 유교모델과 깊은 관련을 갖는다고 주장하고 있다.

29) Chaihark Hahm, *Confucian Constitutionalism*(Cambridge, Mass.: Harvard University, 2000): 함재학은 소수의 역사학자들이 중국의 지적 전통에서 입헌적 특징을 연구하였지만, 법학적 훈련의 부족으로 한계를 가질 수밖에 없었음을 지적한다. 그는 이러한 한계를 극복하고 禮가 헌법규범으로서 기능할 수 있음을 논증하였고, 입헌주의 관점에서 법과 禮의 관계를 규명하였으며, 재상제도(Prime Minister) 등의 사례를 통해 조선의 유교입헌주의 특징을 구체적으로 설명하였다. 이 연구는 민족주의와 식민지 콤플렉스에 경도되지 않은 보기 드문 연구라고 생각한다.

는 이 조사를 통해 역설적이게도 한국에 수백 년 전부터 근대적 소유권 개념과 유사한 소유개념이 존재했다는 것을 발견했다.[30] 이제 여기서 몇 가지 질문을 통해 논의의 흐름을 정리해 보자.

> ㉠ "근대화 = 문명화인가?", "아니다." 조선조의 유교모델은 제도적 장점과 문명사적 가치를 지니고 있다. 유교모델을 반문명이라고 부를 수 없다. 이러한 이유 때문에 한국에서 유교모델의 근대성에 대한 주장과 공동체주의적 장점이 강조되었다.[31]
>
> ㉡ 그렇다면, "유교모델은 근대성의 표지가 될 수 있는가?", "아니다." 메이지유신은 유교모델이 서구모델과 함께 습합된 형태의 개혁이라고 평가할 수 있다. 결국, 서구라는 형식에 유교모델의 근간이 된 유교문명의 정치·사법의 문화가 내용으로 습합된 형태가 동아시아의 근대모델이 된다. 한국은 일본의 영향을 통해 일본화된 서구를 기준으로 서구모델을 수용하게 된다. 정도전의 유교모델과 이토 히로부미의 국가체제의 차이는 제도를 인식하고 실행하는 형식과 절차, 그리고 이 형식과 절차에 대한 인식의 차이라고 할 수 있다. 결국 이 차이의 본질은 '서구적 합리성'이라는 개념에 의해 설명되고 설명되어야만 한다. 이 문제는 뒤에 자세히 논의하겠다. 유교문명은 '연속'의 문제이고, 제도에 대한 태도의 차이와 제도 자체의 차이가 단절의 문제가 된다. '근대화'와 '근대성'은 바로 이 '단절'의 문제를 설명함으로써 드러날 수 있다. 일본의 유교문화는 한국에

30) 미야지마, 위의 글, 21면.

31) 함재봉, 『유교자본주의·민주주의』, 전통과현대, 2002, 18-24면; 이상익·손동현, "유교공동체주의와 시민공동체," 『공동체 자유주의: 이념과 정책』, 나남, 2008, 175면; 박세일, "왜 공동체자유주의인가 — 회의론에 대한 답변," 『공동체 자유주의: 이념과 정책』, 나남, 2008, 17-21면.

서 체계화되었던 유교모델의 수준만큼 제도화되지 못하고 있다가, 메이지시대에 와서 체계적으로 제도화되었다고 평가할 수 있다.

'자유주의적 개인'이 존재하지 않는 일본 국가주의의 사상적 연원은 바로 유교정치철학이다. 메이지 정부는 일정한 수준의 근대적 개혁(제도의 개혁, 즉 서구적 제도의 수용)을 추진하면서도 근본적으로는 민권론의 발전을 억제하려 노력했으며 유교의 부흥을 꾀했다.[32] 흠정(欽定)이라는 표현에서도 알 수 있듯이 일본의 메이지 헌법은 어리석은 백성들을 교화하여 통치하기 위한 '법'과 '헌정질서'라는 의미를 담고 있다.[33] 이러한 '헌법관'은 정도전의 「조선경국전」에 반영된 유교정치사상과 유사한 일정한 사상적 맥락을 가지고 있다. 일본의 국가주의는 유교적 정치사상을 일부 체계화한 패션모델에게 서구적 근대의 기능성 옷을 입힌 것과 같은 형국이다. 충효를 강조하는 '국체론'은 메이지헌법 정신의 근간이 된다. 제국헌법에 의해 일본은 입헌국가가 되었다지만, 전체 76조에서 가장 중시된 것은 천황의 대권조항이었다.[34]

패트릭 스미스는 '근대화(modernization)'와 '근대성(being modern)'을 개념적으로 구별한다. 전자가 기술발전, 공업화 등 물질적인 발전을 의미한다면, 후자는 심리 및 의식의 측면으로서 개인이 자유롭게 자주성을 견지할 능력이 있는가에 관한 문제이다.[35] 그

32) 이삼성, 『동아시아의 전쟁과 평화 2』, 한길사, 2009, 223면.

33) 國體論과 헌법에 대해서는 長尾龍一, 『思想としての日本憲法史』, 信山社, 1997, 1-4면, 87-101면; 흠정헌법의 의의와 성립과정에 대해서는 川口曉弘, 『明治憲法欽定史』, 北海道大學出版會, 2007, 5-18면, 42-76면; 메이지헌법상 천황권과 헌법사상에 대해서는 家永三郎, 『日本近代憲法思想史研究』, 岩波書店(1967 초판) 1998, 86-91면, 100-103면.

34) 가노 마사나오/김석근 역, 『근대 일본사상 길잡이』, 소화, 2010, 119면.

는 일본의 근대화를 인정하지만, 바로 이러한 물질의 근대화에 비해 '근대성'을 담지하지 못했다고 평가한다. 목적합리성에 중점을 둔 근대성의 왜곡은 패트릭 스미스가 지적한 일본의 근대화의 특징이라고 할 수 있다.

일본의 근대화와 그 영향을 받은 한국의 근대화는 바로 유교(극우 국가주의적 관점의 유교해석)에 의해 패트릭 스미스가 '근대성'이라고 표현한 요소가 잠식된 상태에서 진행되었다. '권리' 중심의 법이론이 배척되고, 자유주의 정치철학이 거부되었다. 한국에서는 과거 독재자들을 '자유주의자'라고 지칭하는 모순적 태도가 존재한다. 경험해 보지도 못한 자유주의를 수호하기 위해 자유주의를 포기한다는 비상식이 상식처럼 여겨졌고, 국가보안법이 사실상의 헌법이었다는 점을 상기해 보자. 메이지 정부와 메이지유신의 원훈들이 모두 사망한 시점, 태평양전쟁을 일으킨 일본의 정치 · 군사 권력은 민주주의, 자유주의적 논의들을 모두 말살했다.

(2) 식민지 법제의 성격규정을 위한 이중국가론 비판

자유주의의 말살은 식민지에 국한된 것이 아니라, 제국 일본 전체의 문제였다. 제국일본의 본국과 식민지의 상황을 보다 사실적으로 비교분석하는 법제 연구가 필요하다. 식민지 법제의 성격을 규정하는 문제는 바로 한국법체계에서 '근대'를 어떻게 규정하는가에 달려 있다고 해도 과언이 아니다.

문준영은 식민통치를 뒷받침한 법체계의 특징을 묘사할 때는 프랭켈(Ernst Fraenkel)의 '이중국가(dual state)' 개념이 유용하다고

---

35) 패트릭 스미스(Patrick Smith)/노시내 역, 『일본의 재구성: 현대 일본인이 부끄러워하는 진짜 일본』, 2009. 마티, 10면. 이 책은 *Japan: A Reinterpretation*(Harpercollins, 1998)의 번역서이다.

주장했다. 그는 이 개념을 "이중국가란 프랭켈이 나치독일의 국가 구조와 법체계의 분석틀로 제시한 것으로서, 대권(大權)국가와 규범국가가 동시에 공존하는 국가를 말한다. 대권국가란 어떠한 법적 보장에 의해서도 견제되지 않는 무제한의 전제와 폭력을 행사하는 통치시스템이며, 규범국가란 제정법과 재판소의 판결과 행정기관의 활동에서 보이는 바와 같은 법질서를 수호하기 위한 권한이 부여된 행정체이다"라고 설명했다.[36] 이재승은 식민지 법제의 특수성을 강조하면서 문준영의 시도를 지지하고 있다.[37]

만약 '이중국가' 개념으로 식민지 법제의 특수성을 설명하는 입장을 따른다면 이승만, 박정희, 전두환의 시대를 어떻게 평가할 수 있을까? 뒤에 조봉암 사건을 다루면서 더 자세히 논의하겠지만, 프랭켈의 '이중국가'라는 개념은 식민지 시기뿐만 아니라, 이승만 시대를 설명하기에도 매우 유용하다.[38] 이승만 이후 박정희 시대와 전두환 시대를 평가할 때도 '이중국가' 이론은 유용하다.

문준영의 논리를 따른다면, 1987년 6월 민주항쟁으로 성취한 '헌법'을 기준으로 한국의 사법근대화를 설명해야 한다. 그 이전은 모두 이중국가의 징후를 나타내므로 식민지 상태라고 평가할 수 있을까? '이중국가'의 기준을 적용하면, 식민지 상태의 한반도만이 아니라, 태평양전쟁을 일으킨 전범국가 일본 본토도 '이중국가'였다. 나치가 지배하던 독일이 '이중국가'인 것과 동일하다. '근대'라

36) 문준영, 위의 책, 435-436면.

37) 이재승, "식민주의와 법학," 『민주법학』 45호(2011), 35-36면.

38) Ernst Fraenkel, *The dual State : A Contribution to the Theory of Dictatorship*(Lawbook Exchange LTD. Edition, 2006). 이 책은 1941년 Oxford University Press에서 출판되었다. 이 책의 부제에서도 알 수 있듯이 프랭켈의 이론은 식민주의를 설명하기 위한 이론이 아니라, 독제체제를 설명하기에 유용한 이론이다.

는 가치평가적 관점에서 이상적 관념을 설정해 놓고 '식민주의'라는 개념이 상징하는 '왜곡된 법체계'를 강조하기 위해 '이중국가'라는 개념을 적용하자고 제시했지만, 수용하기 어렵다고 생각한다.

다시 한 번 강조하자면, '이중국가' 개념은 '식민주의'가 아닌 모든 '전체주의' 독재체제에 적용 가능한 이론이므로 식민지가 아닌 전체주의 체제에도 적용 가능하다. 또한 전체주의는 서구적 근대 개념에서 벗어난 왜곡된 형태의 '변태적 근대'가 아니라, 서구적 근대가 지닌 내재적 한계의 산물이라고 평가할 수 있다. 서구적 근대가 갖는 '도구적 합리성'이 바로 이러한 전체주의를 만들어 낼 수 있음을 자각해야만 한다.

패트릭 스미스는 '국화와 칼'로 상징되는 미국이 원하고, 미국에 의해 만들어진 일본의 이미지가 아닌, 현실의 일본 사회를 매우 사실적으로 묘사했다. 그는 자신의 저서에서 미국에 의해 일본 민주주의의 발전이 어떻게 왜곡되었는지도 상세히 설명하고 있다. '왜곡'이라는 단어는 일본의 근대에 있어 핵심요소라고 할 수 있다. 그는 일본 사회를 '산업화'의 기준에서 '근대 사회'가 아니라고 설명할 수 없었는데, 자주적인 정치주체나 서구적 개인주의를 찾기 어려운 독특한 사회구조와 행위주체들을 접할 때마다 당혹스러워했다. 그의 당혹감이 이 책에서는 중요한 착안점이 되었다. 또한 그가 '근대화'와 분리해서 설명한 그 '근대성'은 서론에서 언급한 것처럼, 수많은 실증연구에 의해 비판받아 왔다. 서구근대의 자율적 주체, 인권과 민주주의를 향한 우월한 정신의 실체는 상당 부분 의심의 대상이 되었다. 그렇다면 이제 본격적으로 서구적인 것에 대한 탐색을 시도해 보자.

(3) 서구적인 것은 무엇인가?

니얼 퍼거슨의 주장처럼, 서양은 단순한 지리 이상의 의미를 담고 있다. 퍼거슨은 "만약 당신이 1411년에 세계를 한 바퀴 돌았다면 동양문명을 누리던 사람들의 삶의 질을 보고 큰 감명을 받았을 것이다. 명나라 베이징에서는 자금성이 건설 중이었을 테고, 텐진에서 항저우에 이르는 세계에서 가장 긴 대운하를 다시 열고 수리하는 작업도 한창이었을 것이다. 근동에서는 오스만 제국이 콘스탄티노플을 함락시켰다. 반면 서유럽은 흑사병의 맹위에서 막 회복되고 심각한 공중위생 문제와 그칠 줄 모르는 전쟁으로 비참한 나날을 보내고 있었다"라고 했다.[39)]

퍼거슨의 업적은 "서구화 = 문명화"라는 오만한 서구의 편견을 체계적으로 파괴하고, 문명사의 관점에서 '서구적 속성'을 드러낸 것이라고 할 수 있다. 바로 이 '서구적 속성'을 '근대성'으로 인식해야 동아시아의 정치 · 사법의 역사를 객관적으로 인식할 수 있다.

이 '서구적 속성'은 일본이 19세기 중반까지 동아시아에서 주변적 지위에 있다가, 메이지 유신을 통해 19세기 후반 중심으로 부상하는 것과도 관계가 있다. 우선 퍼거슨이 제시한 서구의 속성들을 살펴보자. 퍼거슨이 제시한 속성들은 '도구적 합리성'이라는 추상적 개념의 징후들로 볼 수 있다.

1. 경쟁: 정치적 · 경제적 삶의 분산화, 근대 민족국가와 자본주의의 발판을 만듦.
2. 과학: 자연을 연구하고, 이해하고, 궁극적으로 변화시킨 방식.

---

39) 니얼 퍼거슨(Niall Ferguson)/구세희 · 김정희 역, 『시빌라이제이션: 서양과 나머지 세계』, 21세기북스, 2011, 41면. 이 책은 *Civilization: The West and the Rest*(Allen Lane, 2011)의 번역서이다.

다른 무엇보다도 서양에 군사적 강점을 제공함.

3. 재산권: 개인 소유권자를 보호하고 그들 사이에 일어나는 분쟁을 평화롭게 해결하는 수단으로서의 법률. 가장 안정적인 대의제의 기반을 형성함.
4. 의학: 건강을 증진하고 수명을 연장한 과학의 한 분야. 서양뿐 아니라 그들의 식민지에서도 발전함.
5. 소비사회: 의복이나 다른 소비재의 생산과 구매가 주요한 경제적 역할을 하는 물질적 삶의 방식. 이것이 없었다면 산업혁명은 유지되지 않았을 것임.
6. 직업윤리: 신교에서 유래한 도덕적 틀과 행위 방식. 1번부터 5번으로 야기된 사회불안과 사회역학을 공정하는 접착제 역할을 함.[40]

위의 내용 중 특히 1, 3, 5번 항목에 주목하게 되는데, 갑오개혁의 실패는 분쟁해결 방법으로써 '소송'이 개인의 권리를 보호할 수 없는 구조를 만들었다. 모든 항목이 서로 연결 관계를 갖지만, 특히 1, 3, 5항은 각각 상호 영향력이 강한 구조를 갖는다. 일본을 통한 '사법근대화'란 바로 기계적으로 사법의 절차와 시스템이 작동하도록 운용되는, 국가운영과 분쟁해결의 기능화를 의미한다고 할 수 있다.

이러한 기능화가 "좋은가?", "나쁜가?" 또는 "실질적 정의를 위한 것이 아니라 특정 집단의 이익을 위한 수단에 불과하다"라는 논의와 분리되어야 한다. 법과 제도를 인식함에 있어, 퍼거슨이 지적한 서구적 속성의 차원에서 한국과 일본에 존재하지 않았던 법에

40) 니얼 퍼거슨, 위의 책, 53-54면.

대한 독특한 인식과 태도가 서구에 존재했다. 과학에 관한 입장도 마찬가지이다. 이것을 일본이 수입했고, 이 수입과정에서 상당 부분 일본화가 이루어졌다. 패트릭 스미스는 서구인의 관점에서 민감하게 이 차이를 느꼈다. 한국은 일본화된 서구적 법을 수입해서 정착시켰다.

식사용 그릇으로 사용할 '유기(鍮器)'를 공들여 제작할 수 있다. 아름다운 유기를 '반문명'이라고 부를 수는 없다. 그릇공장에서 스테인리스 식기를 대량생산한다. 이 스테인리스 그릇의 대량생산 체제를 '근대'라는 말로 표현할 수 있을 것이다. 그렇지만 대량 생산된 그릇이 유기보다 편리하거나 저렴할 수 있어도 '더 좋은 것'이라고 말할 수는 없다. 이 대량생산 체제는 유기를 만들던 가내 수공업을 고사시킬 수 있다. 근대화는 생산과 소비의 형태를 본질적으로 바꾸어 놓았다. 그러나 가내 수공업도 공업이다. 조선시대에도 공업은 존재했다. 그러나 대량생산 체제와 방식은 스테인리스 그릇과 함께 서구에서 수입한 것이다. 이 비유는 우리가 '근대'에 대해 논의할 때 중요한 시사점을 던져준다.

수입된 제도와 법이 대의제의 형식을 갖추고 불완전한 헌정의 절차를 구비했지만 특정 정치세력의 목적이나 특정 계급의 재산과 이익을 보호하기 위한 지배수단에 불과했다고 비판할 수 있다. 이러한 비판은 주로 일제의 법제가 단순한 억압적 통치의 수단에 불과하다는 주장의 근거로 자주 등장한다. 하지만, 이 체제는 소비재의 생산과 구매가 주요한 경제적 역할을 하는 물질적 삶의 방식을 철저하게 바꾸어 놓았다.

일본에 의해 도입된 법제는 모두 수탈과 억압의 도구였다는 단순한 논리를 언제까지 반복할 것인가? 마르크스는 서구에서도 법은 계급적 지배도구에 불과하다는 분석을 이미 내놓지 않았던가? 정녕 비판의 대상이 되고 있는 '근대'는 한국의 역사 속에 존재하지 않는다는 말인가?

형식적 · 실질적 정의가 실현되지 못한 점을 들어 '식민지수탈론'이 제시되고, 변화의 현실을 인정하지 않을 수 없는 이유로 '식민지근대화론'이 제시되었다. 또한 이 두 이론은 상호 끊임없이 대립해 왔다.[41] 윤해동의 지적에 따르면, 상호 대립하는 두 이론은 '민족주의'와 '근대화'라는 인식기반을 공유하고 있다. 재미있는 것은 명확하게 "무엇이 근대이다"라고 밝히지 않고 있지만, 막연하게 공유되고 있는 '근대'에 대한 관념이 논쟁하는 한국의 연구자들 사이에 존재하고 있다는 사실이다.

2. 연속과 단절의 문제, 그리고 도구적 합리성의 개념

(1) 근대에 관한 철학적 성찰

하버마스는 '근대화(modernization)'라는 용어는 1950년대 사회과학적 기능주의의 발전을 기초로 베버(M. Weber)의 이론을 수용하면서 정립된 것이라고 밝히고 있다.[42] 필자는 'Modernization 또는 Modernisierung'을 '근대화'로 번역하고 있지만, 사실 두 개념의 구분이 필요하다. 서양에서는 16세기 이래의 새로운 시대라는 관념과 19세기에서 지금까지 이어지는 시기가 구분된다. 하버마스는 칸트에 의해 의식화된 이후 현재까지의 200여 년의 역사에서 현대를 본다. 19세기가 시작되는 1800년경을 전후로 '근대(Neu zeit)'와

41) 윤해동, 『식민지의 회색지대: 한국의 근대성과 식민주의 비판』, 역사비평사, 2007(3쇄), 23-26면.

42) Jürgen Habermas, Frederick Lawrence(translated by), *The Philosophical Discourse of Modernity* (Basil Blackwell Ltd.: Oxford, 1987), 2면.

'현대(Moderne)'를 구분할 수 있다.[43] 근대와 현대를 번역과정에서 명확하게 구분하지 않고, 오히려 후자를 '근대'로 표현한 것은 하버마스가 '현대'라고 지칭한 시기에 나타난 역사적 현상들과 변화들을 주로 '근대'라고 번역한 역사학계의 관행을 따름으로써 의미의 혼란을 피하기 위함이었다.

근대성을 탈역사적 진화론의 관점에서 설명하고자 하는 근대화론은 제국주의적 보편성을 주장한다. 근대성의 핵심적 내용을 기술적 발전에서 찾고, 이에 따라 단계론적 서구우월주의가 자연스럽게 등장한다. 이러한 단계론적 진화론은 오히려 서구의 합리주의를 '근대성'에서 배제시키는 역할을 하게 된다.[44] 위에서 설명한 일본의 '탈아론'적 세계관이 바로 단계론적 진화론에 해당한다.

서구 합리주의의 본래적인 진정한 의미는 망각되거나 배제된 채, 기술적 발전을 중심으로 한 기능적 합리주의가 근대성과 동일시되고 있다. 그 결과 오히려 인간을 괴롭히는 합리주의 및 현대사회의 서구 중심성을 비판하는 태도는 근대성 자체를 부정하는 길로 나아가게 된다. '근대적 합리성' 개념은 역사적으로 문화적 대립 상황과 그 과정에서 도출된 것이다. 이러한 서구중심적 '근대'의 개념에는 이미 항상 문화적 대립의 구도가 내포되어 있다.[45]

하버마스가 '서구 합리성' 개념의 왜곡이라고 지적한 이러한 문제적 근대개념을 위에서 패트릭 스미스가 지적한 일본의 근대화에 직접 적용할 수 있다고 생각한다. 서구와 비서구의 문화대립의 문제를 필자는 '접촉'과 '충동'으로 설명하고 있다.

---

43) 고호상, 『하버마스의 현대성 주장과 보편적 합리성의 문제』, 한국학술정보, 2006, 16면.
44) 고호상, 위의 책, 17면.
45) 고호상, 위의 책, 18면.

하버마스는 가다머의 아리스토텔레스의 프로네시스 개념에 기초하는 실천철학을 거부한다. 또한 그는 마르크스로부터 현실적 실천에 관한 부분만 수용하고, 마르크스를 포함한 주체철학 전통 내에서 이루어진 근대논의에서 근대적 이성의 고유한 모습은 주체 중심적으로 오해되었거나 과장되었다고 비판했다.[46] 그는 현실적 실천의 모티브를 생산 패러다임이 아닌 의사소통 패러다임 위에서 설명한다. 이러한 실천과 상호주관적인 반성의 모습에서 고유한 근대적 능력과 합리성을 인식하는 것이다. 그것은 근대라는 보편사적 발전 속에서 이해될 수 있기에 보편적이며 상호주관성의 차원에서 인식하는 것이기에 다원적이다.[47]

하버마스는 근대성을 정당하게 비판함으로써 오히려 그 보편적 합리성의 측면이 드러날 수 있다고 생각한다. 하버마스가 생각하는 비판점은 근대화 과정 및 보편적 반성능력을 갖고 있는 의사소통적 합리성에 대한 체계논리적이고 도구주의적인 왜곡에 있다.[48] 하버마스가 '왜곡'이라고 비판하는 합리성의 왜곡이 바로 일본적 근대의 핵심이라고 할 수 있다.

'비서구 대 서구'의 문화대립 상황을 '접촉'으로 설명하고, 왜곡된 도구적 합리성에 대한 맹목적인 추종을 '충동'으로 설명하면서 일본과 한국의 근대를 설명하려는 것이 필자의 의도이다. '의사소통적 합리성'은 왜곡된 도구적 합리성의 추종으로 설명할 수 있는 일본의 근대와 이러한 일본의 근대를 접촉하고 동일한 방식으로 추종한 한국의 근대가 반성을 통해 회복해야 할 현재 시점의 과제에 해당하는 (엄격한 객관주의적 보편성이 아닌 의사소통과정의 형

46) Jürgen Habermas, 위의 책, 23면 이하.

47) 고호상, 위의 책, 35면.

48) 고호상, 위의 책, 37면.

식이 갖는 보편성이라는 차원에서) 보편적 합리성이다.

하버마스는 근대성에 대한 전체적인 부정과 상대주의에 대응하는 보편주의적 입장을 개진했다. 그는 근대와 서양 합리주의 사이의 역사적 상관관계를 강조하면서 근대화를 합리화 과정의 맥락에서 인식하며 보편적 합리성의 가능성을 포기하지 않는다. 그의 이러한 이론은 왜곡된 구조의 역사적 특수성을 갖는 한국사회에 과제의 차원에서 성찰적 관점을 제공한다. 그러나 베버의 한계로 지적되는 도구적이고 기능적인 목적합리성의 증대과정에 국한된 행위체계에 관한 이론은 앞서 언급한 것처럼 동아시아 역사에서 근대화를 설명하는 데 잘 부합할 수 있다. 이러한 측면에서 '단순 근대'로 설정한 '근대'에 도달한 뒤, 이러한 '단순 근대'의 속성들을 해체하는 '성찰적 근대'로 이행한다는 울리히 벡(Ulrich Beck)의 이론은 일본과 한국의 근대화 과정을 설명하는 데 많은 이론적 장점을 지니고 있다고 볼 수 있다.

문화대립의 역사적 상황에서 일본이 취한 왜곡된 합리성을 기초로 이루어진 한국의 근대화를 반성적 차원에서 그 연원을 인식하고자 하는 것이 이 연구의 가장 중요한 목적이다. 왜곡된 구조가 있으므로 일본적 근대와 이를 추종한 변태적 한국의 근대가 '근대'가 아닌 것이 아니라, 이러한 왜곡구조를 하버마스적 관점에서 깊이 성찰하고 반성함으로써, 보편적 합리성을 현재 시점에서 회복하는 것이 한국 민주주의와 법치의 과제라고 설명할 수 있겠다. 체계와 생활세계의 분석적 구별에 기초해 생각해 보면, 한국의 식민지 법제의 상황도 입체적으로 이해할 수 있다.

베버가 지적했듯이 사회적 근대화의 주된 특징은 근대국가와 자본주의 경제체제의 성립이라고 할 수 있다. 체계의 측면에서 보면, 근대국가의 성립은 권력을 매체로 하는 공공 행정 영역이 자립화되는 것을 의미한다. 근대국가 체제는 법적으로 정의된 위계적 권력질서를 통해 국민들에게 명령권을 행사한다. 명령에 대한 거부는 곧 제재의 위협에 직면하게 된다.[49] 자본주의 체제 안에서 이루어지는 사회진화는 체계의 자립화를 넘어서 체계의 명령이 생활세계에 침투하는 '생활세계 식민화'를 야기한다.[50]

한국의 사법근대화는 일본적 근대의 산물이 구성한 새로운 법체계가 기존의 생활세계와 밀접한 관계 속에서 형성된 유교적 법체계를 강력한 외재적 제국의 힘을 통해 타율적으로 배제시키고, 이러한 새로운 체계를 추종하는 개화파의 지지와 열망 속에 타율적으로 이식되는 과정을 통해 형성되었다. 서구사회가 사회진화의 과정에서 내재적으로 겪은 변화를 한국은 서구를 접촉함으로써, 즉 먼저 변화된 체계가 지배하는 일본을 접촉함으로써 경험하게 된다.

갑오개혁의 단발령에 반발한 민중들의 봉기, 통감부가 초기에 실시한 법무보좌관 제도에 대한 조선 관료의 조직적 반발과 무력화, 그리고 병합 이후 강행된 식민지 법제의 시행의 과정을 통해 새로운 체계는 한국인의 생활세계를 지배하게 되었다.

일본을 염두에 두어야 하기 때문에 근대법의 시점이나 사법근대화에 대한 논의를 회피하거나, 민족주의적 감상에 빠진 논의를 전개하는 한국의 연구자들에게 '근대'는 어느 날 눈을 떠보니 갑자기 아무런 역사적 경험과정을 생략하고, 그저 너무나 당연하게 현재의 목전에 존재하게 된 단순한 시공간의 의미인 것인가?

이상적인 근대를 이념형으로 전제하고 마치 근대가 목표인양

---

49) 김원식, "하버마스, 의사소통 행위 이론과 생활세계 식민화 테제," 『프랑크푸르트 학파의 테제들』, 사월의책, 2012, 211면.

50) 김원식, 위의 책, 213면.

설명하는 연구자들에게 근대는 영원히 도래할 수 없는 '파라다이스'이겠지만, 현재를 실천적으로 살아야 하고 현재의 한국 사법체계를 반성적으로 성찰하고자 하는 연구자에게 '일본적 근대와 왜곡된 서구적 합리성'의 실체는 간과할 수 없는 연구의 대상이다.

근대라는 것을 부정할 수도 없고, 그렇다고 일본을 인정할 수도 없으니 일본에 의해 왜곡된 근대라는 것을 강조하기 위해 역사학계에서는 "식민지적 근대"라는 표현에 집착한다. 그러나 철학적 관점에서 '근대'란 그 자체의 속성으로 어느 정도의 '식민성'을 그 반성의 대상으로 삼을 만큼 일반적인 속성으로 보지된 것이라고 하겠다. 서구사회의 내재적 진화과정 속에서 하버마스가 비판의 대상으로 삼은 '생활세계의 식민화'가 아닌, 외부적 힘에 의해 타율적으로 이식된 체계에 의한 '식민화'라는 한국적 근대의 이중적 특수성에 집중하는 것도 중요한 과제라고 할 수 있다.

(2) 하꼬네 회의와 새로운 이론들

이철우는 1960년 하코네 회의에서 제시된 근대화 논의를 소개하며 '근대' 개념의 문제를 설명했다. 그는 다양한 논의들을 소개하면서 근대성의 징후들을 나열하는 징후나열적 개념규정과 본질주의적 개념규정의 충돌을 설명했다.[51] 사실 근대 개념에 대한 거의 모든 논의들은 이 두 가지 유형으로 구분할 수 있다. 뒤에 소개할 로널드 잉글하트 · 크리스찬 웰젤의 이론과 울리히 벡의 이론도 각각 '민주주의'와 '성찰에 의한 해체'를 근대의 본질적 속성으로 제시하고 있다.[52] 오히려 '본질'이라고 지칭한 것을 개념의 '철학적

---

51) 이철우, "법에 있어서 근대 개념 — 얼마나 유용한가," 『법과사회』 16 (1999), 257-264면.

52) 하꼬네 회의에서는 일본학자들이 가치평가적 관점에서 자본주의에 부합

기초' 정도로 수정하고, 이 개념의 철학적 기초가 되는 관념에서 가치평가를 배제할 수 있다면, 동아시아 근대 담론의 중요한 출발점이 될 수 있다고 생각한다.

'근대' 개념에 대한 역사학계의 연구동향은 근대에 대한 본질 논의에서 생활사 연구로 전환되고 있음을 보여 준다. 연구사의 흐름은 근대의 본질에 대한 논의에서 철도나 시장 등 아주 구체적인 생활사에 관한 연구로 전환되어 진행되고 있다.[53] 즉, 미시적인 생활사의 경험들을 통해, 근대에 대해 논의하는 연구를 추구하는 것이다. 이는 무엇을 의미하는가? 생활사의 미시적 경험들은 결국 구체적 '징후'로 포착되어 나타난다.

여기서 두 가지 논리적 구조를 밝히고자 한다. 첫째 일반 추상적 법규범이 전제되고, 구체적 사실로서 사건이 발생하면, 추상적 대전제에 사실을 포섭시키는 법적 삼단논법을 상기해 보자. 생활사 연구를 통해 어떤 미시적 · 경험적 사실에 직면했을 때 연구자는 스스로 명확하게 개념을 밝히고 있지 않더라도 어떤 추상적 '근대' 관념을 전제로 하고 있으므로 경험적 징후를 포착할 수 있다. 둘째 이렇게 발굴되고 실증된 미시적 경험은 '징후'로써, 다시 근대의 개념을 논의하는 데 논거로 등장하게 된다.

바로 이 지점에서 논리적 문제가 발생한다. 논리적 문제는 포착된 징후들 중 연구자 스스로 설정하고 있는 근대를 구성하는 기초적 관념에 부합하지 않는 징후가 발견될 때 이 징후들을 어떻게

하는 '민주주의'를 근대의 본질로 주장하고, 징후나열적 입장을 취하는 미국학자들이 '자본주의' 개념의 모호성 등을 근거로 반박하는 명백한 이론적 충돌을 보였다.

53) 연구사에 대해서는 허영란, "2008-2009년도 일제 식민지시기 연구의 현황과 과제,"『역사학보』207권(2010) 참조.

처리하는가에서 발생할 수 있다. 전체 징후 중 근대관념에 부합하지 않는 징후가 몇 퍼센트 정도 발견될 때 '근대'를 부정하는 근거가 될 수 있는가? 또는 몇 퍼센트 긍정적 징후가 포착될 때 '근대'는 긍정될 수 있는가? 역사학자의 길고도 험난한 미시적 연구를 향한 여정의 끝은 아주 싱겁기 그지없다. 결국 이러한 상황을 해결하기 위해 찾아야 하는 개념적 기준을 발견하기 위해 근대의 본질로 미시사 연구자는 되돌아와야 하기 때문이다.

서술은 하되, 결코 해석해서는 안 된다는 기묘한 불문율을 공유하고 있는 것처럼 보이는 한국의 역사학계가 처한 이 딜레마 상황은 무척 흥미롭다. 폭압, 침탈, 침략이라는 해석 외에 어떤 해석도 금기시되므로 역사학의 미덕은 오직 해석을 배제한 미시적 사실나열에 국한되어야 하는 전대미문의 비역사적인 테제를 고수하는 한국의 역사학계에서 이러한 문제에 대한 오묘한 해결책으로 등장한 신종 개념이 '식민지적 근대'가 아닐까? 법학계의 법제사 분야는 이러한 역사학계의 방계라서 이 오묘한 보수성의 그림자가 더 짙게 드리워져 있는지도 모르겠다. 보수성이 방계에서 더 강하게 드러나는 이유를 해석하는 것도 역사적 관점이니 흥미롭지 않은가?

빅스(Brian Bix)는 개념을 규정하는 문제에 관해 강한 패러다임 사례(strong paradigm case)를 제시한다. 예를 들어, '민주주의'라는 개념과 관련하여, 고대 그리스 아테네의 정치가 민주주의에 해당하는가와 같은 문제가 강한 패러다임 사례이다. 만약 새로운 고고학적 논거를 통해 민주주의로 보기 어렵다는 반론이 제시되고, 가령 폴리스의 구성원 중에서 배제되는 사람이 많아서 민주주의로 보기 힘들다는 주장이 제기될 수 있다. 여기서 중요한 것은 패러다임 자체라기보다 그 패러다임에 기인하는 기준의 문제가 된다.[54]

빅스의 지적처럼, 한국의 사법근대화를 논하는 과정에서 '한국에서 근대란 무엇인가?'에 대한 기준의 문제가 던져지고, 이 기준에 대한 논의에 참여하기 위해 연구자들은 역사적 경험을 징후로 발굴한 후, 논거로 제시하는 구조를 만들게 된다.

하꼬네 회의의 논의들 중에서 벤자민 슈워츠(Benjamin Schwartz)의 주장은 검토해 볼 필요가 있다.[55] 그는 베버(M. Weber)를 원용하여 '도구적 합리성'을 언급했다. 즉 목표달성을 위해 가장 효율적인 수단을 선택한다는 의미의 합리성의 증대, 인간의 에너지를 그들의 물질적 · 사회적 환경의 합리적 통제를 위해 체계적이고 합목적적으로 적용하는 경향이 근대사회를 다른 사회로부터 구별짓는다는 것이다. 또 근대화의 징후로서 예시되는 다종다양한 현상들은 모두 그러한 합리화의 일환으로 이해된다는 것이다.[56]

이에 대해 근대화를 합리화와 동일시한다면 굳이 근대화라는 용어를 사용할 필요가 무엇인가라는 의문과 더불어, 분석도구로서 유용한 이념형이 되기에 그 내용이 지나치게 불명확한 점이 지적되었다.[57] 위에서 지적한 대로 대전제로서의 개념의 속성은 오히

54) Brian Bix, "The Application(and Mis-Application) of Wittgenstein's Rule-Following Considerations to Legal Theory," Dennis Patterson 편, *Wittgenstein and Law*(England: Ashgate, 2004), 401면.

55) John Whitney Hall, "Changing Conceptions of the modernization of Japan," *Changing Japanese Attitudes Toward Modernization*(Princeton Univ. Press, 1965), 7-41면. 특히 슈워츠의 주장과 이에 따른 논쟁에 대한 소개는 21-28면: Hall은 사회에서 발견되는 근대적 요소들을 제시한 알몬드와 콜만, 가토 등의 입장을 소개하고, 토론해서 합의되거나 수정된 입장들을 밝히고 있다. 하코네 회의에서 제시된 입장 중에서 근대화의 과정을 가장 명료하게 약술할 수 있는 이론으로 슈워츠의 견해를 소개하고 있다.

56) 이철우, 위의 글, 259면.

려 추상적인 것이고, 징후를 포착하기 위한 관념으로 작용한다. 실증연구를 통한 징후의 포착이 중요한 이론적 검증과정이 되는 논의의 구조가 만들어질 수 있다. 뒤에 합리화의 문제에 대해 조금 더 상세히 논의하겠지만, '근대성'이란 산업화된 사회형태로의 전환을 위한 '도구적 합리성'이라는 의미로 읽어야 하기 때문에 막연하게 추상적인 '합리성'의 의미를 지칭하는 것은 아니다.

도구적 합리성에 관한 논의를 진행하기 전에 톺아 봐야 할 문제가 있다. 그것은 하꼬네 회의에서 보인 일본학자와 미국학자의 입장 차이를 유형화할 수 있다는 점이다. 마루야마를 제외한 일본학자들은 제도와 가치 및 사회의 총체적 실천의 차원에서 문제에 접근하면서 민주화를 근대화의 핵심적 기준으로 삼아야 함을 주장했다. 이에 대해 미국학자들은 그러한 시도는 지나치게 가치함유적이어서 객관적이고 보편적인 사회과학적 태도에 반한다고 일축했다. 이철우는 민주주의의 문제를 거론한 일본인 학자들에게는 신칸트학파적 가치-사실의 분리에 입각한 비판이 전혀 설득력이 없었을 것이라고 논평했다.[58] 이철우의 분석적이고 냉철한 논평은 동아시아의 속성을 인식하는 데 많은 시사점을 던져준다.

로널드 잉글하트와 크리스찬 웰젤의 최근 연구에 따르면, 근대화는 민주화와 무관할 수 없다. 여기서 제시된 '민주화'는 하꼬네 회의에서 제시된 일본학자들의 '민주화'에 비해, 가치함유적이기보다는 분석적이다. 문화가 정치적 · 사회적 삶에 미치는 영향을 논증하는 것을 통해 인류발전과정에 따라 진화하는 민주주의를 설명하고 있다.[59] 어떤 의미에서는 가치와 사실의 완전한 분리가 가능

57) 이철우, 위의 글, 259-260면.

58) 이철우, 위의 글, 261면.

59) 로널드 잉글하트(Ronald Inglehart) · 크리스찬 웰젤(Christian Welzel)/

한가라는 비판이 있을 수도 있겠다. 개념규정에 관한 문제에 있어 본질적으로 가치의 문제를 배제할 수 없다는 입장이 옳다고 가정하더라도, 가치평가와 사실분석에 있어 어디에 더 큰 비중을 두느냐는 중요한 사회과학적 입장 차이를 만들 수 있다.

만약 잉글하트와 웰첼의 이론을 동아시아에 적용할 경우, 일본은 메이지유신 이후 패전으로 권위적인 전체주의가 몰락하고, 전후 미국의 점령으로 민주주의에 대한 논의가 왜곡되어 현재의 독특한 일본의 정치문화를 만들어 내었으나, 민주주의의 관점에서 점차 진화할 것이라고 진단할 수 있다.

한국은 메이지유신과 일본의 초국가주의의 영향을 받은 정치지도자들이 해방 후 남한사회에 패전 이전의 일본근대정치의 연속성의 형태로 권위적 독재체제를 구축했는데, 민주화 운동을 거쳐 이를 해체하고 민주주의가 진화하고 있다고 평가할 수 있겠다.

사법의 경우, '연속과 단절'의 문제를 인식하고 일본을 통해 수입해서 발전시킨 '제도' 자체의 개혁만으로는 훨씬 더 긴 연속성을 가진 정치사법의 전통을 개혁할 수 없다는 사실을 절감하고, 검찰제도와 사법체계에서 '민주성'을 강화하는 방식(예를 들면, 검찰총장과 검사장, 그리고 대법원장을 투표로 선출하고 국민참여재판제도를 강화하는 등의)으로 개혁의 방향을 추진해 나갈 것을 고려해 볼 수 있다. 이 연구의 목적은 이러한 평가와 방향제시를 시도하고자 하는 것이 아니다. 근대 개념에 관한 논의는 바로 이러한 평가와 미래구상을 하기 위한 전제로서 유용성을 갖는다는 것을 주장하는

지은주 역, 『민주주의는 어떻게 오는가: 근대화, 문화적 이동, 가치관의 변화로 읽는 민주주의의 발전 지도』, 김영사, 2011. 이 책은 *Modernization, Cultural Change, and Democracy: The Human Development Sequence* (Cambridge University Press, 2005)의 번역서이다.

것이다.

잉글하트와 웰젤의 근대화에 관한 일반 이론은 필자와 그 연구목적이 상이하다. 그러나 진화를 통한 기존 가치의 변화와 문화적 전통의 존속 간의 딜레마는 필자가 '연속과 단절'이라고 표현하는 문제와 상통한다. 실증적으로 사회의 진화과정을 추적하는 연구방식이 근대화에 대한 이론적 접근의 중핵이라고 생각한다. 필자의 목적은 동아시아 역사의 특수성으로 인해, 서구적 근대 개념이 한국의 사법과 정치의 역사적 분석도구로서 얼마나 유용하며, 또 얼마나 중요한가를 드러내는 것이다.

울리히 벡의 '성찰적 근대화론'은 근대가 갖는 속성이 '성찰적'이어서, 근대사회의 기반을 약화시키고 파괴한다는 이론이다. 즉, 근대사회는 그 고유한 역동성에 힘입어 자신의 계급, 계층, 직업, 성역할, 핵가족, 공장, 기업 부문의 구성을 밑에서부터 약화시키고 있으며, 자연스러운 기술적 · 경제적 진보를 위한 전제조건들과 지속적인 형태들의 기반을 약화시킨다고 진단한다. '성찰적 근대화'란 진보가 자기 파괴로 전환되고, 한 종류의 근대화가 다른 근대화의 기반을 약화시키고 변화시키는 단계를 말한다. 이는 산업사회 시대의 창조적 파괴가능성을 의미한다. 부르주아지들은 생산도구, 생산관계, 더 나아가 모든 사회관계들을 변화시키지 않고서는 존립할 수 없다.[60)]

벡은 '단순 근대화'가 전통적인 사회형태들을 산업적인 사회

60) 울리히 벡(Ulrich Beck)/임현진 · 정일준 역, "정치의 재창조: 성찰적 근대화 이론을 향하여," 앤소니 기든스 · 울리히 벡 · 스콧 래쉬, 『성찰적 근대화』, 한울, 2010(4쇄), 22-25면. 이 책은 *Reflexive Modernization: Politics, Tradition and Aesthetics in the Modern Social Order* (John Wiley & Sons Inc, 1994)의 번역서이다.

형태로 전환시키기 위해 우선 그 형태를 이탈시킨(disembedding) 후에, 산업적인 사회형태들로 다시 자리매김(re-embedding)하는 것이라면, '성찰적 근대화'는 다른 근대성으로 산업적인 형태들을 우선 해체한 다음 재구성하는 것이라고 설명한다. 벡은 성찰적 근대의 파괴성을 혁명이나 위기로 연결짓지 않고, '서구 근대화'의 승리라고 표현한다.[61] 벡의 입장은 반성적 성찰과 합리성이라는 관점에서 서구적 근대를 설명하는 이론적 흐름 속에 위치하고 있다고 평가할 수 있다.

(3) 근대 개념 논의의 유용성

위에서 진행한 논의를 통해 볼 때, '근대개념'에서 '서구적 합리성'의 중요성을 충분히 인식할 수 있다고 생각한다. 필자가 중요하게 여기고 있는 측면은 동아시아의 일본과 한국이 서구와 직면하면서, 전통적인 사회형태들이 혁신적으로 새로운 형태로 재구성되는 과정을 거쳤다는 점이다. 서구 사회와 동아시아 사회는 각각 다른 역사적 진화의 과정을 거쳤고, 다른 문화적 배경을 갖는다. 동아시아에서 벡이 '단순 근대화'라고 제시한 근대화, 즉 전통형태로부터의 이탈과 산업적인 사회형태로의 변형이라는 차원의 근대화는 서구가 먼저 달성한 이 '단순한 근대'를 수용하면서 시작되었다. '산업적인 사회형태'란 도구적 합리성을 중시하는 사회의 구조를 의미할 것이다.

특히 법에 있어서는 특정 단어가 언급되었다거나 서명이 행해졌다는 사실, 또는 법적으로 특정한 것의 의미를 단언할 수 있는 상징적인 행위가 있었다고 할 수 있는 외적 특징들에 밀착하는 '법

61) 울리히 벡, 위의 글, 22-23면.

형식주의'가 중요한 근대적 징후가 될 수 있다.[62] 서구 근대법의 내용적 특수성을 좀 더 명확하게 드러내 줄 수 있는 개념을 구성하고자 하는 의도에서 논리적 형식합리성이 강조되었다.[63]

한국에서는 바로 이러한 법제와 법체계의 수입과 정착화를 먼저 시도한 일본에 의해 타율적으로 사법의 근대화가 시작되었다. 현재의 일본사회와 한국사회에 '성찰적 근대화론'이 적용가능한가 또는 한국사회와 일본사회가 성찰적 근대화 단계에 도달했는가에 관한 문제는 이 글에서 다루어질 내용이 아니다. 그러나 이 글은 근대성과 근대화에 대한 담론 자체가 변증적 성찰의 과정을 통한 자기인식(사회에 대한 성찰적 인식)과 현재 한국사회에 대한 반성적 이해를 의미한다는 입장을 설명하고 있다.

잉글하트와 웰젤의 이론에서 진화과정에 있어서 잔존하는 문화적 전통의 문제, 그리고 벡의 근대화 이론에서 '전통형태의 이탈'과 '단순한 근대'라는 산업적 사회형태로의 변형의 문제는 상호 밀접한 관련을 맺고 있다고 생각한다. 이러한 문제들을 실증적으로 분석하는 과정에서 바로 동아시아에서 '근대화'와 '근대성'에 관한 논의의 유용성이 드러날 것이다.

'식민지근대화론'과 '식민지수탈론'을 주장한 거의 모든 한국의 연구자들 역시 하꼬네 회의의 일본학자들처럼 가치-사실의 분리 방식에 익숙하지 않았다.[64] 엄격하게 말하자면, 가치와 사실을

62) Max Weber, *Wirtschaft und Gesellschaft*, 396-397면, 김명숙, 『막스 베버의 법사회학』, 한울아카데미, 2003, 42면 재인용.

63) 김명숙, 위의 책, 41-42면.

64) 역사문제연구소 편, 『한국의 근대와 근대성 비판』, 역사비평사, 2004: 강만길, 김동춘, 김연철, 박명림, 서동만, 서중석, 신주백, 이승렬, 임현진, 정재정, 정태헌이 필진으로 참여해 일제시기 민족운동사, 경제사, 조선인 자본가 등에 대해 다루면서 진행한 근대 논의에서도 근대에 대한 가치논쟁과

분리하는 분리테제에 익숙하지 못한 방법론의 문제뿐만 아니라 '식민지'나 '수탈'이라는 평가적 선이해로 인해 변증적 해석과정이 증발해 버린 것이 가장 큰 문제였던 것이다.

이미 여러 차례 언급했지만, 한국의 연구자들에게 '근대'는 '좋은 것'이다. '전범국가 일본'은 '나쁜 것'이다. 따라서 이 둘은 양립할 수 없다. 그러나 '도구적 합리성'의 관점에서 정치와 사법을 인식하기 시작한 것은 사료를 찾아보니 일본의 영향에 의한 것임이 명백해진다. 이 난처함을 한쪽은 '식민지적 근대'라는 말로 설명하게 되었다. 또 다른 쪽은 식민지라는 수식어를 붙인다 할지라도 절대로 '근대'라는 훈장('근대'가 훈장인지는 잘 모르겠지만)은 달아줄 수 없다는 입장 아니겠는가?

수탈론자들은 구한말 조선의 폭압적이고 지배도구적인 형사사법을 분석하기도 전에, 일본의 영향으로 도입된 모든 법제는 억압과 수탈의 도구일 뿐이라고 이미 결론을 내리고 논의를 시작한다. 이들의 주장이 사실이라면, 조선조의 법체계도 계급적 폭압의 도구일 수 있고, 자본주의 사회에서 법은 계급적 지배도구일 수 있다. 조선시대뿐이겠는가? 독재시절 한국사회에서 법의 폭압성은 익숙한 현상이었다. 법의 '도구성'을 증명해줄 징후를 각 사회에서 찾아내는 일은 무척 쉬워 보인다. 따라서 지구상에 존재하는 모든 법과 법체계는 이들의 논리를 적용하면 정도의 차이는 있지만 수탈과 억압의 도구일 수 있다. 그렇다면 한국의 민족주의 연구자들은 모두 마르크스주의의 신봉자들이란 말인가?

사실 독일, 영국, 프랑스가 각각의 입헌주의를 다른 역사적 배

사실 분석은 분리되지 않고 있으며, 아무도 명확하게 근대에 대한 개념규정을 제시하고 있지 않지만, 막연한 근대 관념을 공유하고 있었다. 그 공유된 관념은 재미있게도 벤자민 슈워츠의 '도구적 합리성'과 유사하다.

경 속에서 발전시킨 점을 상기해 보면, '서구'라는 용어로 이들을 모두 포섭시킬 수 있는가 라는 의문도 생긴다. 입헌주의와 의회의 역할을 논의할 때 독일의 연구자는 영국의 헌정사와 비교하여, 독일의 입헌주의에서 사법부가 갖는 헌정사적 독자성과 의의를 드러내기 위해 노력한다.[65] 이는 아마도 입헌주의 체제에서 의회의 역할에 대해 독일에게 붙여지는 '후진성'이라는 역사적 평가를 거부하기 위한 노력이라고 생각한다. 독 · 영 · 프조차도 각각 다른 역사적 배경에서 입헌주의를 발전시켜 왔다. 그러나 이들에게는 무시할 수 없는 공통적 요소가 존재한다. 이 공통적 요소는 동아시아에 그들이 등장해서 영향력을 행사하기 전까지 일본과 한국에 존재하지 않았던 것이다. 근대에 대한 이해는 역사 · 문화적 경험의 차이를 인식하면서 시작해야 한다.

이제 다시 '도구적 합리성'에 관한 문제로 돌아와야 하겠다. 1960년대뿐만 아니라 현재까지도 일본학자와 한국학자에게는 '가치와 사실'을 분리해서 세계를 인식한다는 사회과학적 방법론 자체가 자연스럽지 못한 것 같다. 하지만 미국학자들에게는 자연스러운 일이었다. 일본과 한국의 연구자들은 '사실'에 대해서 논의한다고 하면서도, '가치'의 문제를 분리시키지 못했다. 한국의 경우, 가치와 사실의 분리라는 거창한 방법론적 문제에는 접근하지도 못하고, 자존심과 감정에 취해 분석을 포기했다고 표현하는 것이 더 적확한 것 같다.

프랑수아 줄리앙(François Jullien)은 몽테뉴(Montaigne)를 인용하면서 "사람들은 보통 자신이 가지고 있는 선입관을 합리적인

---

65) Gernot Sydow, "Independence of the Judiciary in German," Katja S. Ziegler 외 (편), *Constitutionalism and the Role of parliaments*(Oxford and Portland, Oregon: Hart Publishing, 2007), 225-230면.

것으로 생각하는 경향이 있다"(우리들이 자연의 소산물이라고 보고 있는 도덕법은 관습에서 비롯되는 것이며 모든 사람들은 자기 주위에서 받아들여지고 인정되는 행동양식을 따르게 되어 있다. 그런데 우리가 양심의 가책 없이는 도덕법으로부터 결코 벗어날 수 없다고 하더라도, 내가 도덕을 행한 것에 대하여 다른 사람들의 찬사가 없다면 그것을 실천하게 되지 않는다: Montaigne, Essais, I, 23)라고 했다.[66]

사실, '도구적 합리성'을 근대 개념의 분석도구로 인정할 수 없다는 반론 중에 가장 강력한 것이 '다양한 합리성'의 기준이 있을 수 있으므로 합리성이라는 기준은 불명확하다는 입장이라고 할 수 있다. 본고는 이러한 측면을 역설적으로 근대 개념 논쟁의 중요한 실마리로 인식하고 있다. 프랑수아의 말처럼, 사람들은 자신의 선입견을 합리성으로 인식하는 경향이 있다. 따라서 매뉴얼화되어 체계화된 제도와 법을 도구적 관점에서 효율적으로 준수하는 것을 '합리성'이라고 생각하는 서구의 선입견이 반영된 제도와 법을, 그리고 그러한 제도와 법에 대한 전형적인 인식과 반응을 '근대성'이라고 지칭할 수 있다고 생각한다. 이에 대해 하버마스처럼 정당한 비판을 통해 왜곡된 구조를 드러내고 그 속에서 보편적 합리성을 발견할 수도 있을 것이고, 벡의 주장처럼 근대성 자체에 '단순한 근대'를 해체할 수 있는 성찰적 요소를 발견할 수도 있을 것이다.

그렇다면 동아시아에서 '서구의 선입견'(왜곡된 도구적 합리성 = 제국주의적 단계적 사회진화 관념)의 내용으로 인정된 징후들을 식별하는 사상사적 의의는 무엇인가? 이 질문은 '동아시아에서의 근대 개념을 논의하는 유용성은 무엇인가?'라고 달리 표현할 수 있다. 바로 '연속과 단절'의 문제를 인식해서 현재의 문제에 객관적으

66) 프랑수아 줄리앙(François Jullien)/허경 역, 『맹자와 계몽철학자와의 대화: 도덕의 기초를 세우다』, 한울, 2004, 30면.

로 직면하는 연구방법론을 제시하기 위함이다. 현재의 문제에 객관적으로 직면하는 것은 미래에 대한 성찰과 무관하지 않기 때문에 중요하다.

결국, 근대에 대한 개념 규정은 징후를 통해 드러나는 근대의 속성에 의해 강화된다. 이 개념 규정은 근대적 징후를 사료 분석 과정에서 발굴해 내기 위한 기준으로서 유용하다. 위에서 제시한 법적 삼단논법의 비유를 상기해 볼 필요가 있다. 추상적 '근대' 관념이 존재해야 '징후'를 식별할 수 있지 않겠는가? 또한 징후의 발굴을 통해 역사적 현실을 객관적 · 실증적으로 인식하고, 이것을 토대로 미래의 방향에 대해 논의할 수 있게 되므로 '근대' 개념의 논의가 유용한 것이다.

우리는 정치사법의 연원과 진화과정을 객관적으로 분석해야만 한다. 이러한 분석은 '근대'라는 개념으로 더욱 입체화된다. 분석적 연구의 축적을 통해 우리는 개혁의 방향을 인식할 수 있게 된다. 여기서 울리히 벡의 설명을 빌리자면, 분석을 통해 해체로 나아가는 것, 이것이 바로 '성찰적 근대'이고, 분석을 중요시하는 태도가 바로 '성찰적 근대'의 단계로 나아가기 위한 필요조건이 된다.

본고는 한국 사법의 역사에서 '정치사법'을 '연속'의 문제로 설정한다. 한국법제사에서 '근대'와 '근대법'은 '좋은 것' 또는 '나쁜 것'의 문제가 아니라, '연속과 단절'의 문제인 것이다. '정치사법'은 조선을 개국하는 과정에서 '재상제'를 도입한 정도전이 '재상제'의 제도공학적 부작용으로 인해 일종의 '사법살인'을 당하는 것을 시작으로, 조선이 일본에 의해 사라질 때까지 조선조 사법의 큰 특징으로 존속된다. 이러한 '정치사법'은 일본을 통해 도입된 새로운 서구적 법제에 의해 계승 · 발전된다. 해방 후 이승만, 박정희 독재정권들은 '정치사법'의 유산을 계승 · 발전시킨다. 일본에 의해 새로운 형태로 정교해지고 세련되어진 도구적 사법은 독재정권들에 의해 강화된다. 강화의 과정은 우리의 선택이었고, 바로 이것이 우리 사법의 근대화 과정이다.

'정치사법'이라는 법제사의 연속성을 발견할 때, 법과 제도가 갖는 절차와 형식, 그리고 이 형식과 절차에 대한 인식의 차이점(제도와 법에 대한 인식 자체가 변화된다)이 드러난다. 또한 단절의 내용도 찾아낼 수 있다. 조선이 유지했던 유교적 사법과 일본에 의해 도입된 새로운 사법은 다르다. 양자는 '정치사법'이라는 공통된 속성에도 불구하고, 그 체제의 운영에 있어, 즉 사법의 절차와 형식에 있어 엄청난 차이를 나타낸다. 이러한 '단절'의 요소에서 우리는 '근대성'을 발견할 수 있다. 이제 구체적으로 '정도전 사건'과 '조봉암 사건'을 비교하면서 논의를 계속해 보도록 하겠다.

III. 근대 개념 논의와 한국의 정치사법

1. 정도전의 재상제와 '협유탈적(挾幼奪嫡)'[67] 사건

위에서 이미 언급했지만, 영국 · 독일 · 프랑스 · 미국은 각각 나름의 헌정사를 발전시켜 왔다. 입헌주의의 역사와 전통은 다양하다. 이러한 입헌주의와 헌법의 속성을 "헌법의 이름으로 정치권력을 제어하려는 이념인 입헌주의는 전통에 기댈 수밖에 없다"라고 주장하면서, 유교전통 안에서 입헌주의 담론을 탐색하는 연구가 있었다.[68] '유교 국가화'와 '법의 유교화'를 분석하면서, 예(禮)

67) 협유탈적(挾幼奪嫡)이란 정도전이 이방석(李芳碩)을 세자(世子)로 세운 일을 일컫는 것이다. 정도전이 왕조의 적통을 침탈한 역모 사건을 의미한다.

가 법제화되는 과정을 통해 유교입헌주의를 설명하는 입장도 있다.[69]

"입헌주의가 없는 헌법"이라는 논제로 브라질 사법체계의 문제를 분석한 연구도 있다.[70] 브라질은 서구의 법체계를 수입해서 정착시켰지만(사실 서구인들이 식민화를 통해 자신들의 체계를 이식했다고 하는 표현이 더 정확할 것이다), 헌정의 제도적 형식에 담겨야 하는 헌정문화(constitutional culture)가 부재하고, 이 헌정문화의 부재가 입헌주의의 실패로 나타난다고 주장하고 있다. 여기서 수입한 헌법이 형식의 문제이고, 헌정문화가 문화의 문제라고 할 수 있다.

동아시아와 브라질의 역사·문화적 차이에 기인하여 헌정의 양상이 달라지는 결정적 측면이 바로 여기에 있으며, 유교입헌주의라는 용어의 사용이 가능하고 이 가능성 때문에 '근대' 개념 논의가 난맥상을 갖게 되는 사실을 이해할 수 있다. '유교입헌주의'라는 용어는 문화적 맥락에서 발생한 정치와 사법의 체계를 설명할 수 있는 용어인 것이다. 우리가 논의해야 하는 접촉과 충동, 이에 따른 연속과 단절의 '근대화'와 '근대성' 논의와는 일정 부분 거리를 유지하는 것이 중요하다. 물론 필자가 다루고 있는 '근대' 개념도 문명의 산물이다. 그러나 '근대' 개념은 다른 문명이 아닌 서구 문명의 산물이라는 특수성을 전제하고 논의를 해야 한다는 것이다.

---

68) 함재학, "유교전통 안에서의 입헌주의 담론,"『법철학연구』 9권 2호(2006).

69) 최연식, "예기에 나타난 예의 법제화와 유교입헌주의,"『한국정치학회보』 43집 1호(2009).

70) Augusto Zimmerman, "Constitutions Without Constitutionalism: The Failure of Constitutionalism in Brazil," *The Rule of Law in Comparative Respective*(Springer, 2010), 101-145면.

함재학은 유교입헌주의라는 용어의 사용을 의식적으로 꺼리는 현상의 원인을 삼권분립, 기본권보장, 국민주권, 사법심사를 입헌주의의 핵심내용이라고 생각하기 때문이라고 판단하고 있다.[71] 물론 이러한 측면이 있는 것도 사실이지만, 본고는 기존의 연구자들이 자신도 의식하지 못한 채 '입헌주의'를 '근대성'의 요소로 강하게 인식하고 있기 때문이라고 본다. 법의 유교화로 표현되는 유교적 국가체제 모델이 브라질에는 없는 강력한 '입헌적' 문화를 형성하고 있기 때문에 혹자는 이미 유교모델에 '근대성'이 존재한다고 주장하기도 하고, 이에 반대하는 이들은 문화적 맥락을 배제하고 '사법심사와 기본권보장' 등의 기준을 들어 '유교입헌주의'의 존재를 부정하려 든다. 중요한 것은 대립하는 양측이 모두 입헌주의를 근대성의 중요한 요소로 공유하고 있다는 측면이다.

'식민지수탈론'과 '식민지근대화론'의 문제에서 발견한 것처럼, '유교입헌주의'의 문제에서도 찬성 · 반대 양측 모두 '근대'라는 관념을 공유하고 있다. 양측 모두에게 '입헌주의'는 '근대성'의 한 요소인 것이다. 본고는 '문명'과 '근대'의 문제를 분리하여 이해해야 한다는 입장에서 이 문제를 재검토 할 것이다.

유기(鍮器) 공장과 스테인리스 그릇을 대량생산하는 그릇 공장의 비유를 다시 떠올려 보자. 둘 다 그릇공장이다. 유기 만드는 곳은 그릇공장이라고 부를 수 없다고 한다면 누가 동의하겠는가? 대량생산 과정에서 생산 공정을 관리하는 생산자의 태도와 정성들여 수작업을 하는 공정에 나타나는 생산자의 태도는 다르다. 시스템과 그 운영, 그리고 생산 매뉴얼에 대한 인식과 관리의 차원이 다르게 나타난다. 우리는 이런 '차이'의 문제를 '근대'의 문제로 분

71) 함재학, 위의 글, 179면.

리해서 다룰 수 있고, 또 다루어야만 한다.

함재학은 왈드론(Jeremy Waldron)의 재미있는 주장을 소개하고 있다. 왈드론은 승인율 이론을 적용해 영국 입헌주의의 근거를 설명하면서, "궁극적으로는 국민들이 헌법규범을 받아들이려 하는 태도가 있다는 미약한 근거 이외에는 찾을 수 없었다"라고 했다.[72] 왈드론이 만약 조선시대를 분석했다면, 예(禮)가 법제화되는 아주 강력한 헌법규범에 대한 일반적인 태도를 발견하고 놀랐을 것이라고 믿어 의심치 않는다.

'근대'의 문제는 헌법규범에 대한 태도로 설명할 수 있는 문제가 아니다. '입헌주의인가?'의 문제가 '근대성'의 문제가 아니라, 오히려, '어떤 입헌주의인가?'에 관한 논의가 근대에 관한 논의가 될 수 있다. 이제 구체적으로 사례를 분석하는 과정을 통해 논의를 진전시켜 보도록 하겠다.

(1) 정도전의 재상(宰相)제

정도전이 혁명을 통해 이룩하고자 했던 국가는 춘추도덕을 실현하는 도덕국가이다. 춘추도덕을 실현할 '춘추의 법'을 '승인율'로 하는 제도가 그려진다. 그는 왕권이란 어디까지나 상징적이요 개념적인 것이지 실제로 절대권을 가진 전제자가 되어서는 안 된다고 주장했다. 왕의 실제적인 권한은 첫째 재상을 선택하여 임명하는 것이고, 둘째 재상과 정사를 협의하고 결정하는 것이다.[73] 왕은 정사를 협의하는 데 있어, 모든 문제를 재상과 협의해서 처결해야

---

72) 함재학, 위의 글, 185면.

73) 『朝鮮經國典 上』「治典」, 민족문화추진회 역, 『국역 삼봉 정도전문집 3』, 한국학술정보, 220-221면: 본고에서 삼봉집의 인용은 모두 민족문화추진회와 한영우의 번역을 참조하였다.

하는 것이 아니라, 커다란 문제에 관해서만 협의할 권한이 있는 것이며, 작은 일들은 재상의 독자적인 처리에 맡겨야 한다. 협의 과정의 주도권도 재상이 갖는다.[74]

왕은 이렇게 실권이 미약한 존재이기 때문에 왕위는 세습되어도 좋은 것이며 왕은 성인이나 현자이면 가장 바람직한 것이지만 반드시 현자가 아니어도 중간 정도의 자질을 가지고 있기만 해도, 만약 재상만 훌륭하다면 정치는 잘 다스려질 수 있다고 한다.[75] 왕위의 세습은 적장자상속(嫡長子相續)을 원칙으로 하되, 장자가 현자가 못 될 때에는 현인 중자(衆子)에게 세습되어도 무관하다. 정도전은 왕위는 세습되기 때문에 왕에게 절대적인 전제권력을 줄 수 없다는 입장을 명확히하고 있다.[76]

재상이 직접 군주를 견제할 수 있는 제도는 없으나, 왕권에 대한 견제책은 용의주도하게 마련되었다. 왕의 사유재산 소유의 금지, 언로의 개방, 대관(臺官)과 사관(史官)의 설치, 경연(經筵)제도 등이 그것이다.[77] 백관은 정령의 집행을 맡은 육관(六曹)과 백사(百司, 육관에 소속된 여러 속관), 감찰과 간쟁(諫諍)을 맡은 대관(臺官, 御司臺와 諫官), 지방행정을 맡은 지방관, 군기(軍機)를 맡은 의흥삼군부(義興三軍府) 등을 의미하는데 모든 관료가 재상의 통할을 받아야 한다.[78] 정도전의 재상제의 이념은 주대(周代)의 삼공체제와 유사한 '삼재상 협의체'로서의 의정부(議政府)제도의 설립으로 구현되었다. '경국대전'에 명시된 재상제의 추상성이 정도전의 재

74) 한영우, 『정도전 사상의 연구』, 서울대출판부, 1999(5쇄), 135면.
75) 『朝鮮經國典 上』「治典」, 위의 책, 225면.
76) 한영우, 위의 책, 135면.
77) 한영우, 위의 책, 139면.
78) 한영우, 위의 책, 140-141면.

상제 이념의 후퇴라는 평가도 있다.[79]

(2) 협유탈적(挾幼奪嫡) 사건

정도전은 자신의 재상제 이념 때문에 자신이 죽게 되리라는 것과 조선의 정치사 전반에서 국왕의 정치행위가 특정 정치세력의 중용과 숙청을 통한 왕권의 확보와 유지에 진력하게 되는 결과를 야기하게 될 것임을 예견할 수 없었다. 정도전의 국가체계 구상 중 재상제의 이념은 조선조 정치사에서 제도공학적 문제들을 만들어 내었다.

조선붕당사의 연원은 정도전이 구상한 국가체계와 제도와 무관할 수 없다고 생각한다. 1589년 정여립 반란 사건으로 알려진 기축옥사는 동인이 남인과 북인당으로 갈라지는 원인이 된다. 정여립이 역모를 했다는 구체적인 물증 없이 동인 중에서 급진적인 지도자들과 전라도 지역 인물들이 억울하게 연루되어 죽었다. 이후 심각한 정치적 후유증을 남긴다.

기축옥사뿐만 아니다. 1659년과 1674년 현종대에 있었던 '예송'논쟁도 단순한 복제 논쟁이 아닌 서인과 남인 간의 정치 투쟁이었다. 1680년 숙종대의 경신환국을 비롯하여 소론 일당정권이 무너지고 노론 일당정권으로 바뀌는 1725년 영조대의 을사환국 등 특정 붕당을 집권세력으로 만들거나 숙청하는 과정에서 옥사(獄事)가 일어나고 왕권이 확보되는 정치투쟁을 반복적으로 겪게 된다.[80]

나라의 존망이 '풍전등화'의 상황에 처한 고종대에도 이완용

79) 한영우, 위의 책, 147면.

80) 박광용, 『영조와 정조의 나라』, 푸른역사, 2004(19쇄): 붕당과 관련된 주요정치 사건들은 박광용의 연구를 참조하였다.

의 정동파를 중용하다가 보수파를 등용해 정동파를 견제하는 등, 고종의 정치활동은 신권의 견제를 통한 왕권의 확보에 집중되어 있었다.[81] 선조대의 기축옥사, 경종대의 신임옥사,[82] 영조대의 을해옥사[83] 등 '옥사'라는 명칭과 붕당정치는 불가분리의 관계이다. '옥사'는 형사사법을 의미하는 것으로, 본고는 조선정치사의 가장 강력한 특징을 '정치사법'이라고 보고 있다. 이 문제는 붕당정치에 대한 가치평가와 무관한 것이다.

정도전이 역모로 '참형'을 받게 되는 '협유탈적'사건은 이러한 조선정치사의 정치사법의 서막에 불과하다. 태조가 후궁 강씨의 의견을 존중해서 강씨가 낳은 이방번(李芳蕃)을 세자로 세우고자 했다. 이방번의 자질이 문제가 되자, 정도전을 포함한 일부 공신들이 대안으로 강씨가 낳은 막내인 서자(庶子) 이방석(李芳碩)을 세자로 세울 것을 건의하고 태조가 이를 수용하였다.[84] 이방석을 세자로 세운 것은 사실 태조의 선택이었고, 이를 묵인한 공신들은 정치적으로 손해 볼 것이 없는 선택이었다.

제1차 왕자의 난의 과정에서 정도전은 '협유탈적'의 혐의를 받아 숙청된다. 정도전과 남은 등은 권세를 마음대로 부리고자 하여 어린 서자(庶子)를 꼭 세자(世子)로 세우려고 하였다는 혐의를 받는다. 이것이 '협유탈적'이다. 정도전 · 남은 · 심효생 · 장지화 등

81) 김윤희, 『이완용 평전』, 한겨레출판, 2011: 고종의 정치활동과 정파들의 정치적 역학관계에 대한 내용을 참조하였다.

82) 1721년 노론 주도 정권이 소론 일당 정권으로 급변한 신축환국과 다음해 목호룡이 이른바 노론 및 연잉군(후일 영조) 측근들의 경종시해 음모를 고변함으로써 일어난 임인옥사를 합쳐서 지칭한다.

83) 1755년 당시 영조를 비난한 나주의 괘서 사건과 뒤이은 심정연의 과거 답안지 사건에서 시작하여 소론계 명문가문과 학자들을 일망타진한 정치적 사건이다.

84) 태조실록 1권, 1년(1392년) 8월 20일.

이 몰래 반역을 도모하여 국가의 근본을 혼란하게 만들었는데, 다행히 천지와 종사(宗社)의 도움에 힘입어 죄인이 형벌에 복종하여 참형(斬刑)을 당하고 왕실(王室)이 다시 편안하게 되었다고 이 사건을 설명하고 있다. 방석(芳碩)은 화(禍)의 근본으로 여겨져 국도(國都)에 남겨 둘 수가 없으므로 동쪽 변방으로 내쫓았다고 한다.[85)]

적자(嫡子)를 세자로 세우면서 장자(長子)로 하는 것은 만세(萬世)의 상도(常道)인데 태조가 장자를 버리고 유자(幼子)를 세자로 세웠으며, 정도전 등이 세자(世子)를 감싸고서 여러 왕자들을 해치고자 하였다는 주장이 받아들여져 정도전은 '역모'의 죄로 참형을 당한다. 사법이 정치의 도구로 인식되는 구조는 조선정치사에서 매우 익숙한 일이었다.

'정치사법'의 유형으로 함께 분류될 수는 있겠으나, 일본을 통해 서구 근대법을 수용한 이후 한국의 독재자들이 저질렀던 국가범죄로서의 '정치사법'은 그 양상이 달라진다. 우리는 여기서 '정치사법'을 '연속'의 문제로, 달라진 사법의 형식과 절차의 문제를 '단절'의 문제로 분석할 수 있게 된다. 이제 조봉암 사건을 살펴보자. 독자들은 조선조의 '옥사'들과 조봉암 사건의 차이점을 발견하기 어려우리라 확신한다.

2. 조봉암 사건의 분석

조봉암 사건을 구체적으로 분석하기에 앞서, 분석에 전제되어야 할 몇 가지 문제들을 검토해 보자. 일본의 영향으로 변화된 부

85) 태조실록 14권, 7년(1398년) 8월 26일.

분을 구체적으로 그려 낸 후, 이러한 관점에서 조봉암 사건을 다루도록 하겠다.

(1) 일본의 영향을 받기 이전의 형사사법

위에서 언급한 것처럼, 조선시대는 실체적 진실을 밝히려는 노력과 고문의 금지, 공정한 재판의 확보를 규정한 법률도 존재했다는 주장[86]과는 달리, 고문과 자백은 조선시대 형사사법의 핵심 요소였다. 또한 행정과 사법의 미분리로 인한 문제뿐만 아니라, 민사와 형사 사건의 미분리, 공판절차와 행형절차가 분리되지 못한 문제도 있었다. 공판절차와 행형절차의 미분리는 매우 중요한 문제라고 생각한다. 조선시대 한성감옥에 구속된 자는 수형자가 아니다. 형사 피의자 신분인 것이다. 만약 장형이 확정되어 형이 집행된다면, 그는 석방될 것이다. 금고나 징역 등의 자유형이 체계화되는 것도 근대의 산물(일본의 영향)이다.

조선시대의 심리과정에서는 어떠한 인적 증거나 물적 증거보다 피의자의 자복을 가장 중요한 증거로 보았다.[87] 자복이 있어야 절차가 종료되고, 범죄사실과 죄명은 피고인의 자백과 일치해야 했다. 따라서 조선시대의 형사소송에 있어 자복은 단지 범죄사실에 대한 피고인의 진술이 아니라 죄의 승인, 판결의 승복까지 포함하고 있었다.[88]

이처럼 조선시대의 형사소송절차에 있어 자복의 지위는 서구 규문주의 소송구조에 있어서의 법정증거주의에 따른 자백과는 다르다고 할 수 있다. 자백에 대해 일정한 증명력을 부여하고 이를

86) 박원순, 위의 책, 53면.
87) 서울대학교 규장각영인, 『大明律講解』 「刑律」 斷獄 獄囚取服辯, 502면.
88) 문준영, 위의 책, 70-1면.

법정화했던 서양의 규문주의 소송구조와 달리, 조선시대의 자복은 유죄의 유력한 증거로서의 지위뿐만 아니라 형사소송절차를 종결하는 의미를 가지고 있었다.[89]

조선시대에는 재판이 종결되고 피의자의 죄명이 확정되더라도 죄수가 불복하면, 승복할 때까지 상세히 심리하여 자복하는 말이나 문서를 확보해야 한다.[90] 이는 실체진실의 발견을 형사소송절차의 목적으로 이해하는 현대적 소송구조와는 그 의의가 다르다고 할 수 있다. 또한 사죄(死罪)에 해당하는 범죄에서 검험을 통해 사형판결을 받게 되면 회추(會推)절차와 동추(同推)절차를 거치게 된다.[91] 회추와 동추는 예(禮)에 기초한 유교적 형벌목적과 무관하지 않다. 죄명이 확정되어도 죄인은 자신의 죄를 공개적으로 한 번 더 반성하는 단계를 거쳐야 한다.

재판의 전문성의 부족이나 불복절차의 난맥상 등 지면의 한계상 다룰 수 없는 수많은 문제들이 한말 조선의 사법체계에 존재했다. 이러한 문제들은 일본의 외교적 · 정치적 전략인 '법전정략(法典政略)'의 일환으로 갑오개혁기의 사법개혁과제로 부상한다.[92] 근대적 법률 제1호로 「재판소구성법」(1895년)이 입법되지만, 온전히 시행되지 못했다.

---

89) 문준영, 위의 책, 70면 이하.

90) 서울대학교 규장각영인, 『大明律講解』「刑律」위의 책, 同條.

91) 도면회, 『1894-1905년간 형사재판제도 연구』, 서울대학교 박사학위논문, 1998, 49-50면.

92) 모리야마 시게노리(森山茂德)/김세민 역, 『근대한일관계사연구』, 현음사, 1994, 18-72면: 조선을 보호국화하기 위한 전략으로 일본은 국제사회에서 중국과의 종속관계를 청산시키고 조선을 독립국으로 승인받게 하는 과정이 필요했고, 러시아를 제압하기 전까지 식민지화의 의도를 구미 열강에게 들키지 않기 위해 조선을 돕고 있다는 것을 드러낼 전략이 필요했다. 이러한 정치적 · 외교적 전략 중의 하나가 바로 '법전정략'이다.

통감부설치 후, 일본인 법무보좌관들은 「법률신문」에 서신을 보냈다. 법률신문의 기사와 법무보좌관회의의 내용에는 당시 사법제도의 실제가 상세하게 묘사되어 있다. 일본인이나 외국인이 사는 한성과 개항장이 있는 대도시가 아닌 지역에서는 법정도 없어서 피고인을 마당에 세워놓고 심문을 하고, 단순 채무자를 감옥에 가두고 채무를 변제하면 출옥시킨다든지, 형사사건에서 판사와 검사(판사와 검사의 직제에 대한 이해도 일본의 영향에 의한 것이다)가 의견이 다른 경우를 제외하고는 심문도 하지 않고 판결했다.[93] 지방에서는 전통적인 군수 재판(원님 재판)이 1906년까지 유지되었고, 원님재판에서 재판관인 지방관은 음주상태에서 재판하기도 하고, 재판을 보좌하던 형관인 향리는 연회 때 악공을 겸하기도 했다.[94] 전문성 있는 재판을 기대하기 어려웠다. 갑오개혁은 철저하게 실패했고, 법무보좌관 제도와 같은 통감부의 개혁도 실패했다.

1910년 한국병합을 본격적으로 추진하면서 결정한 「한국에 대한 시정방침」에 따르면, 조선에는 헌법을 시행하지 않고 대권(大權)에 의해 통치하며 총독은 천황에게 직예(直隷)하고, 조선에 일체 정무를 통할할 권한을 갖는다. 총독은 대권을 위임받아 법률사항에 관한 명령을 발할 권한을 부여받는다. 또한 일본의 제국헌법은 신영토인 한국에서 시행되지 않는다는 단서를 붙였다. 이는 대만과도 다른 통치계획이었다.[95] 조선총독은 조선의 국왕보다 전제적인 권한을 부여받았다고도 평가할 수 있는데, 갑오개혁기에 일본이 주도한 사법개혁의 내용보다 병합 후 시행된 식민지 법제는 오히려 사법개혁이 후퇴하는 경향을 갖는다.

---

93) 이영미/김혜정 역, 『한국의 사법제도와 우메 겐지로』, 일조각, 2011, 35면.

94) 江見水蔭, 『捕鯨船』(東京: 博文館, 1907), 107-109면.

95) 이승일, 『조선총독부 법제 정책』, 역사비평사, 2008, 89-90면.

(2) 변화의 실제

1909년 이토 히로부미를 암살한 안중근의 재판은 본고의 논의에 많은 시사점을 제공해 준다. 이 사건에 대해서는 뒤에 류부곤 교수가 자세히 논의할 것이므로 간단한 사실관계와 사법의 변화에 대한 설명에 국한하여 간략히 다루도록 하겠다. 안중근은 청국 만주의 하얼빈 역에서 이토 히로부미와 그 수행원을 살해했다. 그는 러시아 헌병에게 체포되어 일본관원의 입회하에 러시아의 국경지방재판소의 치안판사에게 예심을 받았다. 러시아 치안판사와 검찰관은 한국인의 사법권이 일본에 예속된 관계로 일본당국에 사건을 이관시키는 결정서를 첨부하여 하얼빈 주재 일본총영사관에 안중근을 이송했다.[96]

이후 뤼순감옥에 수감된 안중근은 관동도독부 지방법원에서 재판을 받았다. 한국의 연구자들은 재판관할권에 관한 논쟁을 벌였다. 일본검찰은 하얼빈총영사관에서 영사재판권으로 재판을 진행하지 않고 관동도독부로 이관한 점에 대해, "일본의 메이지 41년(1908년) 법률 제52호의 제3조[97]에 의하여 외무대신에게 영사재판권의 관할이전에 대한 명령권이 있으며, 1909년 10월 27일 외무대신이 당해 재판을 관동도독부로 이전할 것을 명령하였으므로 관동도독부 지방법원이 재판관할권을 가지는 것은 타당하다"라고 답변했다.[98] 1905년 제2차 한일협약과 일본의 메이지 41년 법률에 따

---

96) 국사편찬위원회 편, 『한국독립운동사: 자료 7』, 1978, 330면.

97) 明治四十一年法律第五十二号(滿州ニ於ケル領事裁判ニ関スル法律: 만주에 주재하는 영사관의 관할에 속한 형사사건은 외무대신이 국교상 필요하다고 인정할 경우, 그 사건을 관동도독부 지방법원에서 재판하도록 할 수 있다. http://www.digital.archives.go.jp/DAS/meta/MetSearch.cgi.

98) 浅野豊美, 『帝國日本の植民地法制 : 法域統合と帝國秩序』, 名古屋大學出版會, 2008, 299-311면: 속인주의문제와 재판관할권의 문제에 대해 참조

르면 적어도 관할권에 관해서는 법리상 문제가 없다는 입장[99]과 영사재판의 법적 근거인 속인주의에 어긋난다는 주장[100]이 대립하고 있다. 재판관할권의 불법성을 찾기 위해 노력을 기울이고 있는 역사학자의 관점을 법학자가 수용하기는 어렵다.

이 사례에서 역사학자의 관점과 법학자의 관점을 전근대와 근대로 분류하고자 하는 것은 아니다. 위에서 검토한 조선시대 전통법제에서 발견할 수 없었던 법의 영역에서의 전문성과 법리에 관한 문제를 제기하고자 하는 것이다. 러일전쟁 이후, 서구열강이 구축한 국제법 질서에 편입된 일본의 검찰이 법리와 현행법에 근거해서 합리적으로 재판관할권의 합법성을 주장하고 있다는 점에 주목하고자 한다. 히라이시 우지히토(平石氏人) 관동도독부 고등법원장이 도쿄를 다녀온 직후인 1910년 1월 27일 외국인 사선 변호사 선임 허락을 취소하고 일본인 관선 변호사 선임만을 허용한다고 선언하기 전까지, 영국인과 러시아인 등이 참여하는 다국적 변호인단의 선임도 허용되었다.[101] 아마도 국제사회, 특히 서구사회에 이 사건이 알려져서 안중근이 정치범으로 인식되는 것에 일본정부가 정치적 부담을 느꼈다고 추정할 수 있다.

본고가 주목하는 점은 이전에 조선인들이 경험해 보지 못한 변호사 선임과 '탄핵주의' 형사소송절차에 따른 재판이다. 탄핵주의란 재판기관과 소추기관을 분리하여 소추기관의 공소제기에 의

하였다.

99) 명순구, "안중근과 이토 히로부미의 접점에 대한 법적 평가," 『고려법학』 43호(2004), 223면.

100) 한성민, "일본정부의 안중근 재판개입과 그 불법성," 『사학연구』 제96호(2009), 252면.

101) 『대한매일신보』, 「여순통신」, 1910년 1월 27일자 기사, 『대한매일신보』, 「여순통신」, 1910년 2월 8일자 기사.

하여 법원이 절차를 개시하는 구조로서, 법원은 공소제기된 사건에 대해서만 심판할 수 있다는 불고불리(不告不理)의 원칙이 적용되고 피고인도 소송의 주체로서 절차에 관여하는 구조이다.[102] 관동도독부의 법원은 일본이 설치한 일본법원이다.

1894년 7월 22일 군국기무처 의안은 "죄안이 착종하여 고구(考究)하기 곤란한 것은 경무사가 문안을 갖추어 관원을 시켜 해당 범죄자를 법무아문으로 인도하여 신문(訊問) 결죄(決罪)한다"라고 명시하고 있다.[103] 죄안이 복잡하여 판단하기 어려운 것은 문안을 꾸며 관원을 시켜 이송한다는 점에 착안하여 탄핵주의 소송구조의 발현이라고 볼 여지가 있다. 그러나 한국에서 공식적으로 탄핵주의를 도입한 것은 재판소구성법의 입법 이후, 1895년 4월 법부령 제2호로 제정된 「검사직제」에 의한 것이다. 검사직제 제1조에 검사가 공소권의 주체임을 밝히고 있다.[104] 갑오개혁기의 검사직제도 일본의 영향에 의한 것이다.

안중근 사건에서 그 한계들이 지적되고는 있지만, 명백한 것은 조선인이 형식을 갖춘 탄핵주의 형사소송절차를 경험한 것은 일본의 영향에 의한 것이라는 점이다. 안중근 사건은 조선인이 당시 일본의 근대적 형사소송절차를 일본법원에서 경험한 것으로 시사점이 매우 크다. 안중근은 일주일에 두세 번 감옥에서 운동을 허락받은 점, 폭력을 가하지 않은 상태에서 조사받은 점에 대해 스스로 감격해서 술회하고 있다.[105] 그는 한말 조선의 감옥과 형사소

---

102) 이재상, 『신형사소송법』, 박영사, 2007, 40면.

103) 「典獄을 警務廳부에 付屬시키는 件」, 『韓末近代法令資料集 I』, 대한민국국회도서관, 1970, 67-68면.

104) 「法部令 제2호 檢事職制」, 위의 책, 346-347면.

105) 황재문, 『안중근 평전』, 한겨레출판, 2011, 311면.

송절차의 실상을 잘 알고 있었으므로 뤼순 감옥과 관동도독부 법원에서의 경험은 매우 충격적이었을 것이다.

1907년 시텐노가즈마(四天王數馬)의 설계로 착공, 다음 해 문을 연 후 80년 동안 약 35만 명을 수감했던 일제 강압통치의 상징인 소위 '서대문형무소'에 대해 생각해 보자. 이 감옥에 투옥되는 것은 수형자에게 그리 유쾌한 일은 아니겠지만, 한말 한성감옥이나 해주감옥과 비교하면 그 운영에 있어 큰 차이가 존재한다. 김구의 증언에 따르면 20세기 초까지 조선의 전통 감옥에서는 식사가 제공되지 않았고, 의복도 지급되지 않았다.[106)]

제공된 식사에 불만이 있든 없든, 의복에 만족하든 불만족하든 수형자들이 체계적으로 관리되는 서대문형무소나 뤼순감옥의 형식에서 우리는 '근대'라는 개념의 징후들을 발견할 수 있다. 김구가 신민회 사건으로 서대문형무소에 복역할 당시, 안명근이 단식을 시도하는데 일본인 간수가 이를 눈치채고 병원 치료를 받게 하는 장면이 백범일지에 등장한다.[107)]

조사과정에서 고문에 시달리지만, 서대문형무소는 식사의 제공과 의복의 지급, 그리고 규칙적인 수형생활을 관리하고 있었다.[108)] 물론 식사의 양이나 질에 만족할 수는 없었겠지만, 한말 조선의 감옥과는 분명한 차이를 갖는다. 한인섭은 감옥에 대해, "감옥은 자유형과 더불어 근대국가를 표상하는 주요한 시설이자 제도로 자리잡게 되었다"라고 평가하고 있다.[109)] 필자는 바로 이 점에

---

106) 김구/도진순 주해, 『백범일지』, 돌베개, 2010, 112면: 김구는 음식물을 정기적으로 배급하는 것이 아니라, 죄수들이 일을 하여 짚신이라도 삼으면 간수가 인솔하여 길거리에 나가 팔아다가 죽이나 쑤어먹는 형편이라고 증언하고 있다.

107) 김구, 위의 책, 245면.

108) 김구, 위의 책, 241면.

주목하고 있으며, 이러한 징후들의 경험은 일본의 영향에 의한 것이라는 점을 논증하고 있는 것이다.

한인섭은 허헌, 김병로, 이인의 재판을 통한 항일투쟁을 소개하는 연구서를 출판했다.[110] 필자는 이 책에서 특히 3 · 1운동재판 과정에서 허헌이 공소불수리론을 통해 식민지 법정에서 활약하는 내용에 감명을 받았다. 필자가 근대논의에서 주목하는 점은 바로 허헌이 활약할 수 있는 근대적 법원의 존재와 공소불수리론이라는 법리공방을 벌일 수 있는 법체계의 존재이다. 청년기의 이승만처럼 대한제국기 한성감옥에 투옥된 사람들이라면 허헌이 도울 수 있었을까? 허헌이 타임머신을 타고 가서 이승만을 돕고자 하여도 근대적 법원 자체와 근대적 법체계 자체가 존재하지 않음으로 인하여 도울 수 없을 것이다. 여기서 논의하는 '근대'가 바로 '근대적 법원'의 그 '근대'인 것이다. 허헌이 활약한 근대적 법원과 재판은 일본에 의해 형성된 것임을 부정할 수 없다.

(3) 조봉암 사건의 개요와 재심의 판시사항

이승만 정권은 조봉암의 혁신계 신당조직을 탄압했다. 1951년 12월 초 신당사무국 책임자 이영근이 체포되었고 잇달아 50여 명이 연행되어 9명이 기소되었다. 이른바 대남간첩단 사건이다. 1952년 5월 이영근 등 3명에게 사형, 3명에게 무기, 나머지 피고인들에게는 5-10년의 중형이 구형되었으나, 부산지방법원에서 전원 무죄판결을 받았다.[111]

---

109) 한인섭, 『형벌과 사회통제: 근대감옥의 성립과 변모, 그리고 현대교정』, 박영사, 2007(중판), 4면.

110) 한인섭, 『식민지 법정에서 독립을 변론하다, 허헌 · 김병로 · 이인과 항일재판투쟁』, 경인문화사, 2012.

이 사건 이후, 1952년 전시에 있었던 정부통령선거 개표결과 자유당의 이승만 523만 8,769표, 무소속의 조봉암이 79만 7,504표를 득표했다.[112] 선거운동기간이 짧았고, 테러와 갖가지 방해로 선거운동도 제대로 할 수 없었다. 조봉암의 표 뭉치가 그대로 이승만 표로 집계되기도 하였던 심각한 부정선거였다.[113] 여러 가지 악조건과 부정선거에도 불구하고 많은 득표를 했던 조봉암은 정치적으로 이승만을 위협하는 위험한 존재가 되기에 부족함이 없었다.

선거 후, 선거공영제를 채택한다는 구실로 선거운동을 전반적으로 제한하는 선거법을 입법하였다. 이 법은 유령 유권자의 조작과 선거위원회의 전횡이 가능하도록 고안되었고, 기탁금제도를 도입하여 피선거권을 제한할 수 있는 근거를 마련했다. 야당 인사나 눈에 거슬리는 인물의 선거운동이나 등록을 어렵게 만들 수 있었다. 진보당의 약진을 봉쇄할 수 있다는 장점 때문에 민주당이 야합하여 이른바 협상선거법은 입법되었다.[114] 현재의 공직선거법의 역사적 연원이 시작되는 것이다. 다시 말해, 민주주의를 억압하기 위해 선거법이 고안 되었다는 점을 상기할 필요가 있다.

이 시기 정치사법의 특징은 언론이 독재정권에 협력하여 여론재판을 주도한다는 점이다. '진보당 사건'이 본격적으로 조작되기 전, 언론은 사실과 상관없이 선정적인 허위보도를 하기 시작한다. 신문이 당국 못지않게 혁신계나 진보세력에 혐오감을 지니고 있었고, 극우 빨갱이몰이에 앞장섰다. 조봉암에 관해서는 김일성에게

111) 서중석, 『조봉암과 1950년대(상): 조봉암의 사회민주주의와 평화통일론』, 역사비평사, 2000(2쇄), 47-48면.

112) 중앙선거관리위원회, 『대한민국선거사 1』, 1973, 736-737면.

113) 서중석, 위의 책, 72면.

114) 서중석, 위의 책 205면.

보낸 자필편지가 발견되었다는 보도를 비롯하여, 정우갑 등 14명의 간첩이 진보당 확대지령을 받고 남파되어 조봉암과 직접 협의를 하였다는 등의 보도를 연일 내놓고 있었다.[115] 이 후 진보당 등록취소가 발표되었다. 진보당을 만들기 위해 노력했던 조봉암과 그의 동지들은 창당된 지 1년 3개월 만에 공보실장의 발표로 진보당이 해산되는 위기를 맞는다. 이 때 조작된 등록취소 사실에 대해 민주당은 마땅한 처사라며 정부를 지지했다.[116] 거대 야당은 정강과 정책에서 여당과 구분되지 않았고, 정치적 목적을 위해 여당과 야합하는 구조가 만들어진다.

조봉암은 간첩죄, 국가보안법 위반 및 무기불법소지 혐의로 기소되었다. 검찰은 체포된 남파간첩 박정호 등과의 접선사실, 재일본조선인총연합회에서 파견한 정우갑과의 비밀회동, 북한의 조국통일구국투쟁위원회 김약수에게 밀사를 보내 평화통일추진을 협의한 사실, 북한노동당이 동양통신 외신기자이자 진보당 비밀당원인 정대영을 통해 진보당에 대한 강평서를 보낸 사실, 진보당의 평화통일론이 대한민국의 존립을 부정함, 진보당의 정강정책이 북한 노동당의 정책과 상통하는 내용으로 대한민국의 헌법을 위반한 불법단체라는 내용으로 공소제기했다.

재판과정에서 경찰이 수사한 간첩과의 접선 등의 혐의는 사실이 아님이 입증되었다. 육군특무대가 발표한 '양명산사건'이 조봉암의 간첩혐의의 근거가 되었다. 1심에서 조봉암과 양명산이 국가보안법 위반으로 징역 5년을 선고하고, 나머지 진보당 간부들에게는 무죄가 선고되었다. 그러나 2심은 양명산의 협박에 의한 허위자백이라는 진술번복에도 불구하고 간첩죄와 국가보안법 위반을

115) 서중석, 위의 책, 208면.
116) 서중석, 위의 책, 210면.

인정하여 사형을 선고했다. 대법원은 2심을 확정했다.[117] 최근 대법원이 재심하여 판시한 내용 중 국가보안법 위반 혐의와 간첩죄 성립 여부에 관한 쟁점을 정리하면 다음과 같다.[118]

① 구 국가보안법 제1조, 제3조 위반

구 국가보안법 제1조, 제3조의 구성요건을 충족하기 위해서는 그 구성된 결사나 집단의 공동목적으로서 정부를 참칭하거나 그에 부수하여 국가를 변란할 목적, 즉 주관적 요건을 갖추어야 하고, 그와 같은 목적을 가지고 있는지 여부는 그 결사나 집단의 강령이나 규약에 의하여 판단하는 것이 보통이나, 외부적으로 표방한 목적이 무엇인가에 구애되지 않고 그 결사 또는 집단이 실제로 추구하는 목적이 무엇인가에 의하여 판단되어야 하며, 어느 구성원 한 사람의 내심의 의도를 가지고 그 결사 또는 집단의 공동목적이라고 단정해서는 아니 된다.

피고인이 평화통일의 실현 등을 강령 · 정책으로 하여 결성한 '진보당'은 그 경제정책이 사회적 민주주의의 방식에 의하여 자본주의 경제체제의 부작용이나 모순점을 완화 · 수정하려고 하였을 뿐 사유재산제와 시장경제체제의 골간을 전면 부인하는 취지가 아니고, 정치형태 역시 주권재민과 대의제도, 국민의 자유와 권리의 보장 등을 목표로 하였을 뿐 자유민주주의를 부정하는 내용이 아니어서 그 결성 목적이 대한민국헌법에 위배된다고 할 수 없고, 또한 진보당의 통일정책인 평화통일론이 북한의 위장평화통일론에 부수하는 것으로 인정되지 아니하고 이를 인정할 다른 아무런 증거도 없어 그 결성이 북한에 부수하여 국가를 변란할 목적으로 이루어진 것으

117) 대법원 1959.2.27. 선고 4291형상559.

118) 대법원 2011.1.20. 선고 2008재도11.

로 볼 수 없으므로, 구 국가보안법 제1조, 제3조에 정한 '불법결사'에 해당하지 않는다.

② **간첩죄 성립 여부**

형법 제98조 제1항에서 간첩이라 함은 적국에 제보하기 위하여 은밀한 방법으로 우리나라의 군사상은 물론 정치, 경제, 사회, 문화, 사상 등 기밀에 속한 사항 또는 도서, 물건을 탐지 · 수집하는 것을 말하고, 간첩행위는 기밀에 속한 사항 또는 도서, 물건을 탐지 · 수집한 때에 기수가 되므로 간첩이 이미 탐지 · 수집하여 지득하고 있는 사항을 타인에게 보고 · 누설하는 행위는 간첩의 사후행위로서 위 조항에 의하여 처단의 대상이 되는 간첩행위 자체라고 할 수 없다. 피고인에 대한 간첩의 공소사실은 합리적인 의심이 없을 정도로 증명되었다고 보기 어렵고 달리 이를 인정할 만한 증거가 없을 뿐만 아니라, 진보당의 중앙위원장인 피고인이 이미 지득하고 있던 관련 문건 등을 보고 · 누설한 행위에 불과하여 그 사실 자체로서 형법 제98조 제1항에 규정된 간첩행위로 보기 어렵다.

조봉암이 사민주의의 관점에서 자본주의의 문제점을 보완하는 정책을 제시하고자 한 행위나 평화통일에 관한 안을 논의한 정치활동을 국가보안법 위반으로 보았고, 또 공소사실을 입증하지도 못한 채 간첩죄가 적용되었다. 조봉암 사건뿐만 아니라, 김대중 내란 음모 사건을 비롯하여 이 사건을 조작하기 위해 기획된 재일교포 간첩단 사건 등도 모두 독재정권이 기획한 전형적인 정치사법에 속하는 것이다.

(4) 조봉암 사건의 평가

최고 권력자가 정적에게 일정한 범죄혐의를 뒤집어씌워 제거하는 것은 정치재판의 고전적인 형태라고 할 수 있다.[119] 이승만의 권위에 도전했던 진보당의 조봉암은 재판이라는 형식적 합법성의 상징인 근대적 사법절차에 의해 살해당한 것이다. 위에서 지적한 것처럼, 이승만 시대의 정치사법에서 가장 두드러진 특징은 언론이 새로운 조력자로 등장한다는 것이다. 최근에도 문제가 되고 있는 정치검찰과 언론을 통한 피의사실 공표로 인한 여론재판의 현상이 본격적으로 시작되는 것이라고 평가할 수 있다.

조선시대를 관통했던 정치사법의 연속성과 비교해 보면, 근대적 검찰조직과 언론사의 등장이 차이를 만들어 낸다. 근대 사회의 산물인 검찰 조직과 언론이라는 근대적 기관이 효과적으로 정치사법의 기능을 강화시켰다고 생각한다.

1958년 1심판결에서 유병진 재판장은 불법무기 소지 등으로 조봉암에게 징역 5년을 선고하고, 나머지 진보당 간부들에게는 무죄를 선고했다. 이 때 반공청년이라고 주장하는 괴한 3백여 명이 법원에 난입해 "친공 판사 유병진을 타도하자," "조봉암을 간첩죄로 처단하라" 등의 구호를 외치며 시위를 벌였다. 변옥주 고등법원장은 괴청년들에게 "2심, 3심이 있으니 물러가라"라는 2심과 3심의 결과를 암시하는 의미심장한 발언을 했고, 당시 내무부장관과 치안국장은 괴한들의 정신을 지지하는 발언을 했다.[120] 자유당은 법원난동사건 진상조사단 구성안을 거부하였고, 산하단체들로 하여금 오히려 친공판사규탄 대책위원회를 결성하게 하여 사법부를 위협했다.[121] 정치적 목적을 위해 관변단체나 친정부단체를 활용하는 방식은 최근까지 존속되고 있다.

---

119) 이재승, 위의 책, 287면.
120) 『국회속기록 제28회 16호』, 1958년 7월 8일 내무위원장 보고내용 참조.
121) 서중석, 위의 책, 211면.

1958년 1월 14일 경무대에서 법무부장관 홍진기가 "현재 공판 중에 있으므로 앞으로 결정될 것이나, 그 후 특무대에서 발견한 유력한 확증이 있으므로 유죄가 틀림없다"라고 보고하자, 이승만은 "이제 확증이 생겼으니 유죄라면 전에는 증거 없는 것을 기소한 것 같이 들린다. 외부에 말할 때는 주의하도록 하라"라고 주의를 주었다고 한다.[122] 조선조의 국왕처럼 독재자는 배후에서 사실상 수사를 지휘했다고 평가할 수 있다.

최초의 정부통령 선거에서 나타난 이승만 후보의 정책이나 공약의 내용이 조봉암을 간첩으로 몰기 위해 내세웠던 근거들에 오히려 더 근접함을 알 수 있다. 이승만은 민족통일, 노동자·농민·근로대중을 민주국가의 주인으로 삼겠다고 주장했고, 노자(勞資) 공존공영 등을 내세웠다. 조봉암은 유엔군과 적극 협조하여 전쟁을 승리로 완수할 것, 민주우방과 우호친선을 증진할 것 등 좌익으로 구분될 만한 공약을 제시하지 않았다.[123]

문치주의를 표방한 '예'(禮)의 나라 조선의 국왕과 권력자들은 암살보다 이러한 정치재판에 의한 정적제거나 정치적 반대세력 숙청을 통한 집권 방법을 선호했음을 이미 언급했다. 정치사법의 연속성을 쉽게 읽을 수 있다. 다만, '교화'라는 유교적 형벌의 목적을 구현하기 위해 고안된 조선의 형사소송절차가 아닌, 새로운 모델의 형사소송절차에 따라 정치사법이 진행된다는 차이가 발생했다. 도구적 사법의 효율성과 형식성을 기술적으로 발전시킨 것이다.

일제시기에 한국인들은 일본을 통해 근대법학과 근대적 법실무를 익히고, 해방 후 이를 계승·발전시켰기 때문에 가능한 일이었다. 일본의 영향을 받은 한국의 법전문가들과 법학자들은 해방

122) 서중석, 위의 책, 213면.
123) 서중석, 위의 책, 63-64면.

후 입법과 재판, 그리고 법학에 있어 일본을 참고하는 것을 당연하게 여겼다.

조봉암은 일제 강점기에는 열정적인 독립운동가였다. 3 · 1운동에 참여해 구금되기도 했고, 이른바 평양사건으로 고문을 당했다. 1931년 상하이에서 체포되어 신의주에서 7년형을 선고받아 복역했다. 이승만 정권의 역사적 성격을 논의하면서 일제 시기 경찰에서 활약했던 인물들이 해방 뒤 경찰과 군수사당국의 고위직에 임명된 사실을 밝히는 연구가 있다. 이익흥은 일제 시기 경찰서장에서 해방 뒤 내무장관이 되었고, 윤우경 역시 일제 시기 경찰서장에서 해방 후 치안국장이 되었다. 전봉덕은 경기도 보안과장으로 근무했고, 해방 후 헌병 총사령관이 되었다.[124] 조봉암은 일제시기 자신을 고문하고 수사했던 세력이 현실의 권력으로 잔존하고 있는 상태에서 재판이라는 합법을 가장한 절차에 의해 살해당했다고 평가할 수 있다.

안중근 사건을 정치사법의 유형으로 분류할 수는 없다. 물론 당시 일본 정부와 사법 당국이 국제정치와 국내정치의 상황에 영향을 받아 재판을 일부 파행적으로 운용한 측면이 명백하지만, 정치사법의 본질에 해당하는 사건은 아니다. 안중근이 이토를 살해한 것은 역사적 사실이기 때문이다. 이토 암살 사건을 고문을 통해 조작해 낸 것이 아니라는 말이다. 본고가 조봉암 사건을 평가하기 위한 전단계의 과정으로 안중근 사건을 간략하게 검토한 것은 근대적 형사소송절차와 그 내용의 발전 양상을 보여주기 위함이었다.

일제시기를 거치면서, 일본의 경찰조직과 검찰, 그리고 법원을 통해 근대적 사법을 이해한 한국인 법전문가들은 해방 후 이승

124) 박원순, 『야만시대의 기록: 고문의 한국현대사 2』, 역사비평사, 2007, 183-185면.

만 정권에서 일본 군국주의 파시즘의 법문화와 법학을 계승 · 발전시켰다. 박정희 시대는 그 형식뿐만 아니라, 법의 이념과 정신까지도 '국체론'으로 상징되는 메이지 제국헌법의 초연주의 정신(천황을 정점으로 한 행정권력이 의회의 다수당을 압도할 수 있는 헌정에 관한 이토 히로부미의 사상)을 헌정질서에서 원조 일본보다 더 극단적으로 구현하고자 노력했다고 평가할 수 있다.

(5) 공권력의 폭력성

소위 초토화 작전으로 상징되는 제주의 주민집단학살, 보도연맹원 집단학살, 거창양민학살, 국민방위군사건 등을 상기해 볼 때, 이승만 시대의 공권력은 테러리즘에 기초한 집단학살로 상징되는 국가범죄의 주체라고 평가할 수 있다.

여기서 한 가지 의문을 제기하고자 한다. 나치는 유대인이라는 이민족 집단을 학살했다. 전쟁 중 많은 전쟁범죄를 일삼았다. 일본 군국주의 전범들 역시 전쟁 중 집단학살을 자행하고, 지진 등의 천재지변 등이 있을 때 조선인을 학살했다. 유대인이나 중국인, 그리고 조선인 등은 전범들 또는 폭력적 공권력이 '타자'화시키기 용이한 대상들이었다. 그러나 이승만 정권이 저지른 집단학살은 언어와 생활환경을 공유하는 동족을 대상으로 자행된 것이라는 측면에서 더욱 당혹스럽게 느껴진다.

'제주 4 · 3 사건'의 경우, 한국전쟁 중에도 학살이 연속되었지만, 전쟁발발 이전에도 학살과 고문이 자행되었다. 한국근현대사에서 집단학살과 고문 등 크고 작은 인권침해 사건에서 나타나는 공권력의 폭력성은 모두 일본 군국주의 파시즘의 영향인가? 해방이후 모든 반인륜적 국가범죄의 원인은 일본의 식민지배 탓인가? 논평하는 주체에게 합리적 이성이 존재한다면, 이 질문에 맹목적으로 "그렇다"라고 답할 수 없다고 생각한다.

물론, 폭동을 진압하기 위해서는 제주도민 30만 명을 희생시켜도 무방하다고 발언했던 박진경 중령은 일본군 소위 출신으로 부친이 군국주의 파시즘의 일본형 정치조직인 '대정익찬회(大政翼贊會)'의 주요 간부였다. 9연대장 송요찬은 일본군 준위였고, 대학살기에 경찰총수였던 홍순봉은 일제 경찰로 만주에서 활동했다. 악명 높은 특별수사대장 최난수는 일본 고등계 형사출신이다. 여순사건 이래 민간인 학살로 악명 높은 김종원도 일본군 출신이다.[125)]

극우반공체제의 형성에 대한 연구에 따르면, "1931년 일제의 만주침략을 전후하여 군국주의 파시즘의 강화 속에 반공·반소 이데올로기가 전체주의적인 방식으로 한국 주민들에게 주입되고, 친일경찰·관공리, 종교·교육지도자, 유지와 부르주아층이 일제의 침략전쟁을 찬양하면서 반공운동을 벌였던 것"에서 극우반공체제의 기원을 찾고 있다.[126)]

일제의 식민 지배를 거치면서 근대적 경찰제도, 검찰제도, 법원을 경험하고 학습한 주체들이 집단학살을 더욱 체계적이고 기술적으로 자행한 것이 사실이다. 그러나 일제의 식민지배 이전에도 우리에게 공권력의 폭력성은 아주 익숙한 것이었다.

위에서 언급한 정치사법의 사례 중 선조대 기축옥사, 즉 '정여립 사건'의 경우 철저하게 조작되고 기획된 것이었다. 송익필이 기획하고 정철이 실행했다고 세간에 묘사되었던 이 사건은 왕권강화

125) 서중석, 『조봉암과 1950년대(하): 피해대중과 학살의 정치학』, 역사비평사, 2000(개정), 661면.

126) 정영태, "일제 말 미군정기 반공이데올로기의 형성," 『역사비평』, 봄(1992), 128면.

를 원하는 선조와 경쟁하는 정파 간 정치게임에서 비롯한 '정치사법'이었다. 이 사건이 진행되는 3년 동안 억울하게 누명을 쓰고 1천명이 넘게 죽었다.[127] 일종의 집단학살이다. 그 고문과 살해 방법 또한 묘사하기 어려울 만큼 잔혹했다.

광해군이 즉위 후, 중국(明)으로부터 인준을 받지 못하는 정국에서 장자인 임해군의 비복 100여 명이 국문과정에서 사망했다.[128] 숙종대 경신환국 이후 허적의 서자 허견이 복선군을 왕으로 삼으려 한다는 이유로 벌어진 옥사에서도 100여 명이 희생당했다.[129] 지면의 한계 상 모두 열거할 수 없지만 '환국'이라는 정치투쟁 뒤에 어김없이 뒤따르는 정치사법의 한 유형인 '옥사'에서 반복적으로 100여 명 이상이 희생당했다. 공권력에 의한 반복적인 집단학살이다. 국문과정에서 사망한 인원이 100여 명이라면, 연좌제가 시행되었으므로 직계존비속이 모두 피해를 입게 되므로 통상 피해자는 기록의 3배 이상이 될 것으로 추정할 수 있다. 19세기 초 '목민심서'에 따르면, 살인사건을 수사하는 과정에서 부패한 관리와 아전들의 수탈과 횡포로 마을이 황폐해지는 현상이 관행화되어 있던 것으로 나타난다.[130] 이 과정에서 자행되는 수탈, 강간, 고문 등은 자세히 묘사하기 어려울 만큼 다양하다.

하급심 재판관의 역할을 하는 수령의 부패와 폐단, 수사와 재판과정에서의 남형과 고문, 미결수 상태로 장기간 구속하는 체수(滯囚), 판결확정력의 결여, 형벌권행사와 집행기관의 중첩, 지방 토호나 양반가의 사적 형벌의 집행 등도 간과할 수 없다.[131] 경미

---

127) 이성무, 『조선시대 당쟁사 1』, 아름다운날, 2009(3쇄), 130-1332면.

128) 이성무, 위의 책, 156-157면.

129) 이성무, 『조선시대 당쟁사 2』, 아름다운날, 2007, 34면.

130) 정약용/정해렴 편역, 『牧民心書精選 下』, 현대실학사, 2004, 720면.

한 범죄로 체포·구금되어 장기간 미결 상태로 감옥에 방치되다가 불결한 환경으로 인해 전염병으로 사망하는 자가 많았고, 심지어 간수들의 이유 없는 폭행으로 사망하는 형사피의자가 많았던 것으로 보인다.[132] 국문과정에서 고문으로 사망하는 경우도 많았지만 구금된 상태에서 간수들이 일상적으로 폭력을 가하여 사망하는 경우도 많았다. 공권력의 폭력성은 조선에서 새로울 것이 없는 두드러진 특징이었다.

'근대'에 대한 경험이 역사·문화적 배경에 따라 다르다는 것이 중요하다. 동아시아가 경험한 근대와 중남미 국가들이 경험한 근대가 같을 수 없다. 또한 서구 근대법의 계수 과정이 다르므로 사법의 근대화도 다른 양상을 나타낼 수 있다. 우리는 정치사법이라는 역사적 연속성을 사법의 속성으로 유지했으며 이 과정에서 공권력은 늘 폭력성으로 나타났다. 일본을 통해 서구 근대법을 계수하고 학습하는 과정에서 이러한 속성을 기술적으로 더욱 발전·계승했다.

일본에 의한 우리의 '사법근대화'는 그 이전과 어떤 차이를 갖는가? 극우반공체제의 형성에 따른 공포의 생산이라는 새로운 유형의 공권력의 폭력성이 등장한다. 그리고 정치사법의 연속성 속에서, 그 도구적 합리성의 측면에서 발전하고 진화한 근대적 법체계가 만들어졌다. 이것이 우리가 직면해야 할 우리의 사법근대화의 모습이다.

---

131) 도면회, 위의 글, 71-74면.

132) 펠릭스 클레르 리델(Felix Clair Ridel)/유소연 역, 『나의 서울 감옥생활 1878: 프랑스 선교사 리델의 19세기 조선 체험기』, 살림, 2009.

IV. 결 론

현재 존재하는 '법'은 한국이라는 공간과 시간 속에서 역사성을 갖고(역사적 과정을 통해) 존재하게 되었다. 우리가 '근대'라고 부르는 의미의 존재방식으로써 '법'이 존재하게 된 것은 당시 한국인에게는 서구로 상징되는 근대일본을 접촉하면서부터라고 할 수 있다. 한국에서 법의 근대성과 사법근대화를 논의하는 것은 바로 현존재로서 우리의 삶에 영향을 끼치고 있는 '법', 그리고 이 '법체계' 안에서 이 체계와 법을 구성하며 살고 있는 우리 자신의 역사적 자기이해를 위한 해석과정 그 자체인 것이다.

근대는 어떤 이상적 이념형으로서 도달해야 하는 목표가 아니다. 목표는 이해와 해석과정에서 새로운 구성을 위해 설정되는 방향일 뿐이다. 울리히 벡이 '성찰적 근대'라고 표현한 그 '근대'는 지금 현재 경험되고 있는 현재이며, 새롭게 구성되고 있는 우리의 실존인 것이다. 근대라는 원형으로서의 실체는 존재하지 않는다. 접촉과 충동, 이로 인한 연속과 단절의 역사적 경험들을 이해하고 해석함으로써 얻는 현존재의 자기이해 과정이 바로 근대에 관한 담론형성 과정이다.

동아시아의 일본은 서양을 접촉하고 서양을 닮고자 하는 충동으로 사법근대화를 이루었다. 한국은 이러한 일본을 접촉하고 타율적으로 사법근대화의 과정을 겪었다. 이 과정에서 역사적 '연속과 단절'이 사법의 영역에서 발생했다. 연속과 단절의 문제를 분석하는 것은 현재 한국의 검찰과 사법에 대해 객관적으로 인식하기 위한 필요조건이다. '근대화'와 '근대성', 즉 근대 개념에 대한 논의의 유용성은 현재에 대한 반성적 성찰에 있다. '반성적'이라는 것은 어떤 의미에서 '구성적'이다. 이념적이고 도덕적인 고담준론(高談峻論)이나 민족주의 감성에 기댄 이데올로기의 유포는 엄밀한 의미에서 미래지향적 관점에서 구성적이지 못한 구태라고 비판하지 않을 수 없다.

'근대화 = 문명화'라는 '탈아론'적 근대화론은 인정할 수 없다. 서구가 아닌 지역을 '반문명'으로 볼 수 없기 때문이다. '탈아론'은 제국주의적 단계적 사회진화 개념의 일종이다. 일찍이 유교모델을 통해 발전된 양상의 관료제적 국가체계를 이룩했던 조선의 문명을 문명이 아니라고 할 수 없기 때문이다. 그러나 이러한 유교모델을 '근대성'의 징후로 볼 수는 없다. 서양과 동아시아는 그 역사 · 문화적 차이로 인해 각각 다른 차원의 '근대'를 경험했기 때문이다. 근대성의 개념에 이미 서구와 비서구의 문화대립의 측면이 존재함을 설명했다. 일본이 서구를 접촉함으로써 시작된 동아시아의 근대화는 그 일본을 한국이 타율적으로 접촉함으로써 한국에서 진행되었다.

역사학계의 연구동향은 식민지수탈론과 식민지근대화론의 이분법을 넘어 식민지 회색지대 논의로 전환되었고, 근대 개념의 본질에 대한 논의보다 철도, 시장과 같은 미시적인 생활사를 연구하는 경향을 나타내고 있다. 근대 개념 논의에 가담한 한국의 거의 모든 연구자들은 스스로 명확하게 밝히고 있지는 않았지만, 막연한 근대관념을 지니고 있었다. 이것은 매우 자연스러운 현상으로 근대개념 자체에 대한 논의를 의도적으로 피한다고 해도, 연구자 스스로 지니고 있는 추상적 근대 관념이 선재해야만 미시적으로 포착된 징후들을 근대적인 것 혹은 근대적이지 못한 것으로 분류할 수 있지 않겠는가?

한국에서는 일본의 영향에 대해 '침략'이나 '수탈'과 같은 가치평가적 선이해에 충족되지 않는 역사해석은 금기시되었다. 그러나 한국사회의 모든 연구자가 사용하는 대부분의 개념어들은 일본에 의해 번역된 번역어이다. 자신이 사용하는 연구방법론과 개념어 자체가 일본의 영향과 분리될 수 없는 한계 속에서도 일본의 영향을 부정해야 하는 역설적 상황의 총체 속에서 해석주체를 사화과학적 영역에 존재하도록 유지한다는 것은 불가능한 일이다. 역사학계의 방계라고 할 수 있는 법제사 분야에서는 이 문제가 더욱 심각하게 나타났다.

이 과정에서 오리엔탈리즘과 식민주의의 역설이 등장한다. 서구개념의 정확한 적용이나 방법론의 문제를 지적한 연구를 오리엔탈리즘이라고 비판하면서도 정작 자신의 조선시대 연구에서 사용하고 있는 '법', '법전', '법치' 등의 용어가 조선 고유의 개념인지, 아니면 번역어인지 구분하지 않고 있다.

특히 근대법학은 곧 서구 근대법학이라는 등식에는 동의하면서도 한국에서 근대법의 시기와 사법근대화의 과정에서 서구 근대법학과 법체계를 타율적으로 이식한 일본의 영향을 '침탈', '폭압' 등으로, 법을 '폭압의 수단'으로 한정했다. 마치 현재 존재하는 현시대의 법과 법체계는 어느 날 우연히 눈떠 보니 당연히 존재했던 것처럼 분열적으로 법사를 인식하기에 이르렀다.

한국사회에서 법제 또는 검찰과 법원제도의 개혁에 관한 논의도 제도의 연원에 대한 '연속'과 '단절'의 역사적 인식에 기초하지 않고, 선진국의 법제를 비교한 후 수입하면 된다는 방식으로 이루어지는 현상도 '근대개념' 논의의 비정상적 부존재와 무관하지 않다. 민족주의적 감성에 기초한 해석태도가 사회과학의 잠식을 불러오고 사법근대화 논의의 전제가 되는 '근대개념' 논의의 실종으로 이어졌다고 볼 수 있다.

동아시아의 역사적 특수성으로 인하여, 동아시아에 있어서 근대에 관한 논의는 하버마스가 '왜곡'이라고 지적한 바로 그 도구적 합리성의 문제에 천착해야 한다. 동아시아에서는 근대성에 이미 문화대립의 측면이 존재하므로, 서구와 비서구의 문화대립 과정에서 일본이 먼저 왜곡된 합리성의 개념에 기초한 근대를 형성하고 한국이 타율적으로 일본이 형성한 체계를 받아들여 근대화를 진행했음을 사실적으로 인식하는 것이 필요하다. '식민지'라는 특수성으로 인해 '왜곡'되었다면 그 '왜곡'의 구조와 내용의 특수성을 비판적 관점에서 설명할 수 있어야 한다.

한국 학계에서 (그나마 식민지적 근대를 인정하는 입장에 선 연구자들이) 습관적으로 식민지라는 특수성의 차원에서 왜곡된 근대를 말하지만, 서구사회에서 내재적으로 사회가 진화하는 과정에서 이루어진 근대성의 '왜곡'에 대해 인식하는 것과 비례해서 생각해보면, 오히려 근대화의 과정에서의 '왜곡'과 이에 대한 반성적 성찰은 보편적일 수 있지 않겠는가? 하버마스가 제시한 근대성에 대한 정당한 비판을 통한 보편적 합리성의 발견의 문제는 현재의 우리에게 과제에 해당할 수 있다. 호르크하이머나 아도르노처럼 '근대' 자체를 비판하는 입장을 견지한다고 해도 비판을 위한 분석이 필요하지 않겠는가? 민족주의적 정서에 부합하는 해석을 위해 사회과학을 잠식시키는 구조는 이제 지양되어야 한다.

또한 인권, 입헌주의, 민주주의와 같은 이상적 이념으로서의 근대를 논의하는 태도도 지양해야 한다. 만약 근대가 도달해야 할 목표와 가치로 설정된다면 지구상에 근대는 존재한 적도 없고, 영원히 존재할 수도 없는 신기루가 되고 말 것이다. 인권, 민주주의, 입헌주의라는 이념적 근대의 징후들이 포착될 때 서구사회조차도 회의적이고 성찰적 관점에서 자신들의 인권이나 민주주의를 인식할 수 있다는 점을 상기해 보자. 이념적이고 이상적인 근대에 해당하는 징후를 동아시아에서 발견할 수 있겠는가? 오히려 근대적 징후를 포착하기 위해서는 하버마스처럼 정당한 비판의 관점에서 근대성을 인식해야 하는데 근대성을 비판적으로 인식하기 위해서는 '근대'가 전제되어야 하지 않겠는가? '근대'와 '근대성'이 완전한 것이라면, 비판과 성찰이 왜 필요하겠는가? 하버마스와 1세대 프랑크푸르트 학파의 학자들은 할 필요도 없는 무의미한 논의를 했다는 것인가?

제국주의에 기초한 단계적 진화의 관점에서 형성된 서구우월주의를 거부하기 위해, 문화 상대주의를 내세우면서도 역설적으로 조선시대에서 서구적 근대의 징후를 찾고자 하는 한국 학계의 노력도 문제가 있다. 문화상대주의 입장에서 근대를 인식하는 연구자가 조선시대에서 입헌주의를 발굴하고, 조선의 토지소유권 개념에서 서구적 소유권 개념의 요소를 포착해 내는 것은 모순이다. 모든 비교연구를 비판하는 것이 아니다. 식민주의, 오리엔탈리즘의 극복이라는 목표를 설정하고 역설적으로 전통시대에서 서구적 요소를 찾아나서는 오리엔탈리즘의 태도를 지적하는 것이다. 오리엔탈리즘을 극복하기 위해 스스로 오린엔탈리즘에 빠진다는 모순은 치명적으로 보인다. 비교연구는 분석적으로 진행되어야 한다. '탈아론'을 비판하면서도 일본보다 더 서구적인 요소가 조선에 있었다는 사실에 흥분하는 연구자의 태도가 매우 '탈아론적'인 것과 같은 맥락이다.

유교입헌주의나 유교적 공동체주의 논쟁도 이와 유사한 패턴에서 이해할 수 있다. 유교입헌주의나 유교공동체주의 등의 논의도 근대논의와 무관한 개념분석에 관한 문제로 국한시킬 때 그 논의의 학술적 의의가 지속될 수 있다. 베버가 로마시대의 자본주의와 근대자본주의를 다르게 분석하는 것처럼 '측면'들을 비교하는 연구가 가능하다. 식민주의와 오리엔탈리즘의 태생적 한계 속에서 서로가 서로를 오리엔탈리스트 등으로 낙인찍는 비이성적 태도를 청산하는 것이 필요하다.

역사 속에서 이루어지는 연속과 단절, 접촉과 충동의 관점에서 근대에 관한 논의를 해야 한다는 주장에 따라, 정도전의 '협유탈적' 사건과 조봉암 사건을 비교분석했다. 이 과정에서 청년기의 이승만과 김구가 경험한 한말 조선의 감옥과 일본이 세운 서대문형무소가 비교되었고, 안중근의 재판 과정이 일부 소개되었다. 분석을 통해, 일제 식민지 법제가 그 역사적 연원으로 지목되었던 한국적 정치사법(사법절차로 정적을 제거하는 방식의 정치사법)의 현상은 조선시대로 거슬러 올라가 그 연속성을 찾게 되었다.

조선을 유교모델(유교입국을 의미한다)의 국가체제로 구상하면서 정도전이 착안한 재상제의 제도공학적 결과가 조선조 정치사에서 정치사법의 전통을 만드는 데 일조했다고 주장했다. 국왕이 특정 정파를 중용하거나 배척하는 정치활동을 통해 재상제로 상징되는 신권을 견제하여 왕권을 보장받고 강화하는 과정이 조선시대 정치의 주요내용이 되었다. 붕당에 의한 환국정치와 이에 수반되는 '옥사'가 일정한 패턴을 갖는 것은 이러한 이유 때문이라고 추정했다. 수많은 환국과 이에 수반되는 옥사는 정치사법의 전통을 말해 준다.

명백하게도 '근대적' 탄핵주의 형사소송절차와 '근대적' 감옥과 같은 역사적 경험은 일본과의 접촉을 통해 이루어졌다. 해방 후 한국의 제도는 이 접촉에 의해 일본을 닮고자 하는 충동에 의해 일본을 통해 얻은 경험들을 계승하고 진화시켰다. 탄핵주의와 감옥 앞에 '근대적'이라는 수식어를 붙일 수 있는 것이 바로 근대에 대한 논의의 결과인 것이다. '연속과 단절', '접촉과 충동'이라는 동아시아의 역사적 특수성에 기초해, 근대논의를 추구해야 하는 이유와 근대논의의 유용성의 인식은 한국 법체계에서 매우 중요하다.

식민지 사법에 대한 '이중국가' 개념의 적용 가능성에 대해 해방 후 수립된 이승만 정권 등 독재정권이 갖는 '이중국가적 속성' 등을 논거로 비판했다. 이중국가 개념은 모든 '전체주의' 독재체제에 적용 가능하므로, 해방 이후 극우반공의 전체주의 법체제들을 모두 일종의 '이중국가'로 볼 수 있다. 따라서 '이중국가' 개념은 식민지 사법을 설명하기 위한 개념으로 사용할 수 없다고 비판했다. 근대가 갖는 '왜곡'의 문제는 이미 충분히 설명했으므로 다시 언급하지 않겠다.

식민지 법제에 대한 '이중국가론'의 입장을 따른다면, 한국사에서 사법근대화의 시점과 근대법의 시점을 1987년 6월 민주항쟁의 결과로 성취한 비교적 정상적인 헌정시기로 삼아야 한다. 이것을 수용할 수 있는가? 만약 누군가 근대적 법치에 대한 더 엄격한 기준을 제시한다면, 여기서 말하는 엄격한 기준이란 하버마스적인 비판적 성찰을 의미하는 것이 아니라, 이상적인 헌정이라는 이념적 '근대성'을 말한다. 그의 엄격한 시각에는 1987년 이후의 '헌정'도 충분히 불만족스러울 수 있다. 이러한 엄격성을 따르면, 아마 한반도에는 영원히 '근대법과 근대적 법체계'는 존재하지 않을 수도 있을 것이다.

식민지 법제의 왜곡과 억압의 문제를 지적했던 연구는 한국에서 근대법의 시기가 언제인지 명확하게 밝히고 있지 않았다. 갑오개혁의 근대성을 인정한 연구도 갑오개혁이 철저하게 일본에 의해 추진된 것이라는 진실을 외면했다. 근대 개념에 대한 논의는 주로 가치평가적 관점에서 수행되었고, 논란의 여지가 있는 문제는 언급하지 않거나 민족주의적 감성에 기초한 답변을 제시하는 것이 관행처럼 되었다.

정도전 사건에서 조봉암 사건까지 '정치사법'은 한국의 사법과 검찰의 특징을 이해하는 데 그 '연속성'으로서 중요한 키워드가 된다. 일본의 영향을 통해서, 한국의 정치사법은 그 절차와 형식에 있어 보다 발전된 도구적 형태로 진화했다. 일본에 의해서 훈련되고, 교육받은 경찰관, 법률가, 법학자들은 해방 후 이승만 · 박정희 독재정권에서 정치사법의 전통을 계승하고 발전시켰다. 따라서 정치사법의 구습을 개혁하기 위한 과제는 제도 그 자체와 제도공학적 · 법기술적 개혁에 있지 않음을 깨달을 수 있었다고 생각한다. 한국사회에서 근대에 대한 논의는 철학적 담론의 성격만을 가지는 것이 아니다. '정치사법'을 키워드로 연속과 단절의 문제를 설명한 것도 한 가지 예에 불과하다.

서두에서 밝힌 것처럼, 근대성의 (고정불변의) 본질적 실체를 찾는 것은 허망한 일이다. 문화적 · 역사적 특수성의 징후들이 미시적 경험세계에 발굴되지 않은 지뢰처럼 존재하기 때문이다. 그러나 가다머와 하버마스의 주장처럼 해석하는 이성이 갖는 해석의 형식은 보편적일 수 있다. 미시적 차원에서 발굴된 징후들을 인식하고 해석하는 과정에서 변증적 성찰의 해석 틀이 자연스럽게 구성될 수 있다. 사회과학이 잠식당하지 않았다는 조건이 충족되면, 이러한 근대성과 근대화에 대한 변증적 성찰은 현재 한국사회를 반성적으로 인식하는 해석과정이 될 수 있다.

사회과학이 잠식당한 한국적 상황에 대해서는 이미 충분히 밝혔다고 생각한다. 근대성과 근대화에 대한 인식과정은 현재에 대한 변증적 자기이해의 과정이라고 할 수 있다. 특히 근대성과 근대화를 인식하는 차원에서 사법체계 그 자체와 체계가 생활세계에 끼치는 영향과 지배를 사실적으로 이해하는 과정은 한국사회에서 법과 법체계를 이해하는 해석과정이 될 수 있다.

제2장

한국 형법의 사회상규조항의 계보와 그 입법적 의의*

김 성 돈

* 기 논문게재지: 『형사법 연구』 제24권 제4호, 2012.12, 한국형사법학회.

한국사법의 근대성과 근대화를 생각한다

Ⅰ. 들어가는 말

한국 형법은 어떤 행위가 구성요건에 해당하더라도 제20조의 "기타 사회상규에 위배되지 아니하는 행위는 벌하지 아니 한다"는 규정(이하 '사회상규조항'이라 함)을 통해 그 행위의 위법성을 조각한다. 사회상규조항이 위법성조각사유를 폐쇄·열거형이 아니라 개방·예시형 초법규적 위법성조각사유로 만들고 있고, 이러한 형법의 태도가 세계에서 유사한 입법례를 찾기 어렵다는 것은 주지의 사실이다.

한국형법의 독창적 조문으로 평가되어 온 사회상규조항의 입법배경에 관한 연구가 그 동안 없었던 것은 아니었다.[1) 하지만 종래의 다른 연구들이 주로 추측성 정도의 결론에 그친 것과는 대조적으로 최근의 법제사적 연구[2)는 이 조항의 기초자뿐 아니라 그 이론적 토대와 입법취지 및 입법적 의의까지 규명하였다. 이 때문에 이 연구는 사회상규조항의 형법적 의미를 재조명할 수 있는 계기를 마련해주고 있을 뿐 아니라 이 조항의 해석론적·입법론적 연구에 새로운 빛을 던져 주고 있다.

이 연구에 의하면 사회상규조항은 1915년 가인 김병로의 "범죄구성의 요건되는 위법성을 논함"이라는 논문에서 위법의 실질을

---

1) 예컨대 이상용, "형법 제20조의 사회상규 규정의 입법연혁과 사회상규의 의미," 『형사법연구』 제20호, 한국형사법학회, 2003; 강석구, "형법 제20조 정당행위에 관한 연구," 성균관대학교 대학원 박사학위논문, 2004.

2) 신동운, "형법 제20조의 사회상규 규정의 성립경위," 『법학』 제47권 제2호, 서울대학교 법학연구소, 2006.6; 신동운, "가인 김병로 선생과 법전편찬 —형법과 형사소송법을 중심으로—," 전북대학교 개교 60주년 기념학술대회논문, 『법학연구』 제25집, 전북대학교 사회과학연구소, 2007.10.

판단하는 기준으로 소개된 사회상규개념을 통해 그 이론적 기초가 마련되었고, 그 후 1948년부터 가동된 법전편찬위원회의 위원장이었던 가인 김병로의 주도적 역할에 힘입어 현재의 모습 그대로 제정형법의 한 조항으로 만들어진 것이라고 한다. 이 연구는 사회상규조항의 입법취지를 "형식적 위법성과 실질적 위법성의 관계라는 독일 형법학의 이론적 성과를 수용하는 차원을 넘어서서 서구식 형벌법령체계가 동양사회 내지 전통사회에 수용될 때 발생하는 마찰"을 줄이기 위함에 있었던 것으로 본다. 뿐만 아니라 이 연구는 사회상규조항이 "서구적 관점에서 정립된 전체법질서라는 규율체계와 전통적 가치와 문화를 알게 모르게 유지해 오고 있는 생활공동체의 실재 사이에 발생할 수 있는 괴리현상을 극복해 줄 완충장치"[3]로 작동할 것이라는 입법적 의의를 부여하고 있다. 더 나아가 이 연구는 이와 같은 사회상규조항이 한국의 "입법자가 독자적으로 결단한 조항"[4]이므로 이에 대한 법제사적 조명이 '국제사회에 우리 형법의 정당성과 과학성을 입증하기 위한 작업으로서 중요한 의미'[5]가 있음을 강조하고 있다.

사회상규조항의 이론적 토대와 입법론적 의의에 대한 이와 같은 평가에 대해서는 두 가지 의문이 생긴다. 첫째, 사회상규라는 개념이 한국에서 처음으로 소개된 1915년 당시와 형법이 제정될 무렵 1940년대 말과 1950년대 초의 위법성이론과 오늘날의 위법성이론을 하나의 연속선 위에 올려놓고 평가할 수 있는지가 의문이다. 제정형법도 사회상규조항도 다른 법규정과 마찬가지로 당대의 형법이론학의 수준과 법의식이 반영된 것임을 부인할 수 없다

3) 신동운, "형법 제20조의 사회상규 규정의 성립경위," 218면.
4) 신동운, "형법 제20조의 사회상규 규정의 성립경위," 204면.
5) 신동운, "형법 제20조 사회상규 규정의 성립경위," 196면.

면, 그것을 오늘날의 형법이론학의 수준과 법의식을 고려해서 해석해야 할 현행의 사회상규조항과 동일한 차원에서 평가하기는 어려울 것이기 때문이다. 둘째, 사회상규조항에 대해 '동양적인 전통적 가치와 문화'에 바탕을 둔 '동양적인 법사상'을 대변하여 서구적 관점에서 정립된 전체법질서라는 규율체계와의 괴리를 메워주는 완충장치로서의 의미를 부여할 수 있는지도 의문이다. 1915년 당시 등장한 사회상규 개념이 서양과는 차별되는 우리의 전통사회의 문화와 가치를 담아내기 위해 고안된 용어이고 그것이 오늘날의 사회상규조항으로 입법화된 것인지에 대해서는 사회상규라는 개념의 계보를 역추적해 보아야 답할 수 있는 것이기 때문이다.

이 글은 이러한 두 가지 의문을 해소하기 위해서 가인 김병로의 사회상규론과 실질적 위법성이론의 내용을 검토하면서 백여 년 전의 실질적 위법성이론의 형법이론적 의의를 간략하게 살펴본다(이하 Ⅱ). 다음으로 한국 형법의 사회상규개념과 사회상규조항의 계보를 추적하기 위해 일본의 형법학자 마키노 에이이치(牧野英一)의 실질적 위법성이론과 그 사상적·이데올로기적 배경을 들추어 본 후, 가인 김병로(이하 '김병로'라 한다)와 마키노 에이이치(이하 '마키노'라 한다)의 사회상규를 기준으로 삼는 실질적 위법성이론의 연속성과 단절성여부를 확인해 본다(이하 Ⅲ). 더 나아가 김병로와 마키노 시대 이후 거의 1세기가 지난 오늘날의 범죄체계론 및 위법성이론의 변화상을 스케치 한 후, 사회상규조항이 오늘날의 한국의 형사실무에서 어떻게 기능하고 있는지를 살펴보면서 1915년 내지 형법제정 당시의 사회상규를 준거로 한 실질적 위법성이론과의 단절성여부를 확인해 본다. 이와 관련해서는 제정형법 당시의 입법적 구상이 오늘날의 사회상규조항 및 사회상규개념의 현실기능에 어떤 역기능을 보여주고 있는지를 밝히는 동시에 그 역기능적 측면이 한국 형법 및 규범현실에 초래할 수 있는 부정적 측면을 부각시켜 본다(이하 Ⅳ). 마지막으로 실질적 위법성이론을 등에 업은 사회상규조항에 대한 입법적 의의를 평가해 보고자 한다(이하 Ⅴ).

Ⅱ. 김병로의 사회상규론과 백여 년 전의 실질적 위법성 이론의 의의

1. 김병로의 사회상규론

김병로는 1915년의 논문에서 사회상규를 어떤 행위의 위법성 여부를 판단하는 기초이자 기준으로 부각시켰다. 이 점은 김병로가 사회상규 개념을 다음과 같이 설명하고 있음에서 드러난다. 즉 사회상규란 “공(公)의 질서와 선량한 풍속을 말한다. 공서양속(公序良俗)은 위법성의 가치판단의 기초가 됨은 물론이요, 사회공존의 관계에 대한 비행(非行)을 판단함에 유일한 명감(明鑑)이 된다.”[6)]

당시 이와 같이 사회상규(공서양속)가 어떤 행위의 위법성을 판단하는 기초이자 비행을 판단함에 유일한 기준이 된다는 말의 의미는 어떤 행위가 적법인지 위법인지를 구별하는 기준이 사회상규라는 의미였다. 그리고 이러한 위법성의 판단이 사회상규를 기준으로 삼은 가치판단임을 밝힌 대목은 위법성판단이 법률문언을

---

6) 김병로, “범죄구성의 요건되는 위법성을 논함,” 『법학계』 제3호(1915.12), 4면(신동운, “형법 제20조의 사회상규 규정의 성립경위,” 197면에서 재인용. 김병로의 위 논문은 필자가 직접 원문을 입수할 수 없어서 2차 자료에 의존하였음).

기초로 하는 형식적 판단이 아니라 실질적 기준에 의해 이루어져야 한다는 실질적 위법성이론의 구상이 표명된 것이었다.[7)]

사회상규를 준거로 한 김병로의 실질적 위법성이론은 부작위범의 위법성에 대한 언급에서도 그대로 이어지고 있다. 그에 의하면 "부작위로 인한 행위의 위법은 외계변동의 발생을 방지할 수 있음에도 불구하고 이를 방지하지 아니함으로써 일정한 법익의 해 또는 위험을 발생하게 한 사실이 반상규적 특별성, 즉 위법성이 부대(附帶)되는 것을 요할 뿐"[8)]이라고 한다. 여기에는 부작위의 위법성여부를 판단하는 실질적인 척도도 사회상규라는 점이 강조되어 있고, 이러한 태도는 결국 작위의무의 발생근거도 법령이나 계약과 같은 형식적 기준이 아니라 '사회상규'라는 실질적 기준에서 찾아야 한다는 주장으로 이어진다. 즉 김병로는 "일정한 부작위로 인하여 일정한 법익의 해 또는 위험을 발생하게 한 사실이 표현될 때에는 그 부작위가 법령 또는 계약에 따라 발생한 작위의 의무에 위반된 경우에만 한할 뿐이 아니라 공의 질서 또는 선량한 풍속에 반한 경우에는 모두 부작위로 인한 행위위법의 전제조건이 되는 작위의 의무에 위배한 것이라고 논할 수 있으나 다시 이 행위를 사회적 가치판단에 제공하여 반상규적 특별성이 부대(附帶)되었다고 결정된 때에는 범죄구성의 객관요건이 되는 행위의 위법을 이루는 것이라고 할 것이다"[9)]고 한다.

---

7) 신동운, 앞의 논문, 195면.

8) 김병로, 앞의 논문, 7면(신동운, "가인 김병로 선생과 법전편찬," 15면 재인용).

9) 김병로, "범죄구성의 요건되는 위법성을 논함," 『법학계』 제3호(1915.12), 6쪽 이하[신동운, "가인 김병로 선생의 범죄론체계와 한국형법의 총칙규정," 『서울대학교 법학』, 제49권 제1호(서울대학교 법학연구소, 2008.3), 15면에서 재인용].

2. 김병로의 사회상규론과 백여 년 전의 실질적 위법성이론의 의의

하지만 사회상규를 준거로 삼는 김병로의 실질적 위법성이론은 위법성판단이 구성요건판단과 독립된 판단이고 독립된 기준을 가지고 있는 것임을 출발점으로 삼는 오늘날의 범죄체계론의 이론적 기반과는 상당한 차이를 보이고 있다. 구성요건개념은 1906년 벨링(Ernst von Beling)의 "범죄론(Lehre vom Verbrechen)"에 의해 처음으로 범죄체계의 근본개념으로 부각되었다. 하지만 당시 구성요건개념은 범죄에 대한 관념적 지도형상(Leitbilder)으로만 이해되었을 뿐, 범죄의 요건을 검토함에 있어 범죄의 객관적 측면을 모두 포착하는 체계요소는 구성요건이 아니라 위법성이었다. 즉 당시 범죄체계론은 구성요건을 철저하게 몰가치적·형식적 행위기술로 이해하였고, 위법성이라는 규범적 판단을 거쳐야만 범죄의 객관적 요소가 충족되는 것으로 파악하였으며, 고의 또는 과실과 같은 주관적 요소도 구성요건요소가 아니었던 것이다.[10] 이 때문에 범죄성립을 논함에 있어서 범죄의 모든 객관적 요소를 확인하는 일은 구성요건해당성 단계에서가 아니라 오히려 위법성 단계에서였다. 실질적 위법성이론은 19세기 말에서 20세기 초 이와 같이 당시의 범죄체계론하에서 위법성을 행위와 규범(구성요건)의 관계 내지 구성요건을 기준으로 한 형식적 행위평가로 보려는 견해에 맞서 위법성을 내용적으로 의미있게 하는 '실질적 기준'을 찾아내려는 시도로서 독일의 실증주의 형법학자인 리스트(Franz von

---

10) 오늘날 우리가 고전적 범죄체계의 핵심적 내용을 공식화하여 말할 때 '범죄의 모든 객관적 요소는 위법성요소로, 모든 주관적 요소는 책임으로'라고 말하는 것도 여기에서 비롯된다.

Liszt) 등에 의해 등장하였던 것이다.[11)]

이러한 배경하에서 등장한 실질적 위법성이론에 따르면 위법성판단은 구성요건에 형식적으로 기술되어 있는 미완의 구성요건의 개별요소에 대한 가치관계적 평가였고, 그와 같은 규범적 가치평가는 범죄의 객관적 성립요건을 최종적으로 완결짓는 의미를 가지는 일이었다. 이를 오늘날의 형법학의 관점에서 말하면 이러한 계통의 실질적 위법성이론은 실질적 평가기준을 동원하여 법률에 기술된 구성요건의 해석을 완성시키는 이론적 프레임으로서의 특징을 가지고 있다고 할 수 있다.[12)] 실질적 위법성이론의 이와 같은 특징은 당시 범죄를 법익침해로 파악하는 개인주의적・계몽주의

11) 뒤에서 검토하겠지만 김병로의 사회상규 준거적 실질적 위법성이론의 토대가 된 마키노의 실질적 위법성이론도 이러한 범죄체계론의 수준하에서 주장된 것이었다. 이 때문에 마키노의 '日本刑法'(제48판)에서도 침해행위로서의 범죄라는 부분을 행위의 위험성으로서의 범죄의 객관적 요건 안에 놓는 동시에 행위의 위법성 앞에 위치시키고 있었고(218면, 昭和8년, 有斐閣), '刑法總論'에서도 침해성 또는 위험성의 내용이 형벌법규의 각 본조에서 범죄의 구성사실로 규정되어 있으므로 이것이 '범죄구성요건의 충족으로 논하게 되었다'고 하면서도 구성요건해당성 내지 구성요건의 유형성이라는 표현을 하지는 않고 있었다(114면, 昭和15년, 日本評論社版). 이와 같이 마키노가 구성요건에 관한 부분을 부각시키지 않은 것은 구성요건이 객관주의에서 유래하기 때문에 주관주의의 입장에서 이에 대한 반감의 표현이라고 추측해 볼 수 있다. 하지만 보다 근본적으로는 일정한 사실관계가 구성요건으로 규정되어 있는가 하는 관점을 실체적으로 생각하여 그것을 행위의 위험성 또는 침해성으로 나타냄으로써 실질적 위법성이론(즉 실질적 위험성판단)의 입장을 형식적으로 구성요건의 충족여부를 판단하는 일에 비해 우위에 두려는 태도가 반영된 것이라고 할 수 있다.

12) 하지만 문제는 실질적 위법성이론 그 자체에 있다기보다는 실질적 위법성의 이론적 프레임을 작동시키는 핵심 동력이 다름 아닌 '사회상규'라는 점에 있고, 이 때문에 사회상규를 중핵으로 하는 실질적 위법성이론이법적 안정성의 위태화 내지 죄형법정주의의 퇴색 등 역기능을 만들어내는 문제점에 관해서는 후술한다.

적 형법관을 뛰어넘어 범죄를 의무위반적 성격을 강조[13]하면서 독일 나찌형법이론의 기초를 제공하였던 샤프스타인(Friedrich Schaffstein)의 언급에서 가장 압축적으로 드러난다. 그에 의하면 "실질적 위법성이론이 각별한 의미를 얻어온 부분은 개별 구성요건들과 그 다양한 요소들에 대한 해석이다. 이 점은 형벌을 근거지우는 구성요건요소들뿐 아니라 불법을 배제하는 요소들에 대해서도 타당하다."[14] 이 때문에 그는 "어떤 행위가 구성요건에 포섭가능한지의 여부를 위법성판단을 통해 헤아려보아야 비로소 그 행위가 금지될 것인지 허용될 것인지가 판가름날 것이다"[15]라고 하였다.

이와 같은 당시의 형법이론의 수준에서 볼 때 형식적 법문으로 나타난 구성요건의 해석을 위해 위법성의 실질적 기준인 사회상규를 동원한 김병로의 형법이론은 다음과 같이 요약할 수 있다: "미완의 범죄성립요소인 구성요건을 보완하여 범죄의 객관적 측면을 완성시키기 위해 보충적으로 —동시에 핵심적으로— 추가하여야 할 '특별한' 요소가 있는데, 이를 갖추어야 범죄의 객관적 요건이 모두 충족된다. 범죄의 본질을 이루고 있는 이 '특별한' 객관적 요소는 체계적으로 구성요건이 아니라 위법성에 자리매김되어 있는데, 이 위법의 특별한 요소가 바로 사회상규위반성이다. 따라서 사회상규위반성이 위법과 적법을 가르는 결정적이고 유일한 기준

13) Schaffstein, "Das Verbrechen eine Rechtsverletzung?," in: Texte zur Strafrechtstheorie der Neuzeit, Band Ⅱ, Tomas Vormbaum(Hrsg.), S. 255 이하.

14) Schaffstein, "Die materielle Rechtswidrigkeit im kommenden Strafrecht, Ⅱ," ZStW 1936, S.21,

15) Schaffstein, 앞의 논문, S.26: 샤프스타인의 이 발언은 뒤에서 살펴보겠지만 1935년 독일 형법학자학술회의에서 메츠거(Edmund Mezger) 등과 함께 나찌형법의 이론적 토대를 제공하기 위해 행한 동일한 제목의 강연에서 나온 것이다.

이다.” 이와 같은 내용은 김병로의 다음과 같은 언명에서도 재확인할 수 있다: “대개 범죄구성요건의 객관적 요건이 되는 위법의 관념은 일정한 행위가 그 행위의 특별준칙이 되는 법의 영금(令禁)에 위반하여 법률상 보호하는 일정한 이익에 대하여 상해 또는 위험의 사실을 발현하고, 그 행위가 사회의 공평에 의하여 사회적 반상규성, 즉 위법의 특별성이 있음을 요한다.”[16]

형법이론사적으로 볼 때 실질적 위법성이론은 형식적 위법성이론에 따르게 되면 법률이 시대와 상황에 따라 탄력있게 대처하는 살아 있는 법으로 기능하게 할 수 없게 되고 법률의 흠결도 보충할 수 없게 될 것이라는 점을 이론적 출발점으로 삼는다. 김병로의 사회상규 준거적 실질적 위법성이론도 바로 이러한 맥락에서 형식적 위법성론을 극복한다는 기치 아래 적법과 불법의 기준을 살아 있는 가변적인 기준에서 찾으려는 점에 초점을 맞추고 있다. 하지만 이와 같은 의미의 실질적 위법성이론이 당시의 위법성이론에서 절대적 우위를 차지한 것도 아니었다.[17] 뿐만 아니라 실질적 위법성이론은 그 자체 약점을 가지고 있었다. 그 약점 가운데 두드러진 것은 구성요건의 정형성 내지 죄형법정주의로 함축되는 형법의 엄정주의에 반할 수 있고 따라서 형법적용에 있어서 법적 안정성을 위태롭게 할 수 있다는 점이었다. 이 때문에 예컨대 실질적 위법성이론의 옹호자 가운데 리스트는 형법의 자유보장적 과제를

---

16) 김병로, 앞의 논문, 3면(신동운, “형법 제20조의 사회상규 규정의 성립경위,” 196면에서 재인용).

17) 1921년 리스트/쉬미트의 교과서는 적법과 불법을 구별하는 명확한 기준을 찾으려고 했던 시도들이 있었지만 최종적인 결론에서 그러한 기준을 제시하는 데에는 실패했고, 위법성개념을 엄격하게 형식적으로 이해하려는 태도가 다시 많은 입장에 의해 옹호되고 있다고 하였다(Listz/Schmidt, *Lehrbuch des Deutschen Strafrecht*, 23. Aufl., S.140 각주 4. 참조).

우선하여 죄형법정주의를 후퇴시키지 않는 방향으로 나아갔다. 당시 김병로도 독일과 프랑스 또는 심지어 일본에서 이론적으로는 물론이고 형사입법영역에서 실질적 위법성이론의 구상을 입법화하는 태도로 나아가지 않은 것이 이러한 약점 때문임을 알고 있었다.[18] 그럼에도 불구하고 김병로는 실질적 위법성이론을 입법화할 때 초래될 문제점에 대해 우려를 표명하는 태도에 대해 "그러나 나는 그러하지 아니하는 줄 확신하노라"[19]는 한 마디 말로써 대응하였다. 하지만 이러한 김병로의 확신과는 달리 일부 실질적 위법성이론의 옹호자들에 의해 형법의 죄형법정주의가 실제로 후퇴하는 결과가 초래되기도 하였다. 이에 관해서는 후술한다.

3. 김병로의 초법규적 위법성조각사유이론과 실질적 위법성이론의 한계

김병로는 사회상규를 기준으로 삼는 실질적 위법성이론의 구상을 입법화하기 전에도 해석론적 차원에서 문제없이 실현할 수 있다고 주장하였다. 김병로는 당시의 형법(어용된 일본형법)이 위법성조각사유를 열거적으로 규정하고 있을 뿐이지만, 사회상규를 해석기준으로 삼으면 '초법규적' 위법성조각사유로 인정할 수 있는 여지도 얼마든지 있다고 하였다. 즉 그는 "일본 형법에 특히 위법

18) 김병로는 "종래의 통설에 의하면 공서양속이 행위[의] 위법의 성부(成否)에 밀접한 관계가 있음은 명료한 것이나 직접으로 공서양속을 기초로 하여 위법성의 적극적 관념을 논정함은 형법의 엄정주의에 적응하지 않는다고 논한다"고 함으로써 실질적 위법성이론에 비판적인 태도가 당시 통설의 입장임을 밝히고 있다[김병로, 앞의 논문, 4면(신동운, 앞의 논문, 197면에서 재인용)].

19) 김병로, 앞의 논문, 4면(신동운, 앞의 논문, 197면에서 재인용).

성조각의 일정한 사유를 인정하여 이 일정한 사유로 인한 행위는 외형상 위법의 태양이 있는 것이라도 실질상 위법으로 인정하지 아니하는 소극적 규정을 두었으니, 그 규정의 내용을 탐구하면 법령이 인허하거나 또는 방임하는 사유에 의한 행위는 공서양속에 반하지 아니하는 적법성이 있음을 인정함에 다름 아니다"[20]라고 한 후, "그러한 즉 특별한 법문의 유무를 묻지 않고 사회적 공안목에 의하여 위법성의 가치를 판단함에 있어서 공서양속으로 판단의 기초를 삼는 것은 법률의 근본적 관점에 적응한다"[21]고 하고 있기 때문이다.

여기서 김병로가 위법성조각사유를 초법규적으로 만드는 초법규적 기준으로 제시하고 있는 공서양속, 즉 '공의 질서와 미풍양속'은 —앞에서 김병로가 정의내린 바 있는— 사회상규를 말하는 동시에 법률행위의 효력을 판단하기 위해 사용하고 있는 (일본) 민법 제90조의 표지였다. 사회상규를 실질적 위법성이론의 중핵으로 만드는 것에서 출발하여 초법규적 위법성조각사유의 인정으로 귀착하고 있는 김병로의 이러한 주장은 그가 생각하는 '법률의 근본 목적'을 바탕으로 하고 있다. 그에 따르면 "대개 법률은 근본적 관념이 공의 질서를 유지하고 선량한 풍속을 함양하여 인민의 행복을 증진함을 목적으로 하는 것이니 형법에 있어서도 공서양속을 목표로 하여 그 효과를 관철함을 목적으로 함은 다언을 요하지 않는다"고 한다.[22] 여기서 법률의 목적이 공공의 질서와 미풍양속의 유지를 통한 국민의 행복증진에 있다고 보는 법률목적론 자체를 법이념적 차원에서 평가하는 것은 이 글의 한계를 넘어서는 일이

20) 김병로, 앞의 논문, 4면(신동운, 앞의 논문, 197면에서 재인용).
21) 김병로, 앞의 논문, 4면(신동운, 앞의 논문, 197면에서 재인용).
22) 김병로, 앞의 논문, 4면(신동운, 앞의 논문, 197면에서 재인용).

다. 하지만 분명한 것은 당사자간의 계약의 자유를 제한하는 원리로 기능하는 '공서양속'을 국가형벌권의 남용으로부터 개인의 자유를 보장할 과제를 감당해야 할 형법의 원리로 가져올 때 초래될 부작용은 법률목적론에 관한 법이념을 둘러싼 논쟁보다 훨씬 심각하다. 왜냐하면 공서양속(즉, 사회상규)이라는 공사법의 통일된 원리를 형법의 적법/불법의 판단기준으로 가져오게 되면 형법적용에 있어 법관의 법률구속성원칙까지 무시하는 결과를 초래할 수 있고, 이는 결국 형법의 죄형법정주의원칙의 의미를 심각하게 훼손하게 되는 결과를 낳을 수 있기 때문이다.

더 나아가 형법이론사적으로 볼 때 실질적 위법성이론의 모든 주장자들이 이러한 태도를 취한 것이 아님을 알게 될 때 김병로의 사회상규 준거적 실질적 위법성이론의 특수성 내지 예외성은 한층 심각한 수준임을 알 수 있다. 예컨대 오늘날 실질적 위법성과 형식적 위법성을 구별함에 있어서 선구자적 역할을 하였다고 하는 리스트(Franz v. Liszt)는 위법한 행위를 "사회적으로 유해한 행태 내지 반사회적 행위[gesellschaftsschädliches (antisoziales oder doch asoziales) Verhalten]"로 정의[23]하였고, 불법의 실질적 (반사회적) 내용의 "법률형이상학적(metajuristisch)"인 측면을 인정[24]하긴 하였다. 하지만 리스트는 실질적으로 위법한 행위라도 모두가 가벌적으로 되는 것은 아니고, 법률에 정확하게 기술되어 있는 배타적으로 열거된 구성요건에 부합하는 경우, 즉 벨링적 의미의 유형성을 가진 구성요건해당성이 인정되어야 가벌적이라고 함으로써 형법의 죄형법정주의 원칙을 벗어나려고 하지는 않았다.[25] 이러한 태

23) Liszt/Schmidt, *Lehrbuch des Deutschen Strafrecht,* 23. Aufl., 1921, S.139.

24) Liszt/Schmidt, 앞의 책, S.140.

25) 리스트의 실질적 위법성이론의 핵심은 '범죄의 사회유해성 내지 반사회

도가 김병로식 실질적 위법성이론과 얼마나 차이가 나는지는 리스트의 다음과 같은 입장에서 분명하게 드러난다. 즉 그는 "형식적 위법성과 실질적 위법성은 일치할 수도 있지만 서로 다를 수도 있다. 그 행위의 실질적 내용과 그에 대한 실정법적인 평가 간에 불일치가 생길 것이라고는 생각하기 어렵지만 배제할 수는 없다. 만약 그러한 불일치가 생긴다면 법관은 법률에 구속된다. (실질적 내용을 가지고) 현행법을 교정하는 일은 법관의 임무가 아니다"26)라고 하였다.

여기에서 사회상규를 준거로 하는 김병로의 실질적 위법성이론의 한계에 대해 보다 자세하게 파헤쳐 들어가기 전에 먼저 확인해야 할 내용이 있다. 김병로가 공서양속과 함께 사용하고 있는 사회상규라는 용어가 그가 고안한 독창적 용어인지, 그의 실질적 위법성이론이 독일형법학계의 형식적 위법성과 실질적 위법성의 이론적 성과를 수용하는 차원을 넘어선 것으로 평가할 수 있는지를 알아보기 위해 사회상규개념 및 사회상규조항의 출처를 더 거슬러 올라가 보기로 한다.

성'을 강조한 점에 있는 것이 아니라, '공동생활을 규율하는 법질서의 목적'이라는 실질적 기준에 따라 위법한 행위와 적법한 행위를 구별해야 한다고 주장한 점에 있음을 주의해야 한다. 그에 의하면 어떤 행위가 법익을 침해하거나 위태화하였더라도 그것만으로 위법한 행위가 되는 것이 아니라 그 행위가 "공동생활을 규율하는 법질서의 목적에 위반하는 행위"인 경우에만 위법하다고 하였다(Listz/Schmidt, 앞의 책, S.140).

26) Liszt/Schmidt, 앞의 책, S.140.

Ⅲ. 사회상규를 준거로 삼는 실질적 위법성이론의 계보

1. 마키노와 김병로의 사회상규개념 등의 일치성

(1) 마키노의 사회상규론과 실질적 위법성이론

문헌의 비교를 통해 확인된 바에 의하면 1915년 김병로의 논문이 출발점으로 삼았던 실질적 위법성이론과 그 중심축으로 설명하였던 사회상규 개념 및 그를 통한 작위의무의 범위 확대 등은 이미 1908년의 강의록 刑法總論(早稻田大學校 出版部 藏版)에 그 내용 그대로 수록되어 있다. 형법총론 강의록을 위시한 마키노의 여러 저작들에는 "범죄는 위법행위이고 위법이란 법익의 침해가 사회의 상규를 일탈한 것을 의미하고 사회의 상규를 일탈한 법익을 침해하게 되어 나타난 행위는 반사회성을 가지게 된다고 말할 수 있다"[27]고 한다. 여기에는 사회상규를 위법의 실질적 기준으로 삼는 실질적 위법성이론이 출발점으로 선언되어 있다. 더 나아가 마키노는 "사회의 상규는 선량한 풍속 및 공의 질서를 준거로 하여 존재"한다고 하면서, "선량한 풍속과 공의 질서가 되는 관념은 민법이 특히 채용하여 그 제도의 기초적 규정으로 삼은 것으로서 예컨대 민법 제90조에서 말하기를 '공의 질서 또는 선량한 풍속에 반하는 사항을 목적으로 한 법률행위는 무효로 한다'고, 즉 민법은 법률행위에 관하여 적극적으로 위법이 되는 관념을 규정하여 사람의 자유활동은 항상 공서양속이라고 하는 최후의 한계를 가지고 있음을 분명히 하고 있고 형법의 규정은 이와 반대의 방법을 채용하여

27) 牧野英一, 刑法總論(講義錄), 明治 41年, 早稻田大學校 出版部 藏版, 148면.

위법성조각의 사유를 예시하고 있다"고 한다.[28)]

사회상규(내지 공서양속)를 위법성판단의 실질적 기준으로 삼고 있었던 마키노의 위법성이론은 부작위범에서 작위의무의 인정기준을 최종적으로 공서양속 내지 신의성실의 원칙 및 더 나아가 사물의 본성이라고 하는 초법규적 기준에서 찾아야 한다는 주장으로 이어졌다. 작위의무를 형식적인 기준에만 따르게 한다면 그 기능을 다하지 못할 것이기 때문에 실질적인 기준을 필요로 한다는 것을 근거로 삼았던 것이다. 이로써 마키노는 사회상규를 기초로 하는 실질적 위법성론이 부작위범에서는 작위의무의 확대와 관련하여 죄형법정주의에 반할 여지가 있음을 자인하면서도 이것이 바로 구성요건의 형식적 명확성이라는 죄형법정주의의 고전적 요청의 한계로 파악하면서 그 한계를 뛰어넘어야 한다는 과감한 주장을 전개하였다.[29)]

(2) 마키노와 김병로의 일치성

여기에서 우리는 마키노의 위법성이론 및 부작위범이론이 김병로의 위법성이론 및 부작위범이론과 거의 대부분 일치하고 있어서 마치 한 사람의 주장을 보고 있는 듯하다. 위법성의 실질적 준거로서 문자적으로 동일한 용어인 '사회상규'를 내세우고 있는 점, 사회상규의 초법규적 기능을 인정하는 점, 사회상규를 민법적 기원성을 가진 공서양속(공의 질서와 미풍양속)과 동치시키고 있는 점, 그리고 사회상규를 작위의무의 근거로 보는 점 등에서 김병로와 마키노는 정확하게 일치하고 있기 때문이다.

동일한 학문분야를 탐구하는 각기 다른 주체의 인식내용이 우

28) 牧野英一, 앞의 책, 149면.

29) 牧野英一, 앞의 책, 151면; 『刑法總論』, 147면.

연하게도 유사성을 넘어 일치성을 보일 수 있는 가능성은 얼마든지 있다. 하지만 우리가 마키노의 사회상규적 위법관과 김병로의 사회상규적 위법관의 일치성을 전적으로 우연으로 돌릴 수만은 없는 데에는 몇 가지 이유가 있다. 우선 시기적으로 볼 때 김병로가 귀국직후에 위 논문을 발표한 1915년 이전인 1908년에 이미 마키노의 위 형법총론 강의록 등에서 사회상규라는 용어와 그에 기초한 실질적 위법성이론 및 부작위범이론이 자세하게 전개되어 있었다. 뿐만 아니라 김병로는 일본 유학시절 메이지대학과 주오대학에서 공동으로 설치한 (오늘날 대학원 석사과정에 해당되었던 것 같지만 형법, 민법 중 물권과 채권, 상법, 민사소송법을 모두 공부한) '법률고등연구과'에서 마키노에게서 형법을 배웠다.[30] 이러한 사실들로부터 우리는 일본유학에서 막 귀국한 김병로가 귀국한 그 해에 위법성이론에 관한 논문을 작성할 당시 ―그것도 그가 주도한 신생법학지에 투고될 원고모집의 어려움 때문에 스스로 필자로 나설 수밖에 없는 상황에서[31]― 자신이 배운 마키노의 여러 저작들이나 강의안을 참고했던 것으로 추측해 볼 수 있다. 이러한 사실과 추측에 근거하면 사회상규 개념을 김병로의 "독창적"[32]이고 자주적인 개념이라고 말하기도 어렵고 그에 터잡은 한국형법의 사회상규조항을 김병로의 "독자적 결단"[33]의 소산이라고 보기도 곤란하다.

30) 김학준, 『가인 김병로 평전』, 민음사, 1988, 67면.

31) 김학준, 앞의 책, 89면.

32) 강석구, 앞의 논문, 130면.

33) 신동운 교수는 김병로가 마키노의 이론을 상당부분 그대로 수용했음을 인정하면서도("형법 제20조의 사회상규 규정의 성립경위," 199-200면), 한국 형법 제20조가 입법자의 독자적 결단이라고 할 수 있는 이유를 사회상규조항이 일본개정형법가안에서 받아들여지지 않았음에서 찾고 있다(204면).

하지만 사회상규조항의 씨앗이 외부에서 온 것이라도 일단 한국형법에 뿌리내려 한국형법의 구성부분이 된 이상 그것은 한국형법의 고유한 체계와 논리속에서 그 자체 독자적 의미를 가질 수는 있다. 이 때문에 우리는 김병로의 사회상규론의 독창성 부정과 한국형법의 사회상규조항의 자주성 결여에 아쉬움이나 안타까움을 표할 필요가 없다. 현실은 사회상규조항이 원산지인 일본의 형사입법자들에 의해서는 거부되었지만 수입국인 한국의 형사입법자들에 의해서는 성공리에 안착되었기 때문이다. 따라서 보다 중요한 우리의 과제는 사회상규조항이 오늘날 한국의 형사실무에서 어떻게 기능하고 있는지를 분석하고 이 조항의 형법해석론적/입법론적 의의를 평가하는 일에 두어야 한다. 이러한 과제수행을 위해 우리는 먼저 김병로의 사회상규론 및 한국형법의 사회상규조항이 마키노의 사회상규론과 실질적 위법성이론을 그대로 계승하여 지금까지 이어져 온 것인지 아니면 일정한 단절을 보인 것인지를 확인해 보아야 한다. 마키노의 이론과 김병로의 이론 및 한국형법의 사회상규조항의 연속성과 단절성 여부를 확인하기 위해 이하에서는 한국형법의 사회상규조항에 이론적 씨앗을 제공한 마키노의 위법성이론과 사회상규개념이 어떤 형법이론과 사상을 배경으로 하고 있었던가를 살펴보기로 한다.

2. 마키노의 형법이론과 사상적 배경

(1) 주관주의 형법이론과 그 사상적 배경

주지하다시피 마키노는 이미 우리에게 신파이론 내지 주관주의이론의 대표자로 널리 알려진 당대 일본의 대표적인 형법학자이다.[34] 그의 신파이론은 '사회진화이론'에 기초를 두고 있었다.[35]

사회진화이론은 다윈의 진화이론 가운데 적자생존과 자연선택 원리를 우파적으로 해석하여 약육강식의 원리를 중심축에 둔 이론으로 19세기 유럽을 풍미했던 사상이다. 마키노는 이러한 사회진화이론을 형법에 그대로 적용하면서 형법도 범죄구성요건의 정형성을 엄격하게 유지할 것을 요구하는 구파이론에 맞서 죄형법정주의의 완화를 시대의 진화라고 주장한다. 마키노는 19세기의 변화된 시대상황에 대응하려면 형식적 의미의 죄형법정주의의 엄격한 보장이 오히려 장애가 되는 것이므로 죄형법정주의의 원칙을 완화하고 축소해야 한다는 주장을 전개하였던 것이다.[36] 이에 따라 마키노는 형법은 행위의 정형성에 초점을 맞추는 객관주의에서 행위자의 주관적 의사에 초점을 맞추는 주관주의에로 '진화'되어야 하였고,[37] 이러한 주장은 극단적으로 범죄는 형식적인 의미의 정형화된 구성요건에 해당하는 행위가 아니라 행위자의 반사회성이 징표된 것이라는 주관주의 범죄이론으로 전개되었다.[38]

특히 마키노가 죄형법정주의의 엄격한 고수를 구시대의 유물처럼 여겼던 것은 그 당시의 시대상황에 대한 그의 인식이 반영된

---

34) 마키노의 형법이론에 관한 자세한 소개는 中山研一(나카야마 겐이치), "牧野英一(마키노 에이이치)의 刑法理論"(번역), 『일본형법이론사의 종합적 연구』, 허일태 등 공역, 동아대학교 출판부, 2009, 232면 이하 참조.

35) 牧野英一, 日本刑法, 51면 이하 참조.

36) 특히 마키노는 일본의 1907년의 형법에 구형법과 같은 명문의 죄형법정주의의 규정이 누락된 것에 대해 이 삭제에 적극적인 이유가 있다고 하였다(中山研一, 앞의 논문, 241면).

37) 형사정책분야에서 마키노는 19세기 후반의 실증적 연구에서 범죄인에 관한 연구성과를 받아들여 우발범죄인과 상습범죄인의 차별화 및 그 처우상의 개별화로 이어갔다.

38) 형벌이론분야에서는 마키노는 사회방위론, 목적형에 기초한 특별예방사상, 교육형이론 등을 진화의 방향이라고 역설하였다.

결과였다. 즉 그는 18세기부터 19세기 전반부를 개인본위의 시대로 파악한 반면, 19세기 후반부부터는 사회본위의 시대가 전개되고 있는 것으로 보았다. 이에 따라 마키노는 형법의 진화의 방향도 개인의 인권보장에서 사회의 방위로 진화해야 하는 것이라는 주장을 하게 된 것이다.[39]

뿐만 아니라 마키노의 죄형법정주의에 대한 비판적 시각은 형법해석의 방법론과 관련하여 당시 법해석의 새로운 움직임인 자유법운동을 출발점으로 삼은 것과도 직접적인 연관성을 가지고 있다. 마키노에 의하면 법률해석에 있어서 진화는 법을 신명(神明)의 명령으로 본 문리해석의 단계에서 법을 입법자의 의사로 본 논리해석의 단계를 거쳐 마지막으로 법을 시대정신의 발현으로 보는 사회적 해석의 단계로 진화하고 있다고 한다. 마키노에 의하면 법의 해석의 마지막 단계인 사회적 해석방법에서는 법률의 적용을 위해 시대사조를 해석해야 하는 바, 여기서 시대사조란 진화하고 있는 현대, 사회의 양심의 명령, 사회의 진정한 요구, 정의, 선량한 풍속 등으로 관념화되어 있다고 한다. 특히 마키노는 법률의 배경을 현대의 사회사상으로 옮길 경우 법률의 해석을 종래의 형식적 논리로부터 해방시키는 '자유법운동(Freirechtsbewegung)'을 전개할 필요성을 역설하였다.[40]

마키노는 이와 같은 자유법운동에 기반한 법해석론을 민법과 같은 사법분야에 한정시킨 것이 아니라 형법의 해석론에도 그대로 관철시켰다. 마키노는 민법과 형법은 법원(法源)만 차이가 있고, 법률의 해석에 있어서는 원칙의 적용에 차이가 없다는 태도를 취하였다.[41] 마키노는 과거에는 인권의 보장과 죄형법정주의에 대

39) 牧野英一, 『刑事學の新思潮と新刑法』, 14면 이하.

40) 牧野英一, 日本刑法, 62면.

응하여 형법해석의 특수성을 주장하고 또 그럴 만한 이유도 있었지만, 20세기에 들어서는 국가형벌권의 행사의 남용은 예전처럼 두려운 것이 아니고, 또 형법의 해석과 관련하여서는 많은 학문적 반성을 거쳐 왔기 때문에 형법의 해석도 민법을 포함한 일반 법률의 해석과 다른 특수성을 가진다고 생각해서는 안 된다고 하였다. 이러한 형법해석론적 태도는 유추해석도 그것이 사회의 필요에 따라 해석의 논리적인 방법인 이상 다른 해석 일반과 마찬가지로 형법에서도 허용되어야 한다는 귀결로 이루어졌다. 성문법도 언어로 이루어져 있는 이상, 언어의 내용이 문화의 진보에 따라 점점 풍부해 지는 것이고 따라서 법률의 내용도 추상화되어야 한다는 것이다. 이에 따라 마키노는 해석자와 재판관은 법률의 도구가 아니라 문화사에 있어서 독립된 지위를 부여받아야 하고, 그 임무는 시대사상과 법률의 조화를 꾀하는 데 있다고 하였다. 이와 관련하여 마키노는 명문으로 유추허용규정을 도입한 나찌입법을 언급하면서 그것을 자신의 다년간의 주장이 명문화된 것으로 긍정적인 평가를 내리기도 하였다.[42]

---

41) 김병로가 사회상규를 위법의 유일한 기초로 삼아야 한다는 점과 관련하여 민법과 형법에 차이가 없다고 생각한 점과 동일한 맥락이고, 이러한 생각은 오늘날 한국의 대법원에서도 여전히 유지되고 있다. 즉 대법원은 형사사건에서 사회상규조항을 위법성조각사유로 활용하고 있을 뿐 아니라 민사적 불법행위책임을 인정함에 있어서도 사회상규를 판단기준으로 삼고 있다. 대법원 2010.9.9, 2009다693[“(중략) 위와 같은 재량권 남용은 우리의 건전한 사회통념이나 사회상규상 용인될 수 없음이 분명한 경우이므로 위 사립대학의 학교법인은 그 전임강사에게 재산상 손해뿐만 아니라 정신적 손해까지 배상할 책임이 있다”].

42) 中山硏一, 앞의 논문, 245면. 마키노가 전기절도 사건을 비롯하여 유추여부를 놓고 벌인 논쟁에서 대부분의 경우 유죄설의 입장을 견지한 것도 이와 같은 차원에서 이해될 수 있다고 본다(246면. 각주 4 참조).

(2) 사회진화이론과 사회상규론

죄형법정주의의 완화와 축소를 목표로 하여 자유법운동을 출발점으로 삼은 마키노의 형법이론은 위법성이론에도 그대로 유지되어 실질적 위법성이론으로 전개되었다. 마키노가 특히 위법성단계에서 구성요건의 형식적 측면을 실질적 차원에서 보완하여 범죄의 객관적 요소의 충족여부를 적극적으로 평가하기 위해 사회상규를 실질적 기준으로 삼은 것도 그의 사회진화이론에 터잡은 것이었다. 마키노는 —1915년의 김병로의 논문작성에 참조가 되었을 것으로 추정되는— 1908년 형법총론 강의록에서 사회상규개념의 사회진화이론적 배경을 다음과 같이 요약하고 있다. "생존경쟁은 그 결과가 몹시 가혹한 것일지라도, 시공간을 초월하여 항상 발생하게 되고, 지금 각각의 사람 또는 그 생존을 다하는 사회의 발전을 위한 생존경쟁 그 자체는 자연계의 커다란 사실로서 인력에 의존하여 배제할 수 없는 우주의 대원칙이고, 법은 이러한 생존경쟁에 질서를 부여하여 사람들의 행위에 일정한 한계를 정하여 안녕과 화합 안에서 우주의 대원칙으로 운행되도록 하고, 어떤 행위가 타인의 이익을 해하는 결과에 이를 때 그것을 정당화하여 보호하거나 어떤 타인의 행위를 존중하는 기준으로 사회의 상규 관념을 행위의 옳고 그름을 정하는 표준을 위한 것으로 한다."[43]

이와 같은 언명에는 사회상규가 생존경쟁 속에서 발생하는 많은 행위들을 정당화시킬 수 있는 근거로 사용될 수 있을 가능성이 여실히 보여지고 있다. 이러한 맥락에서 보면 다른 분야도 아닌 형법에서 적법/불법을 판가름할 수 있는 사회상규라는 기준을 생존경쟁과 약육강식의 논리를 정당화하는 사회진화이론의 논리와 결

43) 牧野英一, 『刑法總論』(講義錄), 148-149면.

부시키는 이론을 전개하는 (마키노의) 태도는 사회상규 개념을 강자의 논리와 힘의 논리를 대변하는 효과적인 수단으로 도구화할 수 있는 길을 열어주고 있음을 알 수 있게 된다.

사회진화이론과 결부되어 있는 사회상규라는 기준을 실질적 위법성이론을 작동시키는 프레임 속에 넣음으로써 구성요건의 형식성을 탈피하고, 그로써 죄형법정주의의 고전적 요청까지 외면하게 되는 형법이론에서의 변화를 마키노는 이데올로기적으로 법치국가사상에서 문화국가사상으로의 진화라고 설명하고 있다. 죄형법정주의가 완화되고 축소될 경우 재판관의 재량의 폭이 커지고 집행관의 권한이 확대되어 개인의 인권이 침해될 수 있다는 우려에 대해서도 당시 마키노는 "프랑스 혁명이 일어난 지 이미 백 년 이상 지났고, 중세의 난폭한 천단주의는 짧은 연혁만으로 희미하게 사회의 기억에 남아 있을 뿐이다"[44]라고 하면서 그러한 우려를 할 필요가 없음을 강변하였다.[45] 하지만 이러한 마키노의 태도는 같은 실질적 위법성이론의 주장자이자 신파이론의 대표자로 분류되는 리스트가 법관은 실질적 위법의 내용보다는 형식적 법률에 구속되어야 하고 구성요건의 정형성을 우위에 두어야 한다는 점을 강조하면서 내리고 있는 다음과 같은 결론과 극단적으로 상반되는 태도였다. 즉 "구성요건을 설정함으로써 헌법국가는 국가권력의 자의에 맞서서 개개의 시민들에게 개인적인 자유를 보장한다. 바로 이 점에 죄형법정주의의 정치적 의미가 있다."[46] 뿐만 아니라

44) 牧野英一, 『刑事學の新思潮と新刑法』, 15면.

45) 이 대목은 김병로가 실질적 위법성이론을 입법화하는 방안이 형법의 엄정주의를 해칠 수 있다는 우려를 한 마디로 일축한 김병로의 대응을 연상케 한다(김병로, 앞의 논문, 4면, 신동운, 앞의 논문, 201면 참조).

46) Listz/Schmidt, 앞의 책, S.191.

사회상규가 실질적 위법성이론의 프레임 속에 들어와 형벌권의 자의적 행사와 남용적 행사를 가능케 하는 도구로 사용될 우려는 마키노의 생각과는 반대로 마키노의 생전에 나찌정권에 의해 현실로 드러나게 되었다. 이에 관해서는 후술한다.

3. 마키노와 김병로: 연속인가, 단절인가?

(1) 김병로의 실질적 위법성이론과 사회진화이론과의 관계

김병로의 사회상규론 및 실질적 위법성이론이 마키노에게서 온 것이라면 그 사상적 배경이 된 사회진화이론 역시 김병로에게 일정부분 영향을 미친 것으로 추측할 수 있다. 이를 확인하기 위해서는 김병로의 일본유학시절을 전후한 시기나 마키노에게 배웠을 당시 —혹은 그 후의 시기에— 김병로가 사회진화이론에 대해 어느 정도의 지식을 가지고 있었는지 그리고 그에 대해 어떤 태도를 가지고 있었는지에 대해서 살펴보아야 한다.

역사적으로 볼 때 사회진화이론은 당시의 동아시아 지식사회를 지배하던 거대담론이었다.[47] 이 때문에 조선이 강대국이 되어야 한다는 주장이나 동아시아가 서양열강에 맞서기 위해서는 대동단결해야 한다는 사회진화론에 근거한 논리는 당시 신학문을 접한 지식인들이 필독하였던 황성신문, 대한매일신보, 만세보와 같은 언론매체들에서도 일상적인 논설주제였다고 한다.[48] 이러한 영향

47) 이에 관해서는 양일모, "동아시아의 사회진화론 재고 — 중국과 한국의 '진화' 개념의 형성," 『한국학연구』 제17집, 2007, 90면 이하 참조. 유길준을 비롯한 한국 개화파 인사들이 일본의 사회진화론적 법사상의 영향을 받은 것을 실증적으로 규명한 연구로는 國分典子, 『近代東アジア世界と憲法思想』, 慶應義塾大学出版会, 2012가 있다.

48) 박노자, 『우승열패의 신화』, 한겨레신문사, 2006, 60면.

하에 당시의 개신 유학자들조차도 전통 유교윤리를 사상적 축으로 삼으면서도 경쟁적 생존투쟁의 원리와 우승열패사상, 국가중심주의, 민족주의의 강화, 국민결속을 위해 개인의 희생 등을 요구하는 사회진화이론의 세례를 받지 않을 수 없었다고 한다.[49] 이러한 사실들을 미루어 짐작하면 그리고 특히 당시 사회진화이론을 형법에 이식하는 일에 신명을 바쳤던 마키노에게 수학하였던 김병로가 사회진화이론에 관해 전혀 몰랐을 것이라고 단정할 수는 없을 것이다. 그럼에도 불구하고 김병로가 배웠던 마키노의 형법이론과 위법성이론이 사회진화이론을 사상적 기초로 하고 있었던 것임을 김병로 스스로가 간파하고 있었는지를 추측할 만한 직접적인 문헌은 찾아볼 수 없다.[50] 이 때문에 우리는 마키노의 사회진화이론 및 특히 사회상규를 기준으로 삼는 실질적 위법성이론이 구성요건의 정형성의 완화 및 유추를 인정함으로써 죄형법정주의를 왜소화시키고, 18세기의 계몽주의에 반대하여 자유와 인권보다는 사회의 보호 및 공적 질서에 대한 우위를 인정하는 논리와 연결되어 있었음을 김병로가 어느 정도로 이해하고 있었는지에 대해서도 알 길이 없다.[51] 뿐만 아니라 마키노가 생각한 공의 질서와 미풍양속(사회

---

49) 박노자, 앞의 책, 87면.

50) 다만 1910년대 재일 조선인유학생학우회에서 발간하였던 '학지광'이라는 잡지에 사회진화론적 논조의 글이 많이 게재되었고(박노자, 앞의 책, 59면), 김병로 역시 '학지광' 편집에 깊이 관여하고 있었음을 고려(김학준, 『가인 김병로 평전』, 72면)하면 김병로도 일본 유학시절에 사회진화론의 기본사상에 접하였음을 알 수 있다.

51) 당시 이광수, 최남선, 송진우라는 정통 사회진화론적 지식인들이 계속 사회에 대한 개인의 일방적인 희생의 의무만 강조하고 역사를 끝도 없는 살벌한 생존투쟁으로 상상하여 우파적 실력양성 운동의 사상적 주류를 이루고 있었고, 개인과 사회, 민족과 세계의 보다 평등하고 평화로운 관계를 모색했던 자들은 여전히 비주류로 머물러 있었다는 점에 대해서는 박노자,

상규), 사회통념이 결국 식민지에서의 민족개조론, 민족 고유성의 말살정책, 일본제국에의 맹목적 충성강요를 지향할 수도 있음을 김병로가 간파하고 있었던 것인지에 대해서도 알 수가 없다.[52]

그럼에도 불구하고 김병로의 사회상규론에 관한 한 '사료'의 부재 때문에 우리는 일단 마키노의 사회상규론과의 연속성과 단절성여부에 관해서도 판단을 유보하지 않을 수 없다. 그렇지만 사회상규를 준거로 한 실질적 위법성이론의 특징점들에 초점을 맞추면 한 가지 분명하게 확인할 수 있는 점이 있다. 그것은 사회진화이론을 배경으로 하는 사회상규 준거적 실질적 위법성이론이 법치국가원칙과 불협화음을 내면서 의사형법 내지 주관주의 형법이론으로 귀착할 수 있는 가능성을 내장하고 있다는 점이다. 그러한 가능성이 나찌형법에서 현실화되었다는 점에 관해서는 후술한다.

(2) 사회진화론적 실질적 위법성이론의 부작용: 나찌의 형법이론

사회진화이론을 등에 업은 실질적 위법성이론이 법치국가원칙과 충돌한 사례는 1930년대부터 40년대까지 관철된 독일의 나

앞의 책, 408면.

52) 하지만 유학시절 후 일제치하에서 경성전수학교 교수와 변호사시절을 거치면서 일제에 대한 저항운동에 참여한 경력 등 그가 다방면에서 보여준 역할들을 보면 그의 사상과 행보가 사회진화이론과는 무관한 것임에는 의문의 여지가 없다(이에 관해서는 김학준, 『가인 김병로 평전』 85면 이하 참조). 특히 1920년 이후 김병로의 행적을 보면 사회진화이론으로 무장한 19세기 서구 강대국의 논리가 1차대전이라는 미증유의 살육을 경험한 후 반성적 차원에서 고개를 들기 시작한 휴머니즘적 상조진화론, 평균분배, 공동행복의 신사회건설, 개인의 복지에 대한 사회의 책임, 여러 민족간의 세력격차를 줄임으로써 세계적 균형을 이루어 세계평화와 민족간 평등에 기여해야 한다는 등과 같은 새로운 목표설정에 김병로도 충분히 공감하고 실천하였던 것으로 볼 수 있다.

찌형법이론 및 그 실무운용에서 나타났다. 나찌형법은 의사형법 내지 주관주의 형법이론에 터잡아 죄형법정주의의 근대적 의미를 무위로 돌렸고, 사회진화론에 기초한 실질적 위법성이론에 터잡아 극단적인 포괄적·추상적 기준을 행위의 위법과 적법을 구별하는 기준으로 삼아 (민족) 사회공동체가 추구하는 목적가치와 사회윤리에 본질적인 우위를 두면서 개인의 자유를 유린하였다. 나찌 형법학자들이 이러한 모든 일의 시작점과 종착점을 실질적 위법성이론에서 찾으려고 했던 것은 우연이 아니었다.

일반적으로 나찌정권의 수권법이 형식적 법률실증주의를 출발점으로 하고 있는 것으로 이해되기도 한다. 그 때문에 내용적으로 정당하지 못한 내용을 형식적으로 의회를 통과한 실정법률을 통해 관철시키려고 한 나찌정부의 여러 인종차별적 우생학적 정책들을 법의 옷을 입은 불법이라고 이해한다. 하지만 나찌형법의 법률실증주의자들은 종래의 형식적 법률실증주의를 법률실증주의에 대한 잘못된 편협한 이해라고 한다. 오히려 그들은 올바른 법률실증주의가 되려면 실질적 위법성이론과 결합하여야 한다고 한다. 이에 따르면 법의 원천은 형식적인 법률이 아니라 실질적인 정의이고 그 실질적 정의에 따라 적법/불법을 판단할 수 있는 것이 바로 실질적 위법성이론이 된다.[53] 이러한 구상에 따르면 특히 형법각칙과 그 구성요건의 해석과 적용에 있어서 새로운 시대의 법관에게 기본적으로 요구되는 바는 법률의 문언에 구속되지 않는 것이라고 한다.

이와 같이 법관의 법률구속성에의 탈피를 정당화하기 위해 실질적 위법성이론의 기치를 들고 나온 학자들이 있었다. 예컨대 오

53) Mezger, "Die materielle Rechtswidrigkeit im kommenden Strafrecht I," ZStW, 1936, S.1-2.

늗날 나찌형법의 이론적 토대를 제공한 것으로 평가되고 있는 메츠거(Edmund Mezger)는 1935년 형법학자학술회의에서 "적법과 불법을 실질적으로 결정하는 실질적 위법성사상이 나찌의 독일국가에서의 독일국민에게 최고의 법적 가치이자 내용적으로 구체적으로 정해진 법적 가치"[54]라고 단언한다. 이어서 메츠거는 위법한 행위를 "독일 민족(국가)사회주의적 세계관에 반대하는 행위"[55]로 정의한다. 여기서 메츠거는 적법/불법을 판단하기 위한 기준으로 "국민의 건전한 생각(gesunde Volksanschauung)"을 내세우고 "모든 법의 시원적 근원이 적법과 불법에 관한 국민의 건전한 생각"[56]이라고 단언한다. 이에 따라 메츠거는 "미래의 법관에게 법률이 일응의 기준이긴 하지만 법률에서 규정하고 있는 것처럼 보이는 모든 것이 가벌적인 것도 아니라 법률의 문언이 처벌의 유일한 근거도 아니다. 미래의 어떤 법관도 국민의 건전한 생각에서 볼 때 비합리적인 결과를 정당화시키기 위해 법률의 문언을 원용할 수는 없다"[57]고 한다. 메츠거는 여기서 더 나아가 이러한 생각을 관철시키기 위해서는 유추금지도 폐기되어야 한다고까지 서슴없이 말한다. 이에 따르면 "어떤 행위에 대한 처벌법규가 명문화되어 있지 않더라도 그와 유사한 행위를 처벌하는 규정이 존재하고, 그 규정에 기초되어 있는 법사상(Rechtsgedanke)과 국민의 건전한 생각이 처벌을 요구한다면 그 규정을 적용할 수 있다"는 것이다. 더 나아가 그는 이와 같이 법률의 배후에 있는 법사상과 국민의 건전한 생각을 법률적용의 실질적인 기준으로 삼는 경우에만 "국민들 속에 살아있는 법

54) Mezger, 앞의 논문, S.8.
55) Mezger, 앞의 논문, S.9.
56) Mezger, 앞의 논문, S.4.
57) Mezger, 앞의 논문, S.4.

(das im Volke lebendige Recht)"이 실현되는 것이라고 한다.[58] 이렇게 될 때 "법률은 구성요건을 자유롭게, 적응력 있게, 그리고 의미충만하게 취급"할 수 있게 된다고 한다.[59]

이처럼 실질적 위법성이론의 프레임 속에 들어간 '국민의 건전한 생각', '법률배후의 법사상'은 범죄구성요건을 신축성 있게 해석함으로써 정의를 가장한 불법을 자행하는 도구로 기능하였다.[60]

(3) 사회상규조항의 계보학

나찌형법의 실질적 위법성이론은 다음과 같은 점에서 마키노와 김병로의 사회상규적 실질적 위법성이론과 일란성 쌍둥이라고 할 수 있다. 먼저 양자는 (법률 속으로 밀고 들어가 그 영역을 차지한) 법률 외적(혹은 초법규적)인 포괄적 기준을 적법과 불법의 기준으로 만들 수 있는 실질적 위법성이라는 공통의 외적 프레임을 가지고 있기 때문이다. 뿐만 아니라 양자는 그 프레임을 작동시키는 내적 동력을 일체의 구체성을 가지지 않은 추상적인 기준('국민일반의 건전한 생각'이나 '법률의 배후에 있는 법사상': 나찌형법, '공의 질서와 선량한 풍속': 마키노, 김병로의 사회상규)에서 구하고 있기 때문이다.

이러한 맥락에서 보면 1900년대 사회진화론을 기반으로 한 마키노의 형법이론 및 그에 기초한 일본형법개정 예비초안(1927년 예비초안 제17조[61])) 및 몰락한 청나라의 형법(1911년 공포된 대청신

58) Mezger, 앞의 논문, S.4.

59) Mezger, 앞의 논문, S.4.

60) 나아가 메츠거는 이러한 국민의 건전한 생각과 다른 생각을 하는 자를 사회공동체에 소속될 수 없는 이방인으로 취급함으로써 오늘날 적대자형법의 이론적 선구반열에 속하는 자로 평가되기도 한다(Jose Luis Gonzalez Cussac, "Feindstrafrecht," Rechtsgeschichte und Rechtsgeschehen, 2007, S. 15).

형률[62])을 모델로 삼아 사회상규조항을 입법화한 김병로의 구상은 —의식하지 못했을 가능성이 농후하지만— 나찌형법과 같은 극단적 실질적 위법성이론의 계보를 이어간 것으로 볼 수 있다. 1900년대 초 마키노의 실질적 위법성론은 1930년대 나찌형법을 정당화한 메츠거의 실질적 위법성론과 공공연히 제휴하였고, 제정형법 당시 이러한 실질적 위법성이론의 기본적 프레임이 김병로에 의해 —그가 의도했든지 의도하지 않았든지— 도입된 우리 형법의 사회상규조항에 정면으로 들어와 버렸기 때문이다. 뿐만 아니라 사회진화론적 사고와 실질적 위법성이론이 접목된 사고방식이 해방정국을 전후한 시점에서도 한국의 형법학계에서 여전히 청산되지 못한 과거였음을 보여주는 대목도 있었다. 그 단적인 예는 당시 한국 형법의 탄생에 주도적 역할을 하였던 엄상섭 국회의원이 백범 김구 선생 암살범을 —페리가 정치범을 진화적 범죄로 분류한 것을 전거로 삼아— 확신범의 일종으로 보면서 전개하고 있는 확신범의 처벌근거를 논하면서 드러낸 태도에서 엿볼 수 있다. 엄상섭은 위법성을 초법규적으로 보는 것이 당대 형법학계의 대세라는 전제하에 위법성의 본질을 '인류사회의 진화를 목표로 하고 생성・발전할 수 있는 문화규범위반'으로 보고, 확신범의 위법성이 '문화의 진화과정을 무시'한 점에 있다고 보았다.[63] 여기서 엄상섭은 마키노와 김병로와 같이 위법성의 실질을 '사회상규'로 내세우지는 않았지만, 위법성의 실질을 '인류사회의 진화과정에서 생

61) "법령 또는 정당한 업무로 인한 행위 또는 공의 질서나 선량한 풍속에 위배되지 아니하는 관습으로 인한 행위는 죄로 되지 아니한다."

62) "무릇 율례에 따르거나 혹은 정당한 업무로 인한 행위, 공공질서 및 선량한 풍속・관습에 반하지 아니하는 행위는 죄로 되지 아니한다."

63) 엄상섭, "암살범의 특질," 『효당 엄상섭 형사소소송법 논집』(신동운 편), 236면.

성·발전할 수 있는 문화규범'이라고 함으로써 실질적 위법성이론의 프레임을 여전히 이어가고 있었다. 더 나아가 엄상섭도 위법성은 초법규적인 것이므로 "성문법과의 관계를 떠나서 판단하게 된다"[64]고 판단한 점을 통해서는 마키노나 김병로와 같은 극단적 실질적 위법성이론의 계보를 정통성있게 이어가고 있는 것임을 확인할 수 있다.

특히 김병로가 마키노를 거쳐 그리고 한국 형법전의 사회상규 조항을 통해 이어간 극단적 실질적 위법성이론의 계보는 사회상규의 개념을 "국민일반의 건전한 도의적 감정,"[65] "법질서 전체의 정신이나 그 배후에 놓여 있는 사회윤리 내지 사회통념"[66] 등으로 해석하는 우리나라 대법원의 태도에서 오늘날까지도 그 연속성을 유지한 채 그대로 살아 있다.[67] 하지만 사회상규를 준거로 한 실질적 위법성이론은 형법적용을 법관의 재량에 맡기는 것이고, 이 점은 형법적용의 많은 분야에서 법적 안정성을 위태롭게 하며, 부작위범 등의 영역에서 이론과 실무로 하여금 처벌범위의 확대로 이어질 수 있다. 이하에서는 김병로 시대로부터 1세기가 지난 오늘날의 형법이론 및 위법성이론의 변화상을 스케치한 후에 한국의 형

---

64) 엄상섭, 앞의 책(신동운 편), 236면.

65) 대법원 1983.11.22, 83도2224 판결.

66) 대법원 2000.4.25, 98도2389 판결.

67) '국민일반의 건전한 도의적 도의적 감정'이란 메츠거의 '국민의 건전한 생각'과도 유사하지만 메츠거와 마찬가지로 나찌형법의 이론가로 평가받고 있는 브룬스(Hans-Juergen Bruns)가 1938년의 교수자격논문인 "Die Befreiung des Strafrechts vom zivilistischen Denken"의 결론부에서 법학적인 이론구성과 형법외적 법률적인 개념기술의 자리에 최상위의 지도원리로 제시한 '건전한 국민감정(das gesunde Volksempfinden)'이라는 개념과도 유사하다. '사회통념'이라는 용어도 마키노의 일본형법에서 직접 표현되어 있다.

사실무에서 사회상규조항의 현실기능을 간략[68]하게 살펴봄으로써 제정형법 당시의 극단적 실질적 위법성이론과의 연속성 여부 및 사회상규를 기준으로 삼는 실질적 위법성이론의 한계를 분석해 보기로 한다.

Ⅳ. 실질적 위법성이론과 사회상규조항의 적용실무: 이론과 실제

1. 오늘날의 형법이론의 발전과 위법성이론의 변화

(1) 구성요건의 비중강화

사회상규를 준거로 한 실질적 위법성이론이 최초로 등장한 1915년경이나 사회상규조항이 형법전에 편입되었던 1950년을 전후로 한 시기의 형법이론에 비하면 오늘날의 한국의 형법이론은 상당한 변화를 보이고 있다. 형법전은 그때나 지금이나 기본적으로는 달라진 것이 거의 없지만, 형법이론 및 해석론은 현격하게 변화되었다. 각칙의 범죄구성요건을 적용함에 있어 구성요건의 행위기술이 규범(평가)적 속성을 가지고 있음이 원칙적으로 인정되고 있고(규범적 구성요건요소의 인정), 고의가 주관적 구성요건요소로 파악됨에 따라(주관적 구성요건요소의 인정) 범죄를 적극적으로 구성하는 요소가 대부분 체계적으로 '구성요건'요소로 들어오게 되었다. 삼단계범죄체계론이 정립되어가던 초창기와는 달리 구성요건

68) 보다 자세한 내용은 김성돈, "한국 형법의 사회조항의 기능과 형법학의 과제," 『성균관 법학』 제24권 제4호, 2012.12 참조.

이 위법성과 구분되는 독립된 체계요소로 자라잡게 됨에 따라 과거에 비해 엄격성과 명확성에 대한 요구도 훨씬 커졌다. 반면에 위법성과 책임은 적극적으로 범죄를 근거지우는 요소를 담고 있는 체계요소가 아니라 소극적으로 범죄성립을 배제하는 사유들을 심사하는 체계요소로서의 성격이 한층 강해졌다. 물론 책임판단이 순수 규범화되어 책임개념이 내용 없는 공허한 형식적 개념으로 되어 가는 것을 막으려는 시도들도 이론적인 차원에서 전개되고 있기는 하다. 위법성의 인식을 책임의 독자적 요소로 자리매김(책임설)하거나 심정반가치적 측면을 책임고의라고 명명하면서 이를 책임요소로 위치시키는 입장(합일태적 범죄체계론)이나 책임개념의 실질적 내용을 예방목적으로 채우려는 태도(예방적 책임론 또는 기능적 책임론)가 그러한 계열에 속한다고 할 수 있다. 하지만 책임설의 입장을 취하더라도 형법 제16조의 해석상 위법성의 인식을 책임개념의 본질적 요소 내지 책임의 적극적 요소로 보지 않는 견해가 더 설득력을 얻고 있다. 형법 제16조가 위법성의 인식이 없더라도 그것만으로 책임조각을 인정하지 않고 '정당한 이유'가 인정되어야만 책임조각을 인정하고 있는바, 바로 이 때문에 '위법성의 인식'이 아니라 '정당한 이유'가 책임(비난가능성)의 본직적 요소로 파악되어야 하기 때문이다. 합일태적 범죄체계론자들이 긍정하는 책임고의 역시 범죄성립의 적극적 요소로 인정되고 있는 것도 아니다. 책임고의도 위법성조각사유의 전제사실에 대한 착오가 없는 한 존재하는 것으로 추정되는 것으로 보기 때문이다. 예방적 책임론 내지 기능적 책임론에 대해서도 —위법의 실질을 사회상규에서 찾는 실질적 위법성이론과 구조적 유사성 때문에 생기는 문제점과 한계를 가지고 있기 때문에— 실질적 책임개념의 내용인 예방목적이 처벌의 필요성을 근거로 범죄성립을 자의적 판단에 맡길

우려가 있다는 이유로 널리 거부되고 있다.

(2) **위법성판단의 적극적 기능 약화와 사회상규조항의 의의**

이와 같은 형법이론의 발전과 보조를 같이하여 오늘날 구성요건은 죄형법정주의가 꽃피었던 18세기보다 더욱 엄격하게 정형성을 유지하도록 요청받고 있다. 특히 양차대전을 거친 후 인간의 존엄에 대한 존중요구가 더욱 고양됨에 따라 죄형법정주의는 단지 형식적 측면뿐 아니라 내용적으로도 정당한 형법이 되기 위한 토대로서 더욱 중요성을 인정받게 되었다. 죄형법정주의의 형법적 의미를 보다 중요하게 다루는 태도는 실질적 위법성이론의 의미와 역할에도 대한 태도의 변화를 가져왔다. 예컨대 과거 사회상규를 중심에 두는 실질적 위법성이론은 위법성판단에 있어법익침해라는 결과반가치적 요소보다는 법의 일반목적이나 행위태양의 사회적 일탈정도 및 행위자의 주관적 태도와 관련된 행위반가치 내지 심정반가치적 요소에 보다 큰 비중을 두었다. 하지만 오늘날 위법성이론에서 결과반가치 일원론과 행위반가치 일원론의 극단적인 대립이 지양된 지 오래이다. 그 대신에 불법구조를 행위반가치와 결과반가치의 이원적 구조에서 파악하는 이른바 이원적 불법론이 정립됨에 따라 실질적 위법성판단에서도 이원적 불법론의 입장이 관철되어야 한다는 주장이 우위에 서 있다.[69]

형법이론의 발전에 따라 실질적 위법성이론의 역할에도 변화가 생기고 있다. 오늘날 실질적 위법성이론의 주된 관심사는 과거와 같이 적극적으로 위법한 행위의 속성을 찾는 일보다는 소극적

69) 이 때문에 예컨대 임웅 교수는 사회상규의 내용도 행위반가치적 측면과 결과반가치적 측면을 모두 가지고 있는 것으로 이해한다(임웅, 『형법총론』, 제4정판, 법문사, 2012, 193면).

으로 위법성을 '조각'하는 근거를 찾는 일로 바뀌어지고 있다. 오늘날 실질적 위법성개념은 이른바 실질적 범죄개념 내지 형사정책적 의미의 범죄개념과 동의어로 이해되고 있기 때문에 실질적 위법성이론은 형법해석의 영역보다는 형사입법의 영역에서 핵심적 역할을 할 것으로 기대되고 있기 때문이다.[70] 위법성심사가 소극적으로 불법을 배제하는 정당화의 원리를 찾는 문제로 집중됨에 따라 현대의 위법성이론을 '적법성이론'으로 부르고 있는 것도 이와 맥락을 같이한다. 형식적 위법성과 실질적 위법성의 구별을 과거와 다르게 이해하려는 입장[71]이나 양자의 구별을 불필요한 것으로 보는 입장[72]이 생기고 있는 것도 이와 같은 위법성이론의 발전이 반

---

70) "형식적 위법성론은 법의 해석 · 적용에는 편리한 이론이지만 입법에는 적용될 수 없는 이론이다"는 평가(오영근, 『형법총론』, 제2판, 박영사, 2009, 281면)도 이 점을 전제로 하고 있는 것 같다. 형식적 범죄개념을 취하는 이상 사회적으로 용납하거나 허용될 수 있는 사소한 행위들도 모두 일단 구성요건에 해당한다고 보아야 하고, 오히려 형법 제20조 규정을 통해 위법성을 부인함으로써 결과적으로 실질적 범죄개념과 같은 효과를 취해야 한다는 견해로는 허일태, "형법 제20조의 '사회상규에 위배되지 아니하는 행위'의 재조명," 『비교형사법연구』 제4권 제1호, 한국비교형사법학회, 2002, 21-24면. 다만 이 견해는 사회상규를 위법성조각사유의 일반원리로 보지 않는다(15-17면).

71) 특히 과거에는 위법성이론에서 구성요건에 해당하는 행위의 정당화가 실정법의 근거를 통해서만 인정되어야 한다고 보는 태도를 형식적 위법성이론이라 하고, 그 정당화를 메츠거와 같이 우월적 이익의 원칙이나 이익흠결의 원칙, 또는 리스트/쉬미트와 같이 정당한 목적을 위한 상당한 수단의 원칙 등과 같은 법외적인 관점을 동원하여 근거지우는 태도를 실질적 위법성이론이라고 불렀다. 하지만 예컨대 Baumann/Weber, AT, S. 256에 의하면 형식적 위법성은 구성요건충족과 동일시되고 있고, 구성요건에 해당하는 행위가 위법성조각사유에 해당하지 않을 경우 그 구성요건에 해당하는 행위를 실질적으로 위법하다고 한다. 우리나라에서는 일반적으로 구성요건에 해당하는 행위가 위법성조각사유에 해당하지 않을 경우 이를 실질적 위법, 즉 형법상의 불법이 인정된다고 한다.

영된 결과라고 할 수 있다. 이러한 관점에서 보면 사회상규조항도 그 조항속의 사회상규가 종래 발휘하였던 핵심적 기능, 즉 적법과 위법을 구별하는 실질적 기준을 제공하려는 적극적 기능을 발휘하려고 해서는 안될 것처럼 보인다. 다시 말해 사회상규조항을 과거 백여 년 전의 형법학에서와 같이 적극적으로 위법의 실질로 활용함과 동시에 구성요건요소를 규범적으로 재해석하여 구성요건을 확대하는 일에 동원해서는 안될 것으로 보인다.

하지만 형법학계에서 사회상규조항을 둘러싸고 전개되고 있는 해석론을 보면 위와 같은 형법이론분야의 발전상이 충분히 반영되고 있지 못하다. 사회상규조항이 극단적으로 포괄적・추상적인 개념내용을 가지고 있어 법관의 자의적 판단을 초래할 역기능을 발휘할 가능성을 우려하는 입장[73]보다는 사회상규조항의 순기능적인 측면에 초점을 맞추고 있을 뿐 아니라 이 조항이 발휘할 수 있는 다양한 기능적 측면을 고려하여 이 조항의 입지를 축소하는 일에 신경을 쓰지 않는 입장[74]이 여전히 다수를 점하고 있기 때문이다.

---

72) LK(Hirsch) Vorbem. 13 vor §32; Schönke/Schröder/Lenckner, Vorbem. 52 vor 13; Bockelman/Volk, AT, S.87f.

73) 예컨대, 김봉수, "위법성조각사유의 체계 및 경합에 관한 연구 —특히 '정당행위'와 '피해자의 승낙'의 경합에서 나타나는 '사회상규'의 기능적 모순을 중심으로—," 『비교형사법연구』 제10권 제2호, 한국비교형사법학회, 2008, 52면 이하. 김영환, "형법 제20조의 정당행위에 관한 비판적 고찰," 『김종원교수화갑기념논문집』, 1991, 142면; 오영근, 『형법총론』 제2판, 박영사, 2009, 282면; 전지연, "안락사에 대한 형법적 고찰," 『한림법학 Forum』 제4권, 한림대학교 법학연구소, 1994/95, 147면; 천진호, "사회상규에 위배되지 아니하는 행위에 대한 비판적 고찰," 『비교형사법연구』 제3권 제2호, 2001, 157-158면.

74) 예컨대, 윤상민, "가벌적 위법성론의 재음미," 『법학연구』 제32집, 한국법학회, 2008, 312-313면; 이덕인, "형법민주화의 상징으로서 형법 제20조의 사회상규," 『경남법학』 제21집, 경남대학교 법학연구소, 2006, 169면; 이

2. 실무상의 현실 기능과 제정형법과의 연속성

(1) 사회상규조항 및 사회상규 개념의 현실기능

실제로 형법이 적용되는 실무영역에서 사회상규조항이 적용되고 있는 면면을 보더라도 사회상규조항의 입지가 약화되었거나 축소될 기미는 전혀 엿보이지 않는다.[75] 대법원이 많은 판시내용에서 정당방위나 긴급피난, 피해자의 승낙 등 다른 위법성조각사유를 해석・적용함에 있어 위법성조각이 아니라 위법성긍정이라는 결론을 내리는 일에 사회상규를 적극적으로 활용하고 있기 때문이다. 특히 대법원은 피해자의 승낙이라는 위법성조각사유가 적용하기 위해서는 피해자의 승낙이나 승낙에 기한 행위가 사회상규에 위배되지 않아야 한다는 제한요건을 추가함으로써 사회상규를 피해자의 승낙의 범위를 제한하는 직접적 기제로 활용하고 있다.[76] 뿐만 아니라 정당방위나 긴급피난 등의 경우에는 사회상규를 '사회통념' 또는 '사회윤리'라는 이름으로 바꾸어 '상당한 이유'의 해석기준으로서 동원하여 결론적으로 위법성을 조각시키는 범

상용, "형법 제20조의 사회상규 규정의 입법연혁과 사회상규의 의미," 『형사법연구』 제20호, 한국형사법학회 2003, 184-185면; 이형국, "형법상 위법성관련조문과 그 체계적 정비방안," 한국형사정책연구원 2006, 40면; 허일태, "형법 제20조의 사회상규에 위배되지 아니하는 행위의 재조명," 『비교형사법연구』 제4권 제1호, 한국비교형사법학회, 2002, 6-10면.

75) 이에 관해서는 필자의 "한국 형법의 사회상규조항의 기능과 형법학의 과제,"(근간) 참조.

76) 대법원 1985.12.10, 85도1892("형법 제24조의 규정에 의하여 위법성이 조각되는 소위 피해자의 승낙은 해석상 개인적 법익을 훼손하는 경우에 법률상 이를 처분할 수 있는 사람의 승낙을 말할 뿐만 아니라 그 승낙이 윤리적, 도덕적으로 사회상규에 반하는 것이 아니어야 한다고 풀이하여야 할 것이다").

위를 제한하는 근거로 활용하고 있다.[77)]

뿐만 아니라 대법원은 사회상규조항의 적용에서 나찌형법이론가들이 사용하였던 '국민의 건전한 생각', '법질서배후의 법사상', '국민의 건전한 감정' 등을 연상하게 하는 개념 내지 기준들을 여전히 사용하고 있다. 예컨대 대법원은 제정형법 직후인 1956년 판시에서 사회상규 개념에 관한 최초의 내려 이를 '국민일반의 건전한 도의감'[78)]으로 표현하였고, 그 이후로도 '사회상규에 위배되지 아니하는 행위'를 '사회 통념상 용인될 상당성이 있는 이른바 위법성이 결여된 행위',[79)] '국가질서의 존중을 바탕으로 한 국민일반의 도의적 감정에 반하지 아니하는 행위'[80)] 또는 '법질서의 전체의 정신이나 그 배후에 놓여 있는 사회윤리 내지 사회통념에 비추어 용인되는 행위'[81)]라고 판시하고 있는 것이다. 뿐만 아니라 대법원은 사법의 영역과 공법의 영역의 법률목적을 일치시킨다는 차원에서의 자유법운동을 연상시키며 민법의 가치판단의 기준인 '선량한 풍속', '신의성실' 또는 '조리' 등을 사회상규 개념내용으로 직접 가져옴으로써 형법의 자유보장적 과제를 위태롭게 하고 있다.

더 나아가 대법원은 사회상규를 예컨대 공연음란죄 등의 경우

77) 대법원 2001.5.15, 2001도1089 판결("이혼소송중인 남편이 찾아와 가위로 폭행하고 변태적 성행위를 강요하는 데에 격분하여 처가 칼로 남편의 복부를 찔러 사망에 이르게 한 경우, 그 행위는 방위행위로서의 한도를 넘어선 것으로 사회통념상 용인될 수 없다는 이유로 정당방위나 과잉방위에 해당하지 않는다고 본 사례"). 형법해석론에서는 정당방위의 상당한 이유와 관련하여 '사회윤리적 제한'이라는 이름으로 정당방위의 성립범위를 제한하는 해석론을 전개하고 있다.

78) 대법원 1956.4.6, 4289형상42.

79) 대법원 1969.12.30, 69도996.

80) 대법원 1983.11.23, 83도2224.

81) 대법원 1997.11.14, 97도2118.

'음란'이라는 구성요건요소의 해석,[82] 배임수증재죄와 같은 구성요건에서는 '부정한 청탁'이라는 구성요건의 요소의 해석에도 직접 기준[83]으로 등장시키고 있고, 수뢰죄 등의 구성요건요소인 '뇌물' 개념의 해석과 관련하여서도 '직무관련성' 여부의 판단기준[84]으로 동원하여 뇌물성 인정여부에 영향을 미치고 있다. 이러한 대법원의 태도는 한국의 형사실무가 여전히 구성요건과 위법성이 독자적

---

82) 대법원 1995.6.16, 94도1758; 대법원 2002.8.28., 2002도2889등["(중략) 그 시대의 건전한 사회통념에 비추어 그것이 공연히 성욕을 흥분 또는 자극시키고 또한 보통인의 정상적인 성적 수치심을 해하고 선량한 성적 도의관념에 반하는 것이라고 할 수 있는가의 여부를 결정하여야 한다"].

83) 대법원 2005.6.9, 2005도1732("재건축조합의 조합장과 시공회사의 대표이사 사이에 부정한 청탁이 명시적으로 있었음을 인정할 명백한 증거는 없으나, 재건축공사의 진행 및 정산에 있어서 시공회사에게 유리한 쪽으로 편의를 보아 달라는 취지의 묵시적인 청탁은 있었다고 추인함이 상당하고, 이는 사회상규 및 신의성실의 원칙에 반하는 부정한 청탁에 해당하므로 위 대표이사가 위 조합장에게 무상으로 재건축공사장의 식당을 운용하도록 한 것이 배임증재죄에 해당한다"). 같은 취지의 판례: 대법원 2011.9.29, 2011도4397 등.

84) 예컨대 대법원은 공무원이 상대방으로부터 받은 선물도 수뢰죄의 뇌물에 해당하여 구성요건에 해당하지만 사회상규상 의례적 대가이거나 친분관계로 인한 교분의 대가인 경우에는 위법성이 조각된다고 판시하기보다는 '사회상규에 비추어' 의례적 대가이거나 친분관계가 있어서 교분상의 대가인 경우에는 '직무관련성'을 부정하여 처음부터 뇌물성을 부정하는 결론을 내릴 수 있다는 태도를 취하고 있다. "공무원이 그 직무의 대상이 되는 사람으로부터 금품 기타 이익을 받은 때에는 그것이 그 사람이 종전에 공무원으로부터 접대 또는 수수받은 것을 갚는 것으로서 사회상규에 비추어 볼 때에 의례상의 대가에 불과한 것이라고 여겨지거나, 개인적인 친분관계가 있어서 교분상의 필요에 의한 것이라고 명백하게 인정할 수 있는 경우 등 특별한 사정이 없는 한 직무와의 관련성이 없는 것으로 볼 수 없고, 공무원의 직무와 관련하여 금품을 수수하였다면 비록 사교적 의례의 형식을 빌어 금품을 주고 받았다 하더라도 그 수수한 금품은 뇌물이 된다"(대법원 2000.1.21, 99도4940).

인 기준을 가진 독립된 체계요소로 인정하지 않고 양자의 경계를 모호하게 긋고 있음을 보여주고 있다.

대법원이 사회상규조항을 적용함에 있어 그 기준을 이원적으로 활용함으로써 이중 잣대의 의심을 불러일으키는 경우도 있다. 즉 사회상규를 '사회통념'이나 '사회윤리' 또는 '건전한 도의적 감정' 등 고도의 추상적인 언어로 번역하여 위법성조각을 '긍정'하는 데 동원[85]하다가도, 갑자기 어떤 사건에서는 그 기준을 매우 엄격한 세목화된 기준으로 바꾸어 위법성조각을 '부정'하는 결론을 내리는 데 사용[86]하고 있다. 사회상규조항의 적용과 관련하여 재량권을 교묘하게 은폐시키고 있는 이와 같은 이중장치의 근본적인 문제점은 구체적인 사례에서 어느 기준을 사용할 것인지에 대한 상위기준(규칙의 규칙)은 제시하고 있지 않다는 점에 있다. 하지만 보다 큰 문제점은 다섯가지 세부기준이 정당방위나 긴급피난 등 다른 위법성조각사유를 제한하기 위한 기준들(목적의 정당성, 수단의 사회적

85) 예컨대 대법원 2009.12.24, 2007도6243 판결을 들 수 있다. 이에 의하면 회사의 이익을 빼돌린다는 소문을 확인할 목적으로 피해자가 사용하면서 비밀번호를 설정하여 비밀장치를 한 전자기록인 개인용 컴퓨터의 하드디스크를 검색한 행위에 대해 '사회통념상 허용될 수 있는 상당성이 있는 행위'임을 인정하였다.

86) 예컨대 대법원 2011.3.17, 2006도8839 전원합의체 판결을 들 수 있다. 대법원은 사익과 공익을 비교형량함에 있어 사익에 비해 공익에 우위를 두는 결론을 내린 경향성을 가지고 있었다. 하지만 일명 삼성X파일로 불리워지는 이 사건에서 대법원은 이례적으로 불법 감청 · 녹음 등에 관여하지 아니한 언론기관이, 그 통신 또는 대화의 내용이 불법 감청 · 녹음 등에 의하여 수집된 것이라는 사정을 알면서도 이를 보도하여 공개하는 행위에 대해 위 다섯가지 기준을 적용하면서 '대기업 고위관계자와 모 중앙일간지 사주 간의 사적 대화라는 통신의 비밀의 자유'가 '보도를 통하여 공개되는 통신비밀의 내용이 중대한 공공의 이익과 관련되어 공중의 정당한 관심과 여론의 형성을 요구할 만한 중요성'보다 우위에 있음을 인정하여 위법성이 조각되지 않는다는 결론을 내렸다.

상당성, 보충성, 긴급성, 균형성)의 총합으로 이루어져 있다는 점에 있다.[87] 이 때문에 대법원이 이 다섯 가지 기준을 들고 나올 때에는 위법성조각의 결론을 미리 염두에 두고 그 결론을 정당화하기 위한 수단으로 사회상규를 내세우는 것이라는 의심의 눈길을 보내지 않을 수 없다. 예컨대 균형성이나 보충성 요건의 결격을 이유로 긴급피난이 부정되는 행위가 보충적 위법성조각사유로 기능하는 사회상규에 위배되지 않는 행위인가를 판단하기 위해 다시 균형성이나 보충성요건을 심사하는 일이 무의미한 일이기 때문이다.

대법원이 사회상규를 도구적 수단으로 활용하고 있음은 위와 같은 기준조작의 경우에 그치지 않고 사회상규조항의 위상 그 자체를 백팔십도 다르게 이해하는 경우에서도 나타난다. 대법원이 위법성조각을 긍정해야 할 경우에는 사회상규조항이 '초법규적' 위법성조각사유이며,[88] 사회통념이나 사회윤리를 '법질서 전체의 정신이나 그 배후에 놓여 있는' 것임을 강조한다. 하지만 과거 인혁당재건위사건에서와 같이 위법성조각을 부정하고자 할 경우에는 정반대로 사회상규조항의 초법규성을 정면으로 부인한다. 즉 대법원은 "위법성조각사유는 실정법질서 내에서만 허용되는 것으로 여기서 일탈하는 행위는 위법성조각사유가 될 수 없(다)"고 단언한 것이다. 뿐만 아니라 같은 사건에서 대법원은 저항권이론의 주장을 배척하면서 저항권이 "실존하는 실정법적 질서를 무시한 초실

87) 박지현, "군사독재시대의 형법학의 자취 — 형법학의 정치학," 『법학논총』 제32권 제1호, 전남대학교 법학연구소, 2012, 261-262면.

88) 대법원 1983.11.22, 83도2224["사회상규에 반하지 아니하는 행위는 이를 처벌하지 아니하는 것인바, 소위 사회상규에 반하지 아니한 행위라 함은 국가질서의 존중이라는 인식을 바탕으로 한 국민일반의 건전한 도의적 감정에 반하지 아니한 행위로써 초법규적인 기준에 의하여 이를 평가할 것(이다)"].

정법적 자연법질서 내에서의 권리주장이며 이러한 전제하에서의 권리로써 실존적 법질서를 무시한 행위를 정당화하려는 것으로 해석되는바, (중략) 초법규적인 권리개념으로써 현행실정법에 위배되는 행위의 정당화를 주장하는 것은 그 자체만으로서도 이를 받아들일 수 없는 것이(다)"는 논리를 전개[89]하고 있는 것이다.

형법전에는 사회상규조항이 체계적으로 위법성조각사유의 하나로 자리매김되어 있지만 대법원은 위법성조각사유의 울타리를 넘어선 영역에서도 사회상규개념을 활용한다. 사회상규를 부작위범의 작위의무의 발생근거로 인정하여 부진정부작위범의 행위주체인 보증인적 지위의 범위를 확대함으로써 보증인적 지위를 개방적 구성요건요소로 만들고 있음이 그 전형적인 예이다.[90] 뿐만 아니라 대법원은 위법성의 인식의 범위확장에도 사회상규개념을 동원하여 비난가능성의 영역인 책임에서도 사회상규의 적극적 역할을 인정한다. 대법원이 "범죄의 성립에 있어서 위법성의 인식은 그 범죄사실이 사회정의와 조리에 어긋난다는 것을 인식하는 것으로 족하다"[91]고 함으로써 위법성의 인식의 범위를 확장하는 기준으

89) 대법원 1975.4.8, 74도3323.

90) 허용되는 규범적 구성요건요소와 거부되어야 할 개방적 구성요건요소는 구별되어야 한다. 규범적 구성요건요소란 개별화될 사태를 전제로 삼고 있으면서도 동시에 일반적인 가치판단의 영역으로 들어와 규범적인 내용을 포함하게 된 요소를 말한다. 이 때문에 규범적 구성요건요소는 위법성이 실제로 구성요건으로 편입되는 요소를 말한다. 하지만 개방적 구성요건요소란 구성요건의 흠결을 구성요건의 외부에 존재하는 적극적 위법성요소를 통해 보충이 이루어지는 요소를 말한다. 이러한 의미에서 보면 부작위범의 작위의무의 발생근거를 사회상규나 조리에 확장시킴으로써 보증인적 지위의 인정범위가 넓어지는 것은 규범적 구성요건요소를 인정하는 것이 아니라 개방적 구성요건요소를 인정하는 것이다. 작위의무의 확대를 위해 구성요건 외부에 있는 위법성요소를 구성요건으로 끌어넣은 경우에 해당하기 때문이다.

로 사회상규를 가져오고 있기 때문이다. 이와 같이 사회상규나 조리에 반한다는 인식을 한 경우조차 위법성의 인식을 긍정하게 되면 행위자가 위법성의 인식의 결여를 이유로 하여 형법 제16조의 법률의 착오(위법성의 착오)를 주장할 수 있는 여지가 제한되고, 그 결과 책임이 조각될 수 있는 가능성이 축소되는 것이다.[92] 더 나아가 대법원은 사회상규조항을 통해 어떤 행위의 적법/불법여부에 대한 법률적 판단과정에서 처벌할 필요성이라는 형사정책적 고려도 반영하고 있다. 이 점은 대법원이 사회상규에 위배되지 아니하는 행위를 판단하기 위해 제시하고 있는 기준에서도 이미 드러나 있다. 즉 종래 책임비난의 영역에서 형벌목적적 관점이 들어올 수 있는지가 '책임과 예방의 관계'를 둘러싼 논쟁을 가져왔지만, 한국의 대법원은 책임영역보다 체계론적으로 앞선 단계인 위법성영역에서도 형벌목적론적 고려를 할 수 있을 여지를 드러내 보여주고 있는 것이다.

(2) 제정형법의 사회상규조항과의 연속성

한국의 형사실무에서 사회상규조항과 사회상규 개념이 현실적으로 기능하고 있는 면면들을 보면 백여 년 전의 사회상규 준거적 실질적 위법성이론이 그대로 적용되고 있는 듯한 착각을 불러일으킨다. 사회상규가 위법성을 조각시키는 '소극적'인 기준으로 활용되는 데 그치는 것이 아니라 위법성을 긍정하는 '적극적'인 기

91) 대법원 1987.3.24, 86도2673.

92) 이와 같이 대법원이 사회상규 개념을 통해 책임비난의 가능성을 확대시키는 태도는 결과적으로 형법적 비난의 범위를 도덕적 비난에 근접해 가도록 할 뿐 아니라 불법과 책임의 경계를 흐리게 하여 형법을 언제든지 심정형법으로 변질시킬 수도 있다는 점에 관해서는 후술한다.

준 또는 구성요건의 해석기준으로도 동원되고 있으며, 위법성의 영역을 넘어 구성요건이나 책임의 영역 또는 심지어 처벌의 필요성여부를 뒷받침하는 근거로 활용되고 있기 때문이다. 사회상규가 오늘날의 대법원판결에서 마치 '약방의 감초'처럼 전방위적으로 활용되고 있는 모습을 보는 것은 이미 백여 년 전의 극단적 실질적 위법성이론가들의 머릿속을 들여다 보고 있는 듯하다. 이러한 점을 염두에 두면 오늘날의 한국의 형사실무가 백여 년 전의 실질적 위법성이론과 연속성을 가지고 있음을 부정하기는 어려운 것 같다.

다른 한편 오늘날 실무상 활용되고 있는 사회상규개념의 적극적 쓰임새를 보면 사회상규가 실질적 위법성이론의 틀 속에서 백여 년 전의 사회진화론의 사상에 의해 영양분을 공급받아 법치국가의 파괴라는 변종열매를 낳게 될 가능성도 배제하기 어렵다. 일류주의, 성장제일주의, 사회전체의 이익, 공동체의 발전 등과 같은 변형된 형태의 사회진화사상이 여전히 우리 사회가 표방하는 가치로 득세하고 있기 때문이다. 이러한 이익들과 가치들을 가지고 사회상규를 충전시키게 되면, 전체 국민경제의 성장이라는 이익, 사회전체의 안전과 질서의 유지라는 목표 등 사회의 발전을 위한 공동체의 다양한 가치들을 사회상규라는 플랫폼을 거쳐 개인을 희생시키거나 면죄부를 주는 일로 나아가는 일이 가능하게 된다. 이러한 일들이 사회통념상 허용되는 일이 되고, 국민일반의 건전한 도의감에 합치되는 일이라는 레토릭으로 미화할 수단을 사회상규가 제공해 줄 수 있기 때문이다.[93)]

자유법론에 기초한 형법해석론의 토대 위에서 사회상규를 기

---

93) 오늘날의 형사실무가 사회상규조항 또는 사회상규개념을 이러한 일에 도구적 수단으로 활용하고 있는지에 대한 보다 근본적이고 철저한 분석이 필요하다.

준으로 삼는 마키노의 실질적 위법성이론이 당시에도 치안법규의 구성요건에 대한 무제한의 폭넓은 해석을 허용하는 결과를 초래할 것이라는 비판을 받았다.[94] 이러한 비판에 맞서 마키노는 18세기 프랑스 혁명이후 백 년이 지난 당시 인권보장의 과제가 약화될 우려는 더 이상 근거가 없다고 강변하였다. 하지만 그로부터 백여 년이 지난 오늘날에도 그러한 우려가 사라졌거나 약화되었다고 자신있게 말할 수 있는 자는 여전히 없을 것이다.[95]

3. 사회상규조항의 역기능과 실질적 위법성이론의 한계

(1) 죄형법정주의와 법적 안정성의 후퇴

사회상규라는 추상적인 개념이 그 개념보다 더 추상적인 개념으로 포장되어 불법을 근거지우거나 배제하기 위한 실질적 기준으로 활용되는 것을 허용하는 형법이 치러야 할 대가는 형법의 법치국가원칙의 침식이다. 오늘날 정치적으로 자유주의와 민주주의의 이념을 토대로 한 헌법모델인 법치국가라는 원리가 형법에서 구체화된 죄형법정주의 원칙은 '법률'에 의한 자유의 보장을 최종목적으로 삼고, 이로써 법적 안정성이라는 법이념을 실현하고자 한다. 하지만 겉으로는 죄형법정주의를 지향점으로 삼고 있으면서도 적법/불법판단을 유동성과 무정형성으로 대표되는 사회상규라는 기

94) 中山硏一, 앞의 논문, 243면 각주 2 참조.

95) 우리 형법에서의 입법의도를 살펴볼 때 대법원이 "사회상규에 위배되지 아니하는 행위를 인정하는 태도는 오히려 지나칠 정도로 신중하다고 할 수 있고, 따라서 사회상규 규정의 남용의 우려는 현실적이지 않다고 생각된다"고 보면서 남용의 우려를 일축하고 있는 견해로는 이상용, "형법 제20조의 사회상규 규정의 입법연혁과 사회상규의 의의,"『형사법연구』제20호, 한국형사법학회, 2003, 182면.

준을 통해 '법관'이 결정하도록 한다면, 결국 죄형법정주의의 의미는 퇴색되고, 법적 안정성이라는 이념은 크게 후퇴하게 될 것이다.[96] 사회상규나 조리를 기준으로 삼아 법적인 작위 의무를 만들어내면 형법상의 부작위범의 주체가 개방되어 죄형법정주의는 포기되는 것과 다름없게 된다. 뿐만 아니라 사회상규 개념 그 자체가 가지고 있는 불확정성 내지 추상성 때문에 그 판단과정에서 개념 자체가 가지고 있는 유동성과 판단주체가 가진 자의성이 복합작용을 일으켜 적법/불법판단에서 예측가능성을 담보할 수 없게 된다. 사회상규가 적법성인정의 논거로 사용할 수도 있고 불법성인정의 논거로 사용할 수 있는 이중성을 가질 때, 이러한 이중적 잣대가 다른 견해나 반대견해를 적대자로 몰아가는 일에 활용되는 예를 우리는 역사적으로 수없이 경험해 왔다. 이와 같이 사회상규의 개념적 특성이 만들어내는 도구적 속성은 정치권력이나 경제권력이 가진 경제적 이익이나 권력욕 또는 체제의 안정이라는 기득권 등이 사회상규의 이름으로 포장시키는 것을 용이하게 하기도 한다. 문제는 이와 같은 사회상규를 준거로 하는 실질적 위법성이론의 프레임은 오늘날 형법이론에서 매우 오랫동안 뿌리내려왔고 나름대로 정교하게 이론화되어 있기 때문에 그 판단이 어느 정도로 유동적인지, 그로 인해 법적 안정성이라는 가치가 얼마나 훼손되고 있는지에 대해 거의 체감하지 못할 정도가 되어 있다는 점에 있다.

(2) 형법의 도덕화 및 심정형법화

오늘날 사회상규를 기준으로 삼는 실질적 위법성이론이 과거

---

96) 실질적 위법성의 관념에 따라 위법성조각사유를 형성하거나 한계를 설정하게 될 때 법적 안정성이 위태로워질 수 있음을 인정하는 입장으로는 LK(Hirsch), Vorbem. 34 vor §34.

와 같이 특정 이념과 이데올로기의 수단으로 직접 등장하기는 어렵다. 하지만 실질적 위법성이론의 중핵인 사회상규가 형법 전반을 사회윤리적으로 물들이게 되어 형법과 도덕의 경계선을 무너뜨릴 가능성은 여전히 배제하기 어렵다. 이와 같은 가능성의 일단은 19세기 말에서 20세기 초의 일단의 실질적 위법성론의 주장자들이 법질서와 도덕질서가 본래 단일한 것이라고 확신하고 있었던 점에서 발견될 수 있다. 이러한 확신을 공유한 제정형법의 입법자는 형법전에 사회상규조항을 편입시키면서 사회상규조항이 초법규적 규범을 실정법화한 것임을 인정하고 어떤 행위의 사회상규에의 위배여부를 —민법에서 선량한 풍속 기타 사회질서에의 위반여부를 판단하는 것과 같은 맥락에서— 법관의 보충적 가치판단을 필요로 하도록 만들었다. 이러한 사고에 따르면 법은 도덕질서의 한 부분으로 언제든지 거꾸로 사회상규(내지 선량한 풍속)에 구속되어야 한다는 점을 인정하게 된다. 이 점을 인정한다면 어떤 행위의 가벌성을 최종 결정하는 것은 법률이 아니라 사회상규(내지 선량한 풍속)의 형식을 가진 도덕임을 자인하는 결과가 된다.[97] 이

97) 독일 형법 제228조는 신체상해의 경우 피해자의 승낙이 있어도 그 행위가 선량한 풍속에 위반되는 경우에는 위법한 행위가 된다고 함으로써 형법과 도덕이 결부되어 있다. 이와 같이 독일에서는 상해죄의 경우에만 국한되어 있음에도 불구하고 이에 대해 형법 속으로 도덕이 과도하게 개입하여 들어온 것이라는 비판(예컨대 Kargl, JZ 2002, S.399)이 강하다. 하지만 한국형법은 사회상규조항 때문에 형법과 도덕이 결합될 가능성이 형법영역 전반에 걸쳐 일어날 수 있다. 예컨대, 사회상규조항과의 일정한 관련성을 가진 영역에서 발견되는 형법과 도덕의 결합현상의 예로는 사회윤리적 제한, 긴급피난행위의 사회윤리적 적합성, 피해자의 승낙의 반상규성요구 등을 들 수 있지만, 사회상규조항과 직접 관련성이 없는 영역에서는 (사회윤리적) 비난가능성을 통해 행위불법을 긍정하는 경향성이 짙은 배임죄 또는 사기죄의 경우를 들 수 있다. 뿐만 아니라 형벌이론분야에서는 국가형벌권에 대한 법적 근거를 사회윤리적 비난성에서 찾는 태도에도 형법과 도덕과의

와 같이 형법이 사회윤리적 논거를 통해 도덕과 관계맺음을 유지하고 있는 것은 형법이 형법 자체만으로는 충분하지 못하여 도덕(내지 사회윤리)을 통해 안전장치를 해두고 있는 태도이다. 이와 같이 형법의 도덕의존성을 드러내고 있는 태도는 형법의 합리화요청을 거스르는 태도와 다를 바 없다.

다른 한편 자유보장에 기초를 둔 형법이 체계내적인 근거지음을 임의로 뛰어넘어 사회윤리적 평가기준의 도움을 받게 되면 불법의 주관화 내지 의사형법화로 귀결될 수도 있다. 도덕적 평가의 초점은 외부적 결과나 법익의 침해 또는 그 위태화에 맞추어지는 것이 아니라 행위자의 비난받을 만한 의사나 심정에 맞추어질 수 밖에 없기 때문이다. 이와 같이 불법의 실체를 도덕(윤리)적으로 채색된 부분으로 옮기는 태도를 끝까지 밀고 가면 위법성과 (도덕적) 의무, 불법과 책임, 정당화사유와 면책사유의 구별을 어렵게 하는 결과를 초래할 수도 있다. 사회상규를 기준으로 하는 실질적 위법성이론이 극단적으로 관철되어 불법의 주관화 내지 형법의 심정형법화를 초래할 수 있음은 마키노의 주관주의 형법이론이나 나찌형법이론에서 그 전형을 보았다. 오늘날 대법원이 사회상규위반 여부를 판단할 때 '위법하지 않다는 인식' '그 처벌이 무가치할 뿐

직접적 관련성이 깊게 뿌리내려져 있으며, 형법 제2조 제1항의 해석 내지 한시법의 추급효 인정여부를 판단하는 기준을 당해 행위를 처벌하는 데에 대한 '사회윤리적 차원의 변화'여부를 기준으로 삼는 견해(이재상, 『형법총론』, 제7판, 2011, §3/10)는 범죄개념을 사회윤리적 평가에의 종속성을 정면으로 인정하는 태도라고 할 수 있다. 동산의 이중매매에 대한 배임죄의 성립을 긍정하는 대법원 전원합의체 판결(대법원 2011.1.20, 2008도10479) 가운데 반대견해("상대방의 재산 취득 혹은 보전에 지장을 초래하는 행위는 상대방의 정당한 신뢰를 저버리는 것으로 비난가능성이 매우 높은 전형적인 임무위배행위에 해당한다")의 논리에도 형법과 도덕의 결합이 읽혀진다.

아니라 (처벌이) 사회정의에 배반된다는 생각' 등과 같이 주관적 성격을 가진 기준을 동원할 뿐 아니라 사회상규와 동의어로 사용하고 있는 '국민일반의 도의적 감정' 또는 '사회윤리 내지 사회통념'이라는 표현에서도 결국 집단의 도덕적 관점을 행위평가의 잣대로 삼으려는 태도가 은연중에 들어가 있다. 대법원이 사회상규조항을 적용함에 있어 '사회관념상 비난의 대상이 될 만큼 사회상규를 벗어난 것이라고 할 수 없는 정당행위'라는 표현을 사용하고 있음[98]도 비난의 요소를 위법성판단에 가져오려는 태도의 일면이 엿보인다. 하지만 개인의 외적 자유의 침해가 문제되지 않는 사례의 경우에도 사회윤리적인 차원에서(미풍양속) 혹은 공익을 위한다는 목적(공의 질서)을 기준으로 삼아 비난가능성여부를 판단하고 이를 기초로 다시 적법/불법판단을 한다면 자유권에 기초한 형법체계의 근본과 상충하는 결과를 초래하게 될 가능성을 배제할 수 없다.

Ⅴ. 사회상규조항의 입법적 의의에 대한 평가

1. 입법방법론적 의미평가

이와 같은 왜곡된 모습을 가져올 가능성을 내장하고 있는 한국형법의 사회상규조항은 실질적 위법성이론의 한계점을 충분히 고려하지 못한 입법태도라고 하지 않을 수 없다. 주지하다시피 실질적 위법성이론은 내용적으로 무엇이 범죄인가의 문제뿐 아니라

98) 대법원 1976.4.27, 75도115.

결국 적법과 불법을 구별하는 내용적으로 '정당한 법'이 무엇인가의 물음에 대한 답을 추구하는 이론이다. 고대 이래 수많은 법철학자들이 이 물음에 대한 답을 찾으려고 하였지만 이 물음은 여전히 현재 진행형이다. 법학방법론적인 관점에서 보면 사회상규를 중심부에 두는 실질적 위법성이론이나 그것을 구체화한 한국형법의 사회상규조항은 극단적 자연법적 방법론에 입각한 태도라고 볼 수 있다. 적법과 위법을 가르는 정당한 법의 내용을 사회상규라고 적극적으로 선언함으로써 '실질적 정의'를 위해 '법적 안정성'을 포기하는 방식을 취하고 있기 때문이다. 다른 한편 실질적 위법성이론을 토대로 삼으면서 사회상규와 같은 초법규적인 내용을 해석론상 위법/적법의 구별기준으로 삼는 태도는 법실증주의적 방법론에 입각한 태도로 볼 수도 있다. 앞에서 살펴본 바와 같이 나찌형법이론가들은 법의 원천이 형식적 의미의 법률만이 아니라 실질적 정의에 있는 것이고 그에 따라 법관이 자의적으로 판단할 수 있다고 함으로써 결국은 실질적 의미의 법실증주의적 방법론을 고수하였다. 하지만 이러한 태도 역시 법적 안정성에 비해 실질적 정의를 우위에 두는 점은 극단적 자연법적 방법론과 다를 바 없다.

한국의 입법자들은 실질적 정의의 기준인 사회상규를 실정법속에 법규화시킴으로써 극단적 법실증주의적 방법론을 취한 것으로 볼 수 있다. 적법과 위법을 구별하는 척도로 사회상규와 같은 추상적이고 불확정적 기준을 내세우는 태도는 나찌이론가들조차도 이론적인 차원에서만 이를 전개함에 그쳤기 때문이다. 이와 같이 사회상규조항에 나타난 극단적 법실증주의적 방법론 역시 극단적 자연법적 방법론이나 실질적 의미의 법실증주의적 방법론과 마찬가지로 법적 안정성보다 실질적 정의를 우위에 두게 된다. 사회상규를 명문의 규정으로 만들면서, 그 개념 속에 있는 초법규적인 내용까지 법률 속에 심어 넣고 있기 때문이다.

이와 같이 양극단에 서 있는 두 가지 방법론으로 설명 가능한 한국형법의 사회상규조항은 잘못 설계된 모델이라고 하지 않을 수 없다. 실질적 정의를 추구하는 대신 법적 안정성의 포기를 그 대가로 치러야 하기 때문이다. 하지만 국가형벌권의 정당성의 법적 근거로서의 본질을 가진 형법은 법적 안정성의 요청과 실질적 정의의 요청 간에 타협을 추구하는 절충적 모델로 재설계하는 것이 바람직하다.[99] 절충모델은 기본적으로 정상적인 상황에서는 비록 정의롭지 못하더라도 —법적 안정성을 위하여— 실정법의 타당성을 인정한다. 이러한 출발점에서 보면 어떤 행위에 대한 형법적 평가에서 무엇이 실질적으로 정의(즉, 적법)인지를 적극적으로 결정내리기보다는 원칙적으로 현실을 기초로 한 '명백한 부정의'만을 결정내리는 데 그치는 것이 바람직하다. 이 때문에 '정의'에 대한 정의를 실질적으로 개념정의하려는 방법의 일환으로 '사회상규'라는 기준을 형법전에 유지하는 태도를 포기하지 않으면 안될 것으로 보인다. 적법/불법여부를 판단함으로써 실질적 정의를 찾아내는 기준으로서 사회상규를 형법전에 명문화하여 두는 방법은 적극적으로 '정의'가 무엇인지를 결정하려는 잘못된 방법이기 때문이다. 입법론적 해결방안이 관철되기 전 단계에서는 해석론을 통해서라도 사회상규조항의 적용범위를 최소화하여 개별 단위 위법성조각사유로만 인정해야 한다. 구체화되기 어려운 추상적인 언어로 되어 있는 사회상규라는 기준은 원칙의 영역과 예외의 영역을 식별할 수 있게 하는 명백한 기준이 되기도 어렵기 때문이다. 식별불

99) Kühl, "Strafrecht und Moral — Trennendes und Verbindes," in. Festschrift für H.-L. Schreiber zum 70. Geburtstag, hrsg. von K. Amelung u.a., 2003, S.960.

가능하도록 만들어져 있는 원칙과 예외의 경계선 획정을 법적용자에게 맡겨두는 것은 형법의 적용에 사법적극주의를 조장하는 것일 뿐 아니라 권력분립의 원칙에 대한 포기일 수도 있다.

2. 입법취지에 대한 의미평가

사회상규조항에 나타나 있는 입법방법론적 의미에 대한 위와 같은 평가와는 별도로 사회상규조항에 대한 제정형법의 입법자의 입법취지에 대한 평가는 사회상규조항이 형사실무에서 실제로 적용되고 있는 현실을 토대로 삼지 않을 수 없다. 하지만 앞에서 살펴본 바와 같이 한국의 대법원이 적법과 불법을 구별하기 위한 기준인 사회상규개념을 국민일반의 건전한 도의감, 사회윤리 내지 사회통념 등과 같은 실체없는 추상적 용어로 포장한 것이 전통적 가치와 문화를 알게 모르게 유지해 오고 있는 생활공동체의 실재를 반영하기 위함에서라고는 평가하기 어려운 것 같다. 더구나 사회상규를 중심으로 김병로의 실질적 위법성이론과 그것이 입법에 고스란히 반영된 한국형법의 사회상규조항이 한국의 전통적(동양적) 법사상을 매개해주기 때문에 위법성판단에 관한 서구적 관점(즉 위법성판단의 기준으로서 전체법질서를 내세우는 시각)과의 괴리현상을 극복하게 해주는 것으로 미화하기도 더더욱 어려운 것 같다.

주지하다시피 동양의 법전통에서 적법/불법(정의/부정의)의 판단은 위(권좌)에서 아래(민중)로 내려오는 하향식(top-down) 방식으로 이루어지고 있음을 노골적으로 드러내고 있었다. 이러한 구조 속에서 국민일반(민중), 국민일반의 법감정(사고방식), 도의관념 등은 들어설 여지가 없었다. 성리학적 유교이념을 통치이념으로 삼은 동양의 전통적 법사상은 민중을 철저히 교화의 대상으로 삼았고, 민중을 교화하는 수단으로서의 법은 위에서 내려오는 성리학적 이념이었기 때문이었다.[100] 반면에 사회상규라는 빈공식에 들어가는 국민일반의 법감정, 건전한 도의관념도 근대이후 형법을 도구화한 나찌형법의 언어이자 사회진화론의 사고였다. 이러한 근대이후의 도구화된 언어와 사고가 사회상규로 포장되어 일본 형법학을 통해 한국 사회에 들어온 것이었다. 이 때문에 이러한 언어와 사고를 전통적 가치와 문화, 그리고 전통적 법사상과 연결시키는 것은 무리라고 하지 않을 수 없다. 구태여 사회상규조항과 동양의 전통적 법사상 사이에 공통점이 있다고 한다면 그것은 사회상규라는 개념의 '내용'에 있는 것이 아니라 사회상규를 활용하는 '방식'에 있다고 할 수 있다. 조선시대의 전통적 법사상이 법속에 '성리학적 이념'을 채워 넣어 신분적 계급사회의 질서를 유지하려고 했듯이, 형법의 사회상규조항은 사회상규개념 속에 '그때 그때 요구되는 임의의 어떤 가치나 사상(예, 사회진화사상)'을 '사회통념', '사회윤리' 또는 '국민의 건전한 도의감' 등으로 포장하여 현재상태를 유지하기 위한 기제(메커니즘)가 되고, 사회상규가 이러한 기제(메커니즘) 속에서 작동할 수 있게 해주는 프레임이 바로 실질적 위법성이론인 것이다. 이러한 맥락에서 보면 사회상규조항은 처음부터 일정한 가치나 목적을 위한 도구적 수단성이 극대화될 수 있도록 설치된 법적 장치라고 할 수 있다. 바로 이 때문에 오늘날의 형법도그마틱은 사회상규조항이나 사회상규개념이 이러한 메커니즘을 극대화하는 데 동원되지 않도록 감시하는 일에 최우선과제를 두어야 한다. 이를 위해 형법도그마틱은 대법원이 사회상규의 기준을 '국민일반의 건전한 도의감', '사회통념' 또는 '사회윤리'라는

---

100) 진희권, "조선의 국가이념에 대한 소고," 『조선시대 규범이론과 규범체계』 제1권 이재룡 외 12명, 한국학술정보(주), 2006, 102면 참조.

모호한 전거로 도피하는 지점마다 지키고 서서 그 언어 속에 들어 있는 가치와 목적을 구체적으로 캐물어 들어가 한국의 형사실무로 하여금 제정형법의 한계를 뛰어넘을 수 있도록 통제하여야 할 것이다.

뿐만 아니라 사회상규를 국민일반의 건전한 법감정, 국민의 윤리의식으로 이해한다고 해서 그것만 가지고 사회상규조항을 동양적 법사상을 특징짓는 조항이라고 하기도 어렵다. 동양적 법개념 내지 정의개념은 성리학을 기초로 한 유교적 가치질서 속에 있는 것이지 그러한 유교적 가치질서에 의해 교화되고 교육되어야 할 대상인 신민(국민, 백성)의 의식이나 감정 속에 있는 것이 아니기 때문이다. 이러한 점에서 보면 동양적 법사상은 그 주된 기둥을 자유주의적 개인주의적 법개념을 전제로 하는 오늘날의 법에 대한 우리의 보편적 이해보다 훨씬 더 도덕(윤리)에 밀착되어 있는 것이라고 할 수 있다. 그리고 공의 질서와 선량한 풍속으로 이해되는 사회상규 개념은 동양뿐 아니라 서양에서도 여전히 법과 도덕의 밀착을 더 부추기는 도구로 사용될 수 있는 것이지 동양의 전통적 법사상을 대변하는 것은 아니라고 할 것이다.

Ⅵ. 나오는 말

한국 형법의 사회상규조항은 사회상규라는 개념을 실질적 위법성이론의 프레임의 중심축으로 삼은 가인 김병로의 논문을 통해 한국에 그 씨앗이 수입되었다. 이 씨앗은 1948년부터 시작된 형법 제정과정에 뿌려졌고 마침내 1953년 우리나라 제정형법 제20조에 위법성조각사유의 체계 속에 그 뿌리를 내렸다. 하지만 이러한 사회상규조항을 한국의 입법자의 독자적인 결단의 산물이라고 보기는 어렵다. 가인 김병로의 사회상규 조항을 둘러싼 개념이해와 이론적 기초는 일본 형법학계에서 주관주의 형법이론의 대표주자인 마키노가 사용한 사회상규 개념과 그의 사회상규를 준거로 한 실질적 위법성이론이었기 때문이다.

마키노의 실질적 위법성이론은 죄형법정주의의 자유보장적 기능을 퇴색시키려는 주관주의 형법이론을 기반으로 하는 극단적 실질적 위법성이론이었으며, 이는 19세기와 20세기 초에 풍미했던 약육강식 및 우승열패의 논리를 기치로 내건 사회진화이론을 사상적 토대로 삼은 것이었다. 사회진화이론을 사상적 자양분으로 삼고 있었던 주관주의 형법이론의 뿌리는 일본의 국가주의형법이론과 독일 국가(민족)사회주의 형법(나찌형법)이라는 불행하고도 불순한 열매를 맺었다.

하지만 같은 뿌리를 가진 한국형법의 사회상규조항은 다행스럽게도 다른 토양과 기후에서 다른 경작자에 의해 반세기 이상의 성장기를 거쳐 왔다. 그리고 한국의 사회상규조항이 군국주의시대 일본형법과 독일 나찌형법이 맺은 불행하고도 불순한 열매가 두드러지게 열리게 한 것 같지도 않다. 뿐만 아니라 한국의 사회상규조항에 대한 해석과 적용이 사상적으로나 이론적으로 국가주의 내지 전체주의 사상을 기초로 한 실질적 위법성이론과 직접적인 연속성을 보인 것이라고 단정할 만한 명백한 역사적 자료도 없다. 그럼에도 불구하고 한국의 사회상규조항이 그와 같은 극단적 실질적 위법성이론과 확실한 단절성을 보이고 있다고 장담할 수는 없다. 같은 뿌리를 가지고 있는 이상 의도하지 않았더라도 변형열매를 맺을 가능성은 여전히 존재하기 때문이다.

이러한 가능성은 사회상규조항과 사회상규개념이 실무 속에서 수행하고 있는 역기능적인 측면들을 관찰하면 얼마든지 현실화될 수 있다. 사회상규개념이 가벌성을 근거지우기 위해 이 개념보다 더 포괄적이고 구체화될 수 없는 추상적인 기준들로 포장되면 죄형법정주의의 엄격성을 완화시켜 사실상 구성요건을 개방시킬 수 있고, 형법과 도덕을 은밀하게 야합시킬 수 있으며, 형법규정을 과도하게 사회윤리적으로 채색시킬 뿐 아니라, 해석을 통해 심정형법적 요소를 은연중에 들여놓게 할 수 있는 것이다. 이러한 변형열매들은 사회상규조항에 기대되는 의존도가 높고, 그러한 의존에의 유혹이 크면 클수록 한국의 형사실무에서 보다 새로운 변종열매로 맺혀질 가능성도 배제할 수 없다. 실질적 위법성이론이 부여하고 있는 운신의 폭 속에서 사회상규로 하여금 어떤 행위에 대한 판단에서 적법과 불법의 경계를 자유롭게 그을 수 있게 만드는 논리는 그 자체 완결된 법적 논리로 무장되어 있기 때문에 손쉽게 그 허점이 드러나지 않기 때문이다.

사회상규에의 의존에 대한 과도한 요구를 차단하여 변형열매 내지 변종열매가 맺혀지지 않도록 하기 위해서는 대법원의 언어와 논리에 대한 보다 세밀하고 철저한 감시의 눈초리를 지속적으로 보내야 한다. 문제의 뿌리를 뽑기 위해서는 입법론적으로 사회상규조항을 삭제하는 것이 바람직할 것이다. 실질적 위법성이론에 기초하여 실질적 정의를 개념정의하려는 사회상규조항의 입법적 구상은 극단적 자연법적 방법론 내지 극단적 법실증주의적 방법론을 취한 것이기 때문이다. 뿐만 아니라 사회상규조항이 명문의 규정 속에 살아 있는 한 사회상규라는 개념을 —혹은 그 변형개념인 선량한 풍속, 조리, 또는 신의칙 등을— 형법상 다른 구성요건요소들의 해석의 근거와 기준으로 원용하는 일도 더욱 저지하기 어려울 것이기 때문이다. 하지만 사회상규조항이 폐지되지 않고 존속하는 동안에라도 우리는 적어도 지금까지의 대법원의 태도와 같이 사회상규의 개념내용을 도덕 내지 윤리적 요소로 채워 넣으려는 태도와는 일정한 거리두기를 하지 않으면 안 될 것으로 보인다.

* 필자의 이 논문을 읽고 같은 프로젝트의 연구책임자로서 법사상사와 법철학을 공부하는 울산대 이정훈 교수가 長尾龍一, 『思想としての日本憲法史』, 信山社, 1997, 88-96면의 내용을 필자에게 소개해 주었다. 이에 의하면 '사회상규'는 20세기 초 일본법학계를 지배한 사회진화론의 영향을 받은 것으로 동양적인 가치와 문화에서 기인한 법사상을 대표하는 용어가 아니라, 독일의 사회진화론의 영향을 받은 '개인'을 부정하는 전체주의적 사상의 산물이라고 한다. 소위 일본의 '純正社会主義' (일종의 국가사회주의)의 영향을 받은 것이라는 것이다. 필자가 추적한 사회상규조항의 계보의 타당성을 뒷받침해 주는 소중한 자료를 제공해 준 이정훈 교수에게 이 자리를 빌려 감사한다.

제3장

'안중근 재판'에 대한 형사법리적 검토

류 부 곤

한국사법의 근대성과 근대화를 생각한다

Ⅰ. 들어가며

이 글에서는 1909년 만주의 하얼빈에서 한국인[1] 안중근이 일본인 이토 히로부미를 저격하여 사살한 사건의 수사와 재판과정을 상세히 살펴보고 이에 대한 법리적인 분석을 시도해 본다. 이하 '안중근 재판'으로 명명하는 이 사건과 재판의 과정은, 이 사건이 가지는 역사적 중요성으로 인해, 이에 대한 역사적인 관점에서의 분석은 이미 상당부분 시도되었다. 그러나 이 글은 그러한 역사적인 관점에서의 분석이나 평가를 위한 시도가 아니라, 안중근 재판을 하나의 형사재판으로 보고 이 사건의 수사와 재판과정에 대한 형사법적 분석을 통하여, 순수하게 구한말 일본과 한국의 사법현실을 바라보고 평가하는 데 있어서의 자료를 제공하고자 하는 것에 그 의미를 두고 있다.

이러한 시도에 있어서 '안중근 재판'을 그 대상으로 삼은 이유는 첫째, 이 사건의 시기적인 적절성에 있다. 이 사건은 1909년 10월부터 1910년 3월까지의 일인데, 이 시기는 한국이 외교권의 박탈을 시작으로 각종 국가주권의 세부적인 부분들을 일본에게 빼앗긴 시기이고 일본이 한국을 병합하기 직전의 시기라는 점에서, 구한말 식민통치로 넘어가기 직전의 모습을 살펴볼 수 있다. 둘째는 이 사건이 한국의 유명한 의병장이 일본의 유력 정치지도자를 살해한 사건이라는 점에서 당시에도 한국과 일본뿐만 아니라 국제적인 이목을 상당히 집중시켰던 사건이었고, 실제로 여러 외국인 변호사들이 참여를 시도했다는 등의 정황을 감안할 때 당시의 '공식

1) 사건 당시의 공식적인 국호는 '대한제국'이었으나 편의상 '한국'과 '한국인'으로 칭한다.

적인' 사법현실을 보여주는 좋은 사례라고 할 수 있다는 것이다.

한편 이 글의 독자에게는 다음과 같은 유의사항이 있다. 우선 이 글은 앞서 설시한 바와 같이 '안중근 재판'을 자료로 삼아 구한말 일본에 의한 형사사법의 현실을 보이고자 하는 것에 그 목적이 있으므로 안중근이 이토 히로부미를 저격한 사건을 하나의 형사사건으로만 간주하고 그 외의 다른 평가는 처음부터 논외로 한다는 것이다. 일례로 2002년에 개봉한 영화 「2009 로스트 메모리즈」는 여전히 일본의 식민지로 남아 있는 2000년대 서울의 모습을 가정하고 있는데, 그러한 가정의 출발점에는 안중근이 이토의 저격에 실패한다는 가정이 존재하고 있다. 이것은 한국인에게 안중근이 하얼빈에서 한 행위는 단순한 살인사건으로 치부될 수 없는 엄청난 역사적인 의미를 가진 '의거(義擧)'이며, 안중근은 역사적 영웅의 상징이라는 점을 단적으로 보여주는 모습이라고 할 수 있다. 그러나 이 글은 이러한 평가로부터 물러나서 객관적인 시각에서 사건과 재판과정에 대한 형사법적인 검토를 하겠다는 것이고, 설령 그 검토의 결과가 위와 같은 이 사건에 대한 역사적 평가와 정서적으로 다소 거리가 있는 부분이 있더라도 그것이 그러한 평가에 영향을 주려는 의도는 조금도 없음을 유의해 주기를 바란다. 아울러 '안중근 재판'에 대해서는 국제법적인 시각에서 보아, 이에 대한 전쟁법의 적용여부를 검토하여야 한다는 논의도 있으나, 그러한 관점에서의 논의도 당시의 시대상황에 대한 정치적인 고려가 배제될 수 없는 것이므로 이 글에서는 논외로 하고자 한다. 물론 이 글의 이러한 태도가 "'안중근 재판'은 단순한 형사사건인가, 아니면 '조직적'으로 이루어진 정치적 의미를 갖는 사건인가?"라는 역사적 물음에 대한 답을 주는 것은 전적으로 아니다.

Ⅱ. ‘안중근 재판’의 개요

1. 사건의 개요

재판의 대상이 된 사건은 1909년 10월 26일 청국(淸國) 만주의 하얼빈(哈爾濱) 역에서 한국 국적의 안중근이 일본의 추밀원 의장인 일본인 이토 히로부미(伊藤博文)를 사살한 사건이다. 당일 오전 9시경 하얼빈 역에 이토 히로부미가 탄 특별열차가 도착하자 대기 중이던 러시아 대장성 대신 코코프체프가 수행원을 거느리고 열차 내에 들어가 그를 영접하였다. 약 20분 뒤 이토 히로부미는 코코프체프의 안내를 받아 열차에서 내려 의장대를 사열하고 이어 각국의 사절단 앞으로 나아가 인사를 받기 시작하였다. 역에 미리 도착하여 찻집에서 동정을 살피던 안중근은 이토 히로부미가 열차에서 내려 움직이는 것을 보고 러시아 의장대의 뒤편으로 나아가서 기다리다, 이토 히로부미가 가까이 접근하자 그를 향하여 권총을 세 발 발사하여 이토 히로부미의 가슴과 복부에 총상을 입혔다. 이토 히로부미가 쓰러진 후에 안중근은 뒤에서 수행하던 일본인 세 명에게도 권총을 세 발 발사하여 각각 부상을 입혔다. 이후 안중근은 ‘코리아 후라(한국 만세)’를 세 번 외쳤고, 러시아 헌병장교는 현장에서 안중근을 체포하여 역 구내의 헌병분파소에 유치하였다. 안중근으로부터 저격을 받은 이토 히로부미는 열차로 옮겨져 응급치료를 받았으나 20여 분 후에 사망하였으며, 역시 저격을 받은 세 명의 수행원은 팔과 다리 등에 생명에 지장이 없는 정도의 총상을 입었다.[2)]

---

2) 사건의 개요는 황재문, 『안중근평전』, 한겨레출판, 2011, 275-284면의 기

2. 재판 전 수사절차의 전개상황

(1) 러시아 국경지방재판소에서의 일차조사

사건 직후 러시아 헌병에게 체포된 안중근은 당일 일본관헌의 입회하에 러시아의 국경지방재판소 제8구 치안판사로부터 예심을 받았다. 심문에서 안중근은 자신은 한국국민이며, 이토가 한국국민에게 압제를 가하고 많은 동지들을 처형했기 때문에 그에 대한 복수로 살해했다고 진술하였다. 이에 치안판사는 본인의 자백과 목격자들의 증언에 의해 범행의 증거가 충분하므로 형기피방법을 차단시킨다는 이유에서 안중근의 입감을 결정하였다.[3] 그러나 러시아의 치안판사와 검찰관은 "우치 안(안중근)은 한국 국적임을 인정할 만한 증거가 충분하므로 러시아재판에 회부할 성질이 아니다"[4]는 취지와 함께 「자신을 안가이(안중근)라고 부르던 한국인 범인을 밝혀냈다는 것과 일본 사법권에 한국민들이 예속되어 있음을 고려하여 국경지방재판소 검사를 통해 일본 당국에 예심을 이관시키는 것에 관한 치안판사의 결정서」를 첨부하여[5] 사건 당일 오후

술을 요약, 정리한 것이다. 이 문헌은 다시 안중근, "안응칠역사," 『안중근전기전집』, 국가보훈처, 1999, 119-121면의 기술을 토대로 재서술한 것이다.

3) 국사편찬위원회 편, 『한국독립운동사: 자료』 7, 국사편찬위원회, 1978, 327-329면.

4) 일본외교사료관, 〈露國官憲取調飜譯文〉《同上聽取書》 第二卷(문서번호 4.2.5 245-4)[신운용, "일제의 국외한인에 대한 사법권침탈과 안중근재판," 『한국사연구』 제146호, 2009, 223면, 주46)에서 재인용]. 이 '노국관헌취조번역문'의 내용을 상세히 소개한 문헌으로 신운용, "안중근의거 관련 『노국관헌취조번역문』의 내용과 그 의미," 『한국민족운동사연구』 제63호, 2010, 61면 이하.

5) 박보리스 저/신운용 · 이병조 역, 『하얼빈역의 보복』, 안중근의사기념사업회, 2009, 82면.

10시 10분경 안중근을 하얼빈 주재 일본총영사관으로 이송하였다.[6]

(2) 하얼빈 일본 총영사관에서의 일차신문과 뤼순 관동도독부로의 이송

하얼빈의 일본 총영사관으로 이송된 안중근은 이송되자마자 영사관의 관리로부터 두 차례의 신문[7]을 받은 후 1909년 10월 30일 관동도독부 고등법원 소속의 미조부치 다카오(溝淵孝雄) 검찰관으로부터 공식적인 신문을 받는다. 기록에 의하면 이 자리에서 안중근은 이토의 죄목 15개항을 진술하였다고 한다.[8] 이 신문이 끝난 후 안중근은 1909년 11월 3일에 일본의 관동도독부가 있는 뤼순으로 옮겨져 뤼순감옥에 수감된다.[9]

(3) 관동도독부에서의 신문 및 조사과정

뤼순감옥에 수감된 안중근은 1909년 11월 26일까지 미조부치

---

6) 국사편찬위원회 편, 『한국독립운동사: 자료』 7, 330면.

7) 안중근이 직접 저술한 '안응칠역사'에는 '심문'으로 기록되어 있다.

8) 15개항의 내용은 다음과 같다(국사편찬위원회 편, 『한국독립운동사: 자료』 6, 국사편찬위원회, 1978, 1-13면).
1. 한국 민황후(閔皇后)를 시해한 죄요, 2. 한국 황제를 폐위시킨 죄요, 3. 5조약과 7조약을 강제로 체결한 죄요, 4. 무고한 한국인을 학살한 죄요, 5, 정권을 강제로 빼앗은 죄요, 6. 철도, 광산, 산림, 천택을 강제로 빼앗은 죄요, 7. 제일은행권 지폐를 강제로 유통시킨 죄요, 8. 군대를 해산한 죄요, 9. 교육을 방해한 죄요, 10. 한국인들의 외국 유학을 금지시킨 죄요, 11. 교과서를 압수하여 불태워버린 죄요, 12. '한국인은 일본의 보호를 받기 원한다'고 세계를 속인 죄요, 13. 현재 한국과 일본 사이에 경쟁과 살육이 끊이지 않고 있는데도 한국이 태평무사한 것처럼 위로 천황을 속인 죄요, 14. 동양평화를 파괴한 죄요, 15. 일본 천황 폐하의 부황인 태황제를 시해한 죄이다.

9) 국사편찬위원회 편, 『한국독립운동사: 자료』 7, 332면.

검찰관에 의하여 총 7회의 신문을 받는다. 그 이후 안중근의 기록에 의하면 통감부에서 파견된 사카이 요시아키(境喜明) 경시에 의해서도 11월 26일부터 12월 11일까지 모두 11회의 신문을 받은 것으로 되어 있다.[10] 사카이 경시의 신문과 조사 이후 다시 미조부치 검찰관이 12월 20일부터 이듬해인 2월 1일까지 4차례의 신문을 실시하였다. 사카이 경시는 공소가 제기된 1910년 2월 1일 이후에도 2월 6일까지 3차례의 신문을 더 실시하였다. 한편 신문과 조사를 마친 미조부치 검찰관은 1910년 2월 1일 안중근을 이토 히로부미와 그 수행원에 대한 살인과 살인미수혐의로 관동도독부 지방법원 형사부에 기소하였다.

3. 공판의 과정과 선고, 형의 집행

(1) 변호인의 선임과 공판의 진행과정

안중근에 대한 재판이 관동도독부 지방법원에서 열리기로 결정되자 안중근의 변호를 맡을 변호인단의 구성이 시작되었다. 안중근의 변호인으로 참여한 사람은 러시아인 2명, 영국인 1명, 스페인인 1명, 한국인 2명, 일본인 1명 등으로 다국적의 다수인이 참여하는 변호인단이 구성될 수 있는 상황이었다. 그 중 영국인 더글라스와 러시아인 미하일로프는 뤼순감옥의 안중근에게 사선변호인 선임계를 받아 1909년 12월 1일에 관동도독부 지방법원장 마나베(眞鍋十歲)에게 신청하였고 관동도독부 고등법원장인 히라이시 우지히토(平石氏人)는 이들 변호사의 선임을 허락하였다.[11] 그러나 히라이시 고등법원장은 도쿄를 다녀온 직후인 1910년 1월 27일에

10) 안중근, "안응칠역사," 123면.

11) 국사편찬위원회 편, 『한국독립운동사: 자료』 7, 517면.

외국인 사선변호사 선임 허락을 취소하고 일본인 관선변호사 선임만을 허용한다고 선언하였다.[12] 그리하여 법원은 안중근의 변호를 신청한 변호인들을 모두 불허하고, 관동주 거류 변호사로 한정하여 뤼순 거류 가마다 세이지(鎌田正治)와 다롄 거류 미즈노 기치타로(水野吉太郎)를 관선변호인으로 선임하였다.[13]

공판은 1910년 2월 7일의 제1회 공판기일을 시작으로 2월 14일의 선고공판까지 모두 6차에 걸쳐서 진행되었다. 2월 7일의 제1회 공판기일에는 안중근과 공동피고인(우덕순, 조도선, 유동하) 등에 대한 인적사항 확인과 안중근에 대한 신문이 이루어졌고, 2월 8일과 9일의 공판에서는 공동피고인에 대한 신문과 안중근의 발언이 행해졌으며, 2월 10일의 4차 공판에서는 검찰관의 구형이 있었다. 이어서 2월 12일의 제5차 공판에서는 변호인들의 변론과 함께 안중근의 최후진술이 있었으며, 2월 14일의 제6차 공판에서 재판장의 선고가 있었다. 한편 제3회 공판기일부터 재판장은 "본건 심문을 공개함은 안녕질서를 해할 우려가 있다"는 이유설시와 함께 재판의 공개를 정지하였다.

(2) 검찰의 구형과 형의 선고

검찰관은 제4회 공판기일인 2월 10일에 피고인 안중근에 대하여 "정당한 지식의 결핍으로부터 생긴 오해로 인한 사적인 복수감정을 충족하려는 동기로 흉악한 범죄를 저질렀음"을 논거로 사형을 구형하였다.[14] 이러한 검찰의 구형에 대하여 재판장은 2월

12) 『대한매일신보』, 1910년 1월 27일, 「旅順通信(一)」.
13) 『대한매일신보』, 1910년 2월 8일, 「旅順通信(一)」.
14) 검찰관의 논고에 대한 자세한 내용은 이기웅 편, 안중근 전쟁 끝나지 않았다, 열화당, 2000, 290-303면 참조.

14일의 제6회 공판기일에 피고인 안중근에 대하여 검찰의 기소사실을 인정하면서 이러한 행위에 대하여 일본형법 제199조(살인)를 적용하여 사형을 선고하였다.

(3) 항소의 포기와 사형의 집행

제1심의 선고공판이 있은 후 5일의 항소기한이 주어졌지만 안중근은 2월 17일에 관동도독부 고등법원장 히라이시와 면담을 한 후 2월 19일에 항소를 포기한다는 의사를 재판장에 밝혔다. 이로써 이 사건의 재판결과는 확정이 되었고, 1910년 3월 26일 오전 10시, 뤼순감옥에서 안중근에 대한 사형이 교수형으로 집행되었다.

Ⅲ. 재판과정에 대한 법리적 쟁점

'안중근 재판'에 대하여 논의될 수 있는 법리적인 쟁점은 크게는 두 가지의 방향으로 정리될 수 있다. 하나는 이 사건을 순수한 형사사건으로 보아서 수사와 재판과정의 절차법적 문제와 적용법률 등의 문제에 대하여 검토하는 것이고, 또 하나는 서두에서 언급한 바와 같이, 국제법적 관점에서 이 사건을 평가하여 전쟁범이나 정치범의 법리에 따른 논점들에 대하여 검토하여 보는 것이다.[15)] 이 글에서는 그 중 전자의 관점에서 형사법리적인 문제들을 검토

15) 국제법의 관점에서 안중근 재판을 평가한 문헌으로 이장희, "안중근 재판에 대한 국제법적 평가," 『외법논집』 제33권 제2호, 2009, 299면 이하. 한편 안중근도 최후진술에서 "나는 한국의 의병이며 지금 적군의 포로가 되어 와 있으므로 마땅히 만국공법에 의해 처결되어야 할 것으로 생각한다" (국사편찬위원회 편, 『한국독립운동사: 자료』 6, 396면)라고 하여 자신의 재판이 국제법적으로 해결되어야 할 사안으로 인식하고 있다.

해 보고자 한다. 형사사건이라는 관점에서 이 사건 재판에 대한 쟁점으로 기 논의된 바에 의하면 우선, 일본의 법원인 관동도독부 지방법원에서 재판이 진행된 점에 대하여 재판관할이 정당하였는지에 대한 의문이 제기되며, 두 번째로 한국인인 안중근에게 일본형법을 적용한 것의 타당성이 문제된다. 그리고 재판을 위하여 변호인을 선임하는 과정에서 사선변호인을 배제하고 관선변호인만을 허락한 점과 지나치게 짧은 기간에 재판이 진행된 점에 대해서도 재판의 공정성의 측면에서 비판적인 지적이 있다. 한편 기존의 논의에서는 언급되지 않았지만 수사과정의 적법성에 대해서도 검토해 볼 부분이 있다.

1. 재판관할권의 문제

안중근이 일본의 조차지인 관동도독부의 지방법원에서 재판을 받게 된 것에 대해서는 다음과 같은 문제제기가 가능하다. 안중근이 이토 히로부미를 살해한 장소인 하얼빈은 청국의 영토이지만 사건 당시 하얼빈은 동철철도를 부설한 러시아가 철도 수용지로 청국으로부터 조차한 러시아의 법권지대였다. 따라서 안중근에 대한 일차적인 체포권과 수사권은 러시아에게 있었다고 할 수 있다. 그런데 동청철도 조차지는 개방지역으로, 청나라에 치외법권을 갖는 각국은 이 지역에서 자국의 국민에 대한 법적 권리를 가지고 있었고, 한국은 1899년 '한청통상조약' 제5관의 "청나라 영토 안에 있는 한국인은 한국법을 적용한다"라는 조약에 근거하여 만주의 한국인에 대하여 배타적인 재판권을 행사할 수 있었다. 그러나 사건이 발생한 1909년에는 1905년에 한국과 일본이 체결한 제2차 한일협약(이하, 을사조약이라 칭한다) 제1조에 의하여 한국 외에 있는 한국인의 보호는 일본이 행하게 되어 있었고, 따라서 하얼빈 지역의 한국인에 대한 외교적 관할권은 하얼빈 주재 일본 총영사관이 가지고 있었다고 할 수 있다. 문제는 일본이 안중근에 대한 재판을 하얼빈 총영사관에서 영사재판으로 진행하지 않고 사건을 관동도독부로 이관하였다는 점에 있다.

이 점에 대하여 검찰측은 일본의 메이지 41년(1908년) 법률 제52호의 제3조[16]에 의하여 외무대신에게 영사재판권의 관할이전에 대한 명령권이 있음을 밝히며, 1909년 10월 27일 외무대신이 당해 재판을 관동도독부로 이전할 것을 명령하였으므로 관동도독부 지방법원이 이 재판에 대한 관할권을 가지는 것이 타당하다는 주장을 하였다.[17] 이러한 주장에 대해서는 을사조약과 위의 메이지 41년 법률 제52호의 내용에 따르면 적어도 관할권에 관해서는 법리상 문제가 없다는 견해[18]와 한국이 을사조약에 의하여 일본에 위임한 것은 외교의 대리이지 법권의 양도는 아니므로 한국국적의 안중근에 대한 재판관할지를 일본의 조차지인 관동도독부로 이관하는 것은 영사재판의 법적 근거인 속인주의에 어긋나고 따라서 위 법률조항은 안중근에게 적용될 이유가 없어서 위와 같은 조치는 법리상 부당하다는 견해[19]가 대립한다. 후자의 견해는 안중근에 대한 재판권을 일본이 대신 행사한다 하더라도 그 재판은 하얼

16) "만주에 주재하는 영사관의 관할에 속한 형사사건은 외무대신이 국교상 필요하다고 인정할 경우, 그 사건을 관동도독부 지방법원에서 그것을 재판하도록 할 수 있다"(출처: 일본 국립공문서관 디지털 아카이브, www.digital.archives.go.jp).

17) 이기웅 편, 안중근 전쟁 끝나지 않았다, 295면 이하.

18) 명순구, "안중근과 이토 히로부미의 접점에 대한 법적 평가," 『고려법학』 제43호, 2004, 223면.

19) 한성민, "일본정부의 안중근 재판 개입과 그 불법성," 『사학연구』 제96호, 2009, 252면.

빈의 총영사관에서 행해져야 하며, 만약 사안의 성격상 영사재판으로 감당할 수 없는 성격이라면, 안중근은 한국의 법권지역으로 이송되어 통감부재판소에서 재판을 받아야 했다고 주장한다.

그러나 영사재판의 관할권이 성립한 후에 그 관할을 이송할 경우 한국인의 경우에는 한국의 법권지역으로 이송되어야 한다는 위와 같은 주장은 명확한 법적인 근거를 갖지 못한다. (일본의 입장에서) 외국인에 대하여 영사재판관할권이 생기는 경우는 일반적인 국제관계에서는 통상적으로 일어날 수 없는 일이고, 이것은 당시 일본과 한국 간에 체결된 보호조약의 특수한 효력에 의하여 발생한 사안이므로 그 해결도 조약의 내용에 근거하여야 한다. 그러나 당시의 을사조약은 이러한 양국간의 재판권에 관한 문제에 대하여는 침묵하고 있다.[20] 그렇다면 일단 영사재판의 관할권이 성립되어 안중근에 대한 재판관할권이 일본국 외무성에 있음이 확인된 이후라면 이 재판관할권에 대한 이송과 처분의 문제는 일본의 사법체계에 의하는 것이 오히려 상식적이라고 할 수 있다. 안중근재판을 관동도독부로 이관하는 것이 '속인주의'에 어긋난다고 주장하는 문제는 하얼빈 총영사관이 영사재판권을 가지는가 그렇지 못하는가의 문제에서 해결될 사안이다. 이렇게 본다면 사건이 발생한 당시 한국은 을사조약 제1조 및 제2조[21]에 따라[22] 러시아의 조차

20) 이 점을 명확히 지적한 문헌으로 프랑시스 레이(Francis Rey)/최종고 · 한창희 역, "대한제국의 국제법적 지위"[원문은 1906년 프랑스의 '국제사법(*Revue Générale de Droit International Public*, Tome XIII)'지에 게재한 것임], 서울대학교 법학 제27권 2 · 3호, 1986, 195면.

21) "을사조약": 한국민족문화대백과사전(한국학중앙연구원 편, encykorea.aks.ac.kr)

제1조, 일본국정부는 재동경 외무성을 경유하여 금후 한국의 외국에 대한 관계 및 사무를 감리(監理), 지휘하며, 일본국의 외교대표자 및 영사는 외국에 재류하는 한국의 신민(臣民) 및 이익을 보호한다.

지이자 청국의 영토인 하얼빈에서 범죄행위를 한 안중근에 대해 어떠한 외교적 권한도 가지지 못하고, 그러한 권한은 일본의 총영사관이 일차적으로 가진다. 그리하여 러시아의 사건 이관으로 안중근을 이송받게 된 하얼빈 일본 총영사관은 안중근에 대한 완전한 영사재판권을 가지게 되고, 그렇게 성립된 영사재판권에 대한 일본정부의 재판관할 이전명령권 행사가 영사재판권의 연장선상에 있는 것이라고 보면[23] 안중근에게도 적용되지 않는다고 볼 이유가 없으므로, 결과적으로 관동도독부에서의 재판관할에 대해서는 법리적으로 문제가 없다는 주장이 타당하다는 결과에 이른다.

2. 일본형법 적용의 타당성

을사조약의 효력에 의하여 영사재판을 일본이 대리할 수 있는 것으로 재판관할권의 문제가 해결되더라도 안중근의 국적이 한국이고 한국이 주권국가로 여전히 존재하고 있던 상황에서 재판의 준거법을 한국법으로 하느냐 일본법으로 하느냐의 문제는 여전히

제2조, 일본국정부는 한국과 타국 사이에 현존하는 조약의 실행을 완수할 임무가 있으며, 한국정부는 금후 일본국정부의 중개를 거치지 않고는 국제적 성질을 가진 어떤 조약이나 약속도 하지 않기로 상약한다.

22) 조약의 유효성은 별론으로 한다. 국제법적 관점에서 을사조약의 무효성에 관해 직접적으로 밝힌 당시의 문헌으로는 프랑시스 레이(Francis Rey)/최종고·한창희 역, "대한제국의 국제법적 지위," 198면 이하 참조.

23) 사실, 이 부분이 법률적으로 분명하지는 않다. 영사재판의 이송을 명령한 일본의 법률이 영사재판권의 '행사'에 관한 실무상·절차상의 명령인지, '영사'재판권 자체를 '국내'재판으로 그 성격을 전환하는 효력을 가진 것인지는 논란의 여지가 있다. 속인주의에 근거하여 관동도독부로 이송하는 그러한 처분은 안중근에게 적용되지 않는다는 앞의 주장은 이러한 처분을 후자와 같이 해석한 결과로 보여진다.

존재한다. 이는 을사조약에서 '보호'의 의미를 어떻게 해석하는가와 관련이 있다.[24] 이 사건에서 법원은 다음과 같이 판단하여 일본 형법의 적용이 타당함을 주장하였다.

> "일한보호협약 제1조의 취지는, 일본정부는 그 신민에 대해 갖고 있는 공권력 사용에 있어서 한국신민도 균등하게 보호해야 한다는 해석에 의해 공권력 사용의 일부에 속하는 형사법을 적용하는 것이다. 이 적용에 있어서 한국신민을 제국신민과 동등한 지위에 놓고, 그 범죄에 대해 제국형법을 적용하는 것이 이 협약의 본뜻에 가장 잘 부합하는 것이다. 그러므로 한국형법을 적용할 것이 아니다."

그러나 이러한 해석은 상당한 비판의 여지가 있다. 을사조약에 따라 한국이 일본에 위임한 것은 외교권이지 주권이 아니다. 영사재판권이 문제된 사안에서 한국이 일본에 위임한 것은 사법권의 일부에 속하는 영사재판권인 것이지 당해 재판에서 적용할 법에 대한 판단까지 위임한 것은 아니라고 할 수 있다. 즉 한국 외의 한국인에 '대한' 재판권의 행사를 위임한 것이지 그 한국인에게 적용할 법률까지 일본의 법률로 할 것을 을사조약을 통하여 위임한 것은 아니라는 점이다.[25] 그러므로 일단 을사조약을 근거로 곧바로 안중근에게 일본법을 적용하는 법원의 해석은 타당성을 가지기 어렵다고 할 수 있다. 그렇다면 안중근사건에 적용할 준거법을 정하

24) 국제법상 '보호조약'의 상세한 의미에 대해서는 프랑시스 레이/최종고·한창희 역, "대한제국의 국제법적 지위," 192면 이하 참조.

25) 명순구, "안중근과 이토 히로부미의 접점에 대한 법적 평가,"『고려법학』 제43호, 2004, 225면; 한성민, "일본정부의 안중근 재판 개입과 그 불법성,"『사학연구』 제96호, 2009, 259면; 이장희, "안중근 재판에 대한 국제법적 평가,"『외법논집』 제33권 제2호, 2009, 315면.

는 문제는 순수한 재판관할과 관할법의 문제로 귀결된다. 그런데 여기에 대해서는 1907년의 정미7조약과 그에 따른 후속조치로서의 기유각서(1909년)의 내용이 한국의 재판권을 일본에 양도하되, 한국민에게 적용되는 법규는 한국법으로 정하기로 하였다는 내용을 근거로 이 사건의 안중근에게도 일본형법이 아닌 한국의 형법대전을 그 준거법으로 하였어야 한다는 주장이 있다.[26] 이 견해는 게다가 을사조약 제2조는 일본정부에 대하여 한국과 타국 사이에 현존하는 조약을 이행할 의무를 부과하였으므로 이에 따른다면 1899년에 한국과 청나라 사이에 체결된 「한청통상조약」의 내용이 이 사건의 경우에도 이행되어야 하고 따라서 안중근에게는 한국법을 적용하는 것이 타당하다고 하고 있다.[27]

위와 같은 주장에 대하여 검토해 보면, 우선 기유각서의 내용은 한국의 영토 내에서 벌어진 형사사건에 대한 재판권을 일본이 행사한다는 것을 골자로 하면서 이러한 재판권의 대리행사가 적용법률의 변경까지 가져오는 것은 아니라는 취지로 해석할 수 있다. 즉 기유각서의 내용은 한국의 영토에서는 여전히 한국법이 적용된다는 것을 확인한 것이지, 외국에서 벌어진 사건에 대해 일본의 법적 영역에서 행사되는 영사재판권에의 준거법도 한국인의 경우에는 한국법이어야 한다는 점을 설시한 것은 아니라고 생각된다. 또한 한청통상조약과 관련하여 을사조약 제2조에 의하여 일본이 이행하여야 할 조약의 내용은 대청(對淸)관계에서의 한국인의 지위, 혹은 대한(對韓)관계에서의 청국인의 지위에 관한 것이지 구체적으로 일본이 한국인에 대하여 외교적·사법적 권한을 어떻게 행사하느냐의 문제[28]와는 관계가 없다고 보는 것이 합리적이다. 따

26) 명순구, 앞의 논문, 225면.

27) 명순구, 앞의 논문, 225면.

라서 영사재판권을 행사하는 일본의 입장에서 안중근에 대하여 특별히 한국법을 적용하여야 할 법률적인 근거는 발견하기 어려우며, 통상적으로 재판관할권의 인정문제는 곧 관할지의 법률을 준거법으로 하는 것을 인정하는 문제를 포함하고, 특약이 없는 한 그 지역에서 효력을 가지는 법률이 당해 재판의 준거법이 된다는 일반적 관념[29]에 의하면 일본형법과 형사소송법이 효력을 가지는 관동도독부에서의 안중근 재판에 대하여 일본형법을 적용한 것은 법리적으로 부당하다고 말하기 어렵다.

3. 재판과정의 문제점 – 변호사의 직권선임과 형식적 변론기일의 운영

살인사건과 같은 중대 사건에서 변호인의 선임과 활동에 관련한 문제는 피고인의 방어권에 큰 영향을 주기 때문에 재판의 공정성 여부를 판단하는 데 있어서 중요한 문제라고 할 수 있다. 그러한 점에서 안중근을 위하여 구성된 사선변호인단의 선임과 활동을 배제하고 이를 일본인 관선변호인으로 대체한 법원의 조치는 상당한 비판의 여지가 있다고 할 것이다. 우선 당시 관동주에 적용되던

---

28) 이러한 문제는 보호조약 당사국 간의 '내부적'인 문제이다.

29) 현대의 논의에서는 "일정한 국외범에 대하여 자국의 형벌권을 행사할 수 있는지의 문제와 함께, 그러한 범죄에 대한 적용법의 선택에 관한 문제도 형벌적용법의 내용을 이루고 있"는데, 그런데 "많은 국가들에 있어서 이러한 구별은 실제로 중요하지 않다. 왜냐하면 우리나라의 형벌권이 행사되는 범죄행위에 대하여서는 오로지 대한민국의 법이 적용되기 때문이다. 즉, 대한민국의 형법이 적용되는 사건의 범위는 우리나라의 형사관할권이 유효한 사건의 범위와 동일하다. 요컨대, 형벌적용법에서는 국제사법에서 보는 바와 같은 외국법의 적용이라는 것은 없다"(김성규, "형법의 장소적 적용범위," 『형사법연구』 제18호, 2002, 183면).

일본형사소송법에 의할 때 재판장이 변호인을 선정하는 경우는 피고인이 빈궁한 경우이거나 재판소소속의 변호인이 피고인의 청에 응하는 경우와 같이 피고인이 스스로 변호인을 선임하지 못하는 경우에 보완적으로 행해지는 것이며, 심지어 후에 피고인이 다른 변호인을 선임하겠다고 하는 경우에는 재판장이 자신의 선정을 취소해야 한다.[30)]이렇듯 피고인의 의사에 기한 사선변호인이 존재하는 경우에는 설령 재판장의 관선변호인 선정결정이 있었다고 하더라도 그 결정이 취소되고 사선변호인이 법률적으로 우선시되는 것인데, 이미 선임을 허락한 사선변호인에 대해 특별한 사정의 변경이 없음에도 그 허가를 취소한 조치는 당해 재판의 공정성에 심대한 의구심을 야기할 만한 중대한 위법행위라고 할 수 있다. 이러한 조치에 대하여 법원이 그 근거를 제시하지 않은 것은 아니었다. 이 사건의 법원은 메이지 41년(1908년) 칙령 제213호 관동주재판사무취급령 제15조, "법원 또는 재판장이 직권으로 변호사를 소송승계인, 소송대리인 또는 변호인으로 선정하거나 선임해야 할 경우에는 변호사가 아닌 자도 선임할 수 있다"[31)]라는 조항을 그 근거로 제시하였다. 그러나 이 조항은 피고인이 변호인을 선임할 여력이 없고 변호인이 반드시 필요한 재판인 경우[32)] 재판장이 직권으로 관선변호인을 선임할 수 있는데 이 때 관선변호인은 변호사의 자격을 가지지 않은 자도 선임이 가능하다는 취지를 나타낸 조항일 뿐, 법원이나 재판장이 피고인의 사선변호인을 직권으로 배제

---

30) 富田山壽, 最新刑事訴訟法要論 上卷, 有斐閣書房, 明治 43年(1910), 407면; 豊島直通, 刑事訴訟法新論, 日本大學, 明治 38年(1905), 178면.

31) 출처: 일본 국립공문서관 디지털 아카이브, www.digital.archives.go.jp

32) 피고사건이 중죄사건인 경우 필요적 변호사건이다. 日本 舊 刑事訴訟法(明治 23年) 제179조 이하; 富田山壽, 最新刑事訴訟法要論 上卷, 406면 이하 참조.

하고 관선변호인으로 대체할 수 있다는 것을 의미한다고 보기는 어렵다.[33] 따라서 다른 사정없이 이 조항만을 근거로 사선변호인을 배제하고 관선변호인을 선임한 법원의 조치는 타당성을 가지기 힘들다고 보여지며 이는 재판의 공정성을 담보해야 할 법원이 오히려 공정성을 해하는 중대한 위법행위를 한 것이라는 평가를 피하기 어려울 것으로 생각된다.

또한 명백한 불법이라고 할 수는 없지만, 재판의 진행에 있어서도 전체적으로 매우 단기간에 공판을 진행하고 마무리한 점, 두 명의 관선변호인에게 단 하루의 변론기일만을 허락한 점 등은 사안의 중대성에 비춰보았을 때 극히 이례적이고 형식적인 재판의 운영으로 비난의 여지가 다분하다고 보여진다.

4. 수사과정의 적법성

(1) 검찰관에 의한 신문 — 예심제도의 예외?

사건 당시 관동주재판사무취급령은 제1조에서 관동도독부의 법원에서 다루는 형사사건의 절차는 당시 일본의 형사소송법[메이지 23년(1890년)에 제정]을 적용하도록 되어 있었고, 그 형사소송법에 의하면 중대 사건의 경우에는 범인을 체포한 검사는 예심판사에게 예심을 청구하도록 되어 있다.[34] 즉 당시의 형사소송법에 의한 예심제도에 의하면 검사 및 사법경찰관에게는 수사절차상의 강제처분에 관한 권한을 원칙적으로 허용하지 아니하였으며, 피고인에 대한 소환, 구인, 구류, 수색, 차압(압수) 등의 권한은 모두 예

33) 같은 견해로 한성민, "일본정부의 안중근 재판 개입과 그 불법성," 254면.
34) 日本 舊 刑事訴訟法(明治 23年) 제67조 이하, 關東州裁判事務取扱令 제73조.

심판사가 가지고 있었다.[35] 그런데 이 사건의 진행과정에서는 검찰관이 일체의 조사와 신문 주체로 나타날 뿐 어디에도 예심절차에 대한 언급이 없다. 이러한 점에 대해서는, 일본 본국의 형사소송법에는 예심판사가 제도화되어 있었지만 당시 대한제국에서 일본의 영향하에 제정되고 시행된 형사절차에는 예심판사의 권한이 검사에게 거의 주어져 있어서 사실상 예심제도는 유명무실했다는 사실과 관동주는 일본의 법령이 적용되는 곳이기는 하지만 사실상 관동도독부를 통해 별도의 정치적 이해관계로 지배하는 식민지와 같은 곳이었다는 점[36]에서 마찬가지로 예심제도가 사실상 기능하지 않았거나 검찰관의 주도하에 형식적으로 진행되었을 가능성이 크다고 할 수 있다. 이와 같은 사실은, 예심제도의 예외적 운용에 대하여 명확한 법률적 근거를 두고 있던 한국의 통감부의 경우와 달리, 법률적 근거를 가지지 못하는 소위 탈법적인 소송절차의 운용이라고 평가할 수 있으며 이는 형사법적인 관점에서도 충분한 비난의 여지가 있는 사실이라고 할 수 있다.

---

35) 신동운, "일제하의 예심제도에 관하여," 『서울대학교 법학』 제27권 1호, 1986, 152-153면.

36) 관동주에는 1905년부터 민정에 의한 사법제도가 시행되긴 하였으나, 재판관이 "법률 소정의 자격을 갖출 필요가 없었고," 경미사안은 행정관인 민정서장의 권한에 맡겨지는 등 헌법에 의한 정확하고 공정한 재판은 기대할 수 없는 상황이었다고 한다(김승일, "일본제국주의 식민통치지역 재판소제도의 비교 연구," 『역사문화연구』 제38집, 2011, 103-104면). 한편 역사학자들의 연구에 의하면, 일본이 안중근재판을 본국에서 진행하지 않고 관동도독부의 관할로 넘긴 배경에는 본국에서 재판을 진행할 경우 사법권의 독립을 존중하고 적법절차에 의해 재판이 진행되어야 하기 때문에 과거의 사례(大律사건)를 참고해 볼 때 안중근이 일본정부의 의도대로 처리되지 않을 우려가 작용한 것이라고 한다.

(2) 구금의 정당성문제

앞서 살펴본 예심제도와 관련해서 구체적인 문제는 구금의 정당성과 관련이 있다. 즉 구금의 요건과 관련하여 구금 자체가 정당한 이유를 가지고 있었느냐의 문제가 있고, 또 하나는 구금의 절차와 기간이 정당했는지의 문제이다.

구금 자체의 정당성과 관련하여, 우선 안중근은 금고이상의 형에 해당하는 범죄의 현행범에 해당하므로 체포에 있어서는 영장을 요하지 않는다.[37] 당시의 일본 형사소송법에 의하면 구류(오늘날의 구속에 해당)처분을 하기 위해서는 두 가지의 요건이 필요하다. 첫째는 행위에 대한 요건으로, 일정한 사람(피고인)이 그러한 행위를 행하였다는 혐의를 받고 있고 그러한 행위는 범죄의 혐의를 인정할 요건을 갖춘 단일범죄행위로 추측되는 경우이다. 둘째는 신분에 관한 요건으로, 피고인이 도망하거나 죄증을 인멸할 것이 의심되는 경우이다.[38][39] 이러한 요건을 안중근사건에 적용하여 보면 우선 행위에 대한 요건을 충족한다는 점에서는 의심의 여지가 없어 보인다. 즉 안중근이 이토를 저격하였고 그것이 형법상 살인죄의 요건을 충족하는 행위라는 점은 충분히 입증이 가능한 상황이다.[40] 다음으로 신분에 관한 요건에 관하여 살펴보면 범행현장에서 도주하려는 의사가 전혀 없었고 신문의 과정에서도 나름의 충분한 명분을 가지고 자신의 행위를 명확히 인정하고 있는 점, 자신을 정치범 혹은 전쟁포로로 인정해 줄 것을 요구하고 있는 점

37) 日本 舊 刑事訴訟法(明治 23年) 제58조 이하 참조.

38) 豊島直通, 刑事訴訟法新論, 298면.

39) 형식상으로는 오늘날의 구속사유와 유사하다.

40) 물론, 국제법적 관점에서 이러한 행위를 전쟁행위로 평가할 수 있는지에 관한 논점은 여기서도 배제된다.

등에서 도주나 증거인멸을 우려할 만한 부분은 찾아보기 어렵다고 할 수 있다. 그러나 형사소송법상의 도주 우려라는 요건은 사실적인 의미가 아니라 그 의미가 확장된 소송상의 개념으로 해석되어야 하며, 따라서 당시의 형사소송법의 해석에 의하면 피고인이 주거가 부정한 경우나 피고사건의 예심종결결정에 의하며 중죄공판에 부할 것으로 예상되는 경우에는 법률상 도망의 혐의가 추정되는 경우라고 한다.[41] 이러한 해석에 의하면 안중근은 의병활동을 하고 있었으므로 주거가 부정하다고 할 수 있고, 중죄공판에 부해질 것으로 예상이 가능하므로 영장의 발부를 통한 구금의 법률적 정당성 자체는 충족하고 있는 것으로 보아야 할 것이다.

그러나 구금절차와 기간의 정당성은 문제가 있어 보인다. 우선 앞서 지적한 바와 같이 이 사건은 검사가 예심을 청구하여야 하는 중대한 사건이고, 식민지의 현실을 감안하여 검사에게 체포 등의 강제처분권을 상당부분 인정할 수 있었다고 하더라도, 당시 이러한 예외를 법률적으로 폭넓게 인정하던 한국의 통감부에서도 구류장의 발부권은 검사와 사법경찰관에게 인정하지 않았다.[42] 따라서 예심판사의 신문절차와 구류장 발부의 절차를 거치지 않은 채, 1909년 11월 3일에 시작되어 이듬해 2월 1일까지 계속된 피의자 신분에서의 장기구금은 그 절차와 기간에 있어서 정당성이 결여되었다는 합리적인 의심의 여지가 충분하다.[43]

---

41) 豊島直通, 刑事訴訟法新論, 299면.

42) 1909년 10월 16일 일본칙령 제237호「통감부재판소사법사무취급령」제25조 참조.

43) 3년 뒤 식민지 조선에서 시행된 법률(1912년 조선형사령)에 의하면 사법경찰관에 의한 구류는 14일, 검사에 의한 구류는 20일을 넘길 수 없게 되어 있었다.

Ⅳ. 맺 음 말

안중근 재판의 과정에서 법리적으로 문제가 되었던 것은 크게 재판관할권 및 준거법의 문제와 재판진행과정에서의 절차법적 하자에 관한 것이었다. 재판관할권 및 준거법의 문제에 대하여는 우선 안중근 재판을 관동도독부에서 관할하고 진행한 것은 법률적으로 재판관할권 위반이라는 견해와 관할권은 정당하지만 준거법을 일본법으로 한 것은 위법한 것이라는 학계의 지적이 있어 왔다. 그러나 이 글에서 검토한 바에 의하면 적어도 지금까지 밝혀진 자료에 의하면 안중근 재판은 일본의 영사재판권 관할사항이며 이를 법률로 관동도독부 법원으로 이송하여 재판케 한 것은 특별한 법률상의 하자가 발견되지는 않는다. 또한 을사조약이나 기타 당시의 한일협약 등에 비추어 볼 때도 안중근에게 한국법을 적용하여야 할 법적인 특별한 근거는 발견되지 않고 관할지에서의 유효한 법률을 적용하는 것이 통상적인 법논리라는 측면에서 볼 때 안중근에게 일본형법을 적용하여 재판을 한 것이 명백히 위법하다고는 보여지지 않는다.

그러나 재판진행과정에서는 몇 가지의 명백하고 중대한 위법사항이 발견이 되었다. 우선 당시의 일본 형사소송법상 명백히 사선변호인의 지위가 관선변호인에 대하여 우위에 있음에도 이를 무시하고 직권으로 관선변호인을 선정한 재판부의 처사는 재판의 공정성을 해하고 나아가 재판결과의 법률적 정당성을 부정할 여지가 있는 중대한 위법행위로 평가될 수 있을 것이다. 또한 안중근 사건은 중대사건으로 예심을 거쳐야 하고 예심판사에 의하여 강제처분권한이 행사되는 당시의 소송법 규정에 비추어 볼 때 검찰관에 의하여 모든 절차가 이루어진 것으로 나타난 자료에 대해서는 비판적인 검토가 요구된다 할 것이다. 이는 장기간 이어진 구금의 절차적 정당성에 대한 합리적인 의심으로 이어질 여지가 충분하다고 할 수 있다.

이상에서 보여진 형사재판의 현실은 일본의 조차지에서 일본법원에 의해 행해진 것이라는 점에서 구한말의 형사사법현실과는 다소 거리가 있을 수 있다. 그러나 이 사건이 당시 국제적으로 큰 충격과 파장을 가져온 사건으로 내외의 주목을 받고 있었고 그에 따라 수사나 피고인에 대한 처우, 그리고 재판진행의 전 과정에 법원은 물론이고 일본정부가 지대한 관심과 노력을 기울이고 있었다는 점을 감안하면 식민지나 다름없는 구한말의 형사사법현실을 그려내는 데 작은 참고는 되지 않을까 한다.

제4장

지(知)의 정치가
—통감 이토 히로부미의 사상적 배경—

다키이 가즈히로(瀧井一博) / 임수연 역

Ⅰ. 이토 히로부미 —이미지와 실상—

Ⅱ. 문명으로서의 '지(知)'

Ⅲ. 지(知)의 국제(國制) 구축 —메이지헌법 제정의 의미—

Ⅳ. '지(知)의 국제(國制)'의 조탁(彫琢) —입헌정우회 설립의 의미—

Ⅴ. 한국통감의 두 개의 얼굴 —문명의 전도와 헌법 개혁—

한국사법의 근대성과
근대화를 생각한다

Ⅰ. 이토 히로부미 —이미지와 실상—

이토 히로부미가 동아시아의 근대사를 논하는 데 있어 빠질 수 없는 정치가임에 이론은 없을 것이다. 일본에서 초대 내각 총리대신을 역임하고 최초의 근대적 헌법전(대일본제국헌법, 이하 메이지헌법)을 제정하여 의회제도 도입에 지도적 역할을 한 이토는 1906년에 초대 한국통감으로 부임하여 일본에 의한 한국병합을 준비한 것으로 알려져 있다. 김영삼 정권에서 부총리 겸 통일원 장관을 지낸 권오기(權五琦) 씨는 일본 아사히신문과의 인터뷰를 통해 동아시아 지역에서 거시적 역사관이 결여되어 있음을 지적하며, 그 일례로 이토 히로부미의 객관적 전기가 없다는 점을 들고 있다.[1)]

객관적인 연구가 없다는 것은 실태와는 다른 이미지의 횡행을 초래하는 결과로 이어진다. 일본의 국민적 역사 소설가 시바 료타로(司馬 遼太郎)는 일찍이 이토에 대해 다음과 같이 서술한 바 있다.

> 이토에게는 사이고(西鄕 隆盛)나 키도(木戸 孝允)만큼 정치가로서의 철학성은 없었다. 그런 만큼 이토는 동 시대인은 물론 후세인에게도 매력이라 할 만한 부분을 느끼게 하는 부분이 희박했다.
> 하지만 철학성이 상대적으로 희박한 만큼, 정치라고 하는 가공할 권력의 전장에서 수행하는 작전능력이 사이고나 키도보다도 높았다.[2)]

다시 말해 철학 없는 주선가(周旋家), 사상 없는 현실주의자,

1) 2006년 11월 14일자 「朝日新聞」.
2) 司馬遼太郎 『翔ぶが如く』 第2巻(文春文庫, 2002年), 278면.

이것이 시바 씨가 그린 이토의 모습이다. 그리고 이러한 이토의 모습은 소설 속에서뿐만 아니라 학계에서도 널리 공유되어 왔다. 그는 빈농 출신임에도 불구하고 에도막부 말기의 동란기에 '주선가'(요시다 쇼인, 吉田 松陰)로서의 재능을 구사하며 입신출세의 길을 밟아 가다가, 메이지 시대에 들어서서는 키도 다카요시(木戸 孝允), 사이고 타카모리(西郷 隆盛), 오쿠보 도시미치(大久保 利通)의 유신 3걸이 뜻을 다 이루지 못하고 세상을 뜬 후 어부지리로 리더의 자리를 수중에 넣게 된, 경조부박(輕佻浮薄)하고 스캔들이 끊이지 않던 권력 정치가의 이미지로서 역사가 사이에 인식되어 있다.

또한 이토는 한국을 일본의 식민지로 만든 원흉으로도 종종 간주되곤 한다. 그런데 이토가 그러하다면 니토베 이나조(新渡戸稲造)가 전하는 다음의 이야기는 어떻게 이해해야 할까?

1906년 10월 니토베는 통감부 농상공무를 담당하고 있던 키우치 쥬시로(木内 重四郎)의 의뢰로 한국으로의 일본인 이민을 촉구하기 위해 이토 앞에 섰다. 그런데 이토의 첫 마디는 "조선에 일본인을 이주시키고자 하는 논의가 적지 않은 듯하나 나는 이에 반대한다"였다. "하지만 조선인만으로 이 나라를 이끌어 나가는 것이 과연 가능하겠습니까?"라며 니토베가 반론하자 이토는 다음과 같이 답했다고 한다.

> 여보게, 조선인들은 대단한 사람들이네. 이 나라의 역사를 보더라도 그 진보함은 일본을 훨씬 앞선 시대도 있었지. 이 민족이 이 정도의 나라를 스스로 경영하지 못할 이유는 없네. 재능에 있어서는 결코 뒤떨어지지 않는다는 말일세. 그런데 오늘날 이 형국이 된 것은 백성이 나빴던 것이 아니라 정치가 나빴던 결세. 나라만 수습되면 국민들은 양에 있어서도 질에 있어서도 부족함이 없네.[3]

이 말을 있는 그대로 받아들이면 이토는 일본인에 의한 한반도 식민화를 극력 피하고자 했고 한국인에 의한 국가통치를 바라고 있었던 것으로 볼 수 있다. 한국병합론자와는 대조적인 모습이다. 과연 이 모순을 어떻게 이해해야 할까?

본고에서는 정치가 이토 히로부미에게 부여되어 온 지금까지의 이미지를 벗겨내고, 1차 사료에 근거하여 그의 정치 이념과 국가 구상에 대해 알아보고자 한다. 이를 통해 필자가 종래의 이미지를 대신하여 제창하고자 하는 이토의 모습은 '지(知)의 정치가'라는 것이다. 이는 단순히 그가 실제로 문화적 식견이 높은 정치가라는 점을 지적하기 위함은 아니다.[4] 개인적인 지(知)에 대한 애호를 넘어 이토에게 '지(知)'란 정치의 근간에 존재해야 하는 것이며, 국가란 지(知)의 발양(發揚)과 순환, 세련을 목적으로 존립하는 것에 다름 아니었다. 다음 절에서는 이 점에 대해 논하고자 한다.

Ⅱ. 문명으로서의 '지(知)'

이토를 '지(知)의 정치가'라고 정의했는데, 그렇다면 그 '지(知)'란 어떠한 것인가? 결론부터 말하자면 그가 표방하는 지(知)라는 것은 '실학(실용적, 실제적인 학문)'이었다. 이토는 사변적이고 관념적인 학문을 혐기(嫌忌)하고, 편의를 창출하여 국민생활을 풍요

---

3) 『新渡戸稲造全集』 第5巻(教文館, 1969年), 550-551면.

4) 이토는 유명한 독서가에 영어가 유창했으며 한시 창작이 취미이기도 했다. 한국통감 재임시에는 한시를 통해 유림과 교감하고자 하였다. 崔在穆, 「伊藤博文の韓国儒教観」, 伊藤之雄/李盛煥 編, 『伊藤博文と韓国統治』(ミネルヴァ書房, 2009年) 수록 참조.

롭게 하는 경험주의적이고 실용적인 지식을 사랑했다. 이러한 견지에서 그는 민권 운동가나 교조적 유학자, 국학자들의 논의를 정치담론이라며 배척했다.

그러한 이토의 실학적 지(知)의 전도가 가장 명확히 드러난 사례로 만년의 한국통치를 들 수 있다. 앞서 기술한 바와 같이 이토는 초대 한국통감으로 한국의 보호국화를 추진하고 일본에 의한 한국병합의 길을 연 인물로 알려져 있다. 그러나 최근의 실증적 연구들은 이토가 일본정부에게 있어 한국병합의 최대 걸림돌이었다는 사실을 밝혀내고 있다.[5] 오히려 이토는 병합을 회피하기 위해 한국의 내정 지도에까지 개입하여 한국이 근대화를 통한 자강의 길을 걸을 수 있도록 하려 했다.

통감 취임 초기 이토는 "내가 이 땅에 온 것은 한국을 세계의 문명국으로 만들고자 하는 바람 때문이다"라고 밝힌 바 있다.[6] 그는 스스로를 '문명의 전도사'로 자처했다. 한국민을 문명의 국민으로 이끌고자 했던 것이다. 이를 위한 방책으로 채택한 것이 국민중심주의, 법치주의, 점진주의였다.

첫째, 국민중심주의이다. 이토는 수 차례에 걸쳐 국민을 기조로 하는 정치를 표명하였다. 통감으로 취임한 지 얼마 되지 않았던 1906년 3월 25일, 고종을 알현한 자리에서 "우리 한국은 어떻게 하면 국력이 발달하여 국운의 융성을 가져올 수 있겠는가"라고 하문을 받은 이토는 "국민의 부력(富力, 경제력)을 기다려야 합니다"라고 답했다.[7] 이 후 한국의 각료들에게도 "정부는 국민을 사랑하는

5) 전술한 伊藤之雄/李盛煥 編, 『伊藤博文と韓国統治』.

6) 韓国施政改善ニ関スル協議会(以下, 施政改善協議会), 1906년 7월 3일(第7回), 金正明 編, 『日韓外交資料集成』 第6巻上(巌南堂書店, 1964年), 247면.

것을 첫 번째 목적으로 삼고 관리(官吏)를 사랑하는 듯한 태도를 버려야 한다"[8]며 국민 본위의 정치를 역설했다.

이러한 이토의 통치 철학은 한국사의 문맥에서 말하자면, 무민(撫民) 사상이라는 점에서 유교적 왕도론의 민본주의와 궤를 같이하는 것이라 지적할 수 있다. 무엇보다 이토의 사상체계에 입각하여 말하자면 그의 민본주의는 법치주의를 논결하고 국가권력의 억제를 도모하는 것이었음을 간과해서는 안 된다.

전술한 고종과의 회견시 이토는 국민의 경제력을 높이기 위해 "무엇보다 신체, 재산의 안전을 보장해야 한다"[9]라고 언급한 이외에도, "탐관오리 때문에 항시 생명과 재산의 위험을 피할 수 없다면, 국민들은 하루도 안심하고 산업에 종사하면서 부력의 증식을 위해 노력할 수 없음은 필연적 형국이다"[10]라며, 국가권력의 자의적 남용에 대한 제약을 강조하였다. 법에 입각한 지배의 실시야말로 국민 본위의 정치를 바탕으로 국력을 증강시키기 위해 필수 불가결한 전제인 것이다.

이상과 같은 통치철학의 실천을 위해 그가 택한 또 하나의 방법은 점진주의였다. 이에 대해 한국의 각료들을 모아놓고 통감 이토가 재임 중에 개최했던 비공식 내각 회의인 '한국시정 개선에 관한 협의회' 제1차 회의에서 명언한 바 있다. 그 자리에서 교육제도의 개혁을 주창한 이토는 "처음부터 손실을 초래할 수도 있는 큰 계획을 세우는 것은 불가"하다며, "처음에는 작은 계획을 세웠다가

7) 金正明 編, 『日韓外交資料集成』 第6巻上, 163-164면.

8) 施政改善協議会, 1907년 4월 9일(제14회), 金正明 編, 『日韓外交資料集成』 第6巻上, 450면.

9) 金正明 編, 『日韓外交資料集成』 第6巻上, 164면.

10) 상동.

점차적으로 발달시켜야 한다"[11]는 점을 역설하였다. 원래 점진주의는 정치가 이토의 뼛속까지 스며있는 정책이었다. 통치의 큰 방침은 신념으로 견지하지만, 이의 실현에 있어서는 신중한 자세로 접근하면서 점진적으로 추진하는 것이 그의 정치 스타일이었다. 일본에서의 입헌정치 도입도 이러한 점진주의에 입각하여 추진되었다.

한국통치에 있어서도 이러한 점은 마찬가지였다. 이토는 한국의 기존 질서와 가치관을 존중하면서 점진적인 문명국으로의 전환을 도모했다. 그러한 관점에서 그가 특히 공을 들인 부분으로 궁중개혁을 들 수 있다. 추후 언급하겠으나 그는 메이지헌법 제정기에 일본황실의 비정치화를 기획하고 그 국가기관화를 추진하고 있었다. 그렇게 함으로써 이토는 일본의 천황제를 서구의 군주제와 같은 수준의 입헌군주제로 개혁하고자 했던 것이다. 한국의 황제와 황실에 대해서도 이토는 같은 자세로 임했다. 솔선하여 제도와 생활양식의 근대화를 도모하고 국민의 모범이 되었으며, 정치적으로는 전제적 권력의 양도를 기대했다. 이렇게 해서 한국 궁정을 기점으로 한 근대화의 효과가 사회의 구석구석에까지 점진적으로 침투되기를 바랐던 것으로 생각된다. 그러나 이토는 한국의 궁정문화, 나아가서는 내셔널리즘의 무게를 가벼이 여겨 좌절을 겪어야만 했다.

이와 같은 방침으로 한국통치에 임했던 이토는 통감 재임시 일관되게 한국에서 서양학술을 높이 평가했었다. 그는 1908년 12월 한국 각료들 앞에서 다음과 같은 체험담을 들려주었다. "나는 유년 시절부터 한서를 익히고, 주(周) 나라의 황금기에 대해 들어

11) 施政改善協議会, 1906년 3월 13일(제1회), 金正明 編, 『日韓外交資料集成』 第6巻上, 138면.

왔으나, 처음 서양에 건너가서 그들의 문물 제도와 각종 기술의 현저한 발달상을 직접 눈으로 보다 보니 진정한 '주도(周道)'는 서양에서 이루어지고 있음을 접하였고, 국가는 바로 이러한 것이어야 한다고 생각하여"[12] 귀국했다고 한다.

중국 고전에서 말하는 이상적인 정치＝'주도(周道)'란 오늘날 서양에서 이루어지고 있으므로 동양적 한학의 전통과는 결별하고 서양 학문에 입각하여 사회 구조를 혁신해야 함을 주장한 것이다.

이토는 개인적으로 한학적 소양을 지닌 문인 취향의 인물이었다. 그러나 그에게 있어 공적인 국가 통치기구가 전근대적인 유학에 의해 석권되는 모습은 그냥 지나칠 수 없는 것이었다. 국가를 구성하는 것은 서양적인 과학지(科学知)여야 했다. 유학의 가르침이라는 것은 이를 테면 중국 고대에서 주대(周代)라고 불리는 한 시기의 정치, 사회를 전제로 한 것에 지나지 않는다. 그 언설을 금과옥조시하며 현재의 국가 경영에 적용하는 것은 시대착오의 극치이며, 국제환경의 변화를 무시하는 처사로 이토의 눈에는 비쳐졌다. 이러한 그의 주장은 유학을 국가통치의 초석으로 삼고 있던 한국 사회의 급진적 변혁을 의미하는 것이었으며, 한국 왕실과 전통적 학식계층인 유림의 집요한 저항을 불러오게 되었다.

이번에는 일본으로 눈을 돌려보자. 이토는 일본에서도 실학을 근간으로 한 국가 조성을 일관되게 주장했다. 그러나 그의 주장은 한국에서와 마찬가지로 당시의 일본인들에게 흔쾌히 받아들여졌던 것은 아니었다. 이러한 점을 그가 정치가로서 이룬 두 가지 위업인 메이지헌법과 입헌정우회를 통해 살펴보고자 한다.

---

12) 金正明 編, 『日韓外交資料集成』 第6巻下, 1143면.

Ⅲ. 지(知)의 국제(國制) 구축 —메이지헌법 제정의 의미—

우선 1889(메이지 22)년에 제정된 메이지헌법에 대해 살펴보도록 하겠다. 그러나 필자가 여기서 문제로 삼고자 하는 것은 헌법(constitution) 그 자체가 아니다. 영어의 constitution에는 일본어의 헌법이라는 의미 이전에 사물의 구조나 조성이라는 의미도 들어있다(독일어로 헌법에 해당되는 Verfassung도 마찬가지이다).[13] 이토는 이러한 constitution의 복잡한 의미에 대해 충분히 파악하고 있었던 것으로 생각된다. 헌법제정을 앞둔 이토가 1882년(메이지 15년)부터 1년 이상 유럽에서 헌법 조사에 몸담았던 사실은 익히 알려져 있으나, '헌법' 조사라는 호칭에서 떠올려지는 이미지와는 달리 그의 주된 관심사는 헌법이라기보다는 그를 포함한 국가의 전체적인 구조에 있었다. 그것은 유럽 땅에서 그가 적어 남긴 다음의 구절을 통해서도 확연히 알 수 있다.

> 설령 아무리 훌륭한 헌법과 의회를 만들어 놓았다 하더라도 실제 시정(施政)이 양호하지 않으면 그 효과는 기대할 수가 없다. 시정이 양호하기 위해서는 우선 그 조직과 규칙을 확정해야 한다. (중략) 슈타인의 강의에서도 헌법정치에서 필수 불가결한 것은 황실법, 정부 조직법, 입법부 조직법의 세 가지이며 이들 중 어느 하나라도 결여되면 입헌군주국이라 할 수 없다는 점과, 이들 3자 조직법을 확립하고 서로 독립된 형태로 조화시키는 것이 다름 아닌 헌법이라는 점을 역설하였다. 이러한 관점에서 본다면 정부 조직과 행

13) 졸고(拙稿)「藤博文の立憲デザイン1憲法と「国のかたち」」『外交フォーラム』第205号(都市出版, 2005年) 참조.

정의 전제를 확립하는 것이야말로 가장 중요하다 하겠다.[14]

여기서 슈타인은 빈 대학의 국가학 교수 로렌츠 폰 슈타인을 말한다. 독일 사회학, 행정학의 창시자인 그는 '헌법'이란 황실, 정부, 입법부 이 세 기관이 각기 자립적으로 활동하도록 하면서 서로 균형을 맞추는 구조임을 이토에게 역설했다. 이에 이토는 "아무리 훌륭한 헌법을 만들고 훌륭한 의회를 개설한다 해도, 실제 통치가 선량하지 못하다면 그림의 떡에 불과하다"는 점을 갈파하고 있었다. 똑같이 '헌법'이라는 단어를 사용하였으나 전자가 국가의 구조를 의미하고, 후자가 헌법전을 가리킨다는 점은 분명할 것이다. 슈타인에게서 헌법에서 확대된 constitution의 보다 광범한 의의에 대해 가르침을 받은 이토는 "헌법의 일부분만을 조사해서는 아무 도움도 되지 않는다"[15]며 귀국 후 일차적으로 행정기구의 개혁과 정비에 착수하게 된다.

우선 그가 착수한 것은 궁중개혁이었다. 당시의 기본 방침은 궁중(宮中)과 부중(府中)의 별도 확립이었다. 그 때 메이지천황은 30대가 되어 청년 군주로서의 위풍을 다지고 있었고, 그 영향으로 천황친정운동이 일어났다. 천황에게 직접 집정을 맡기자는 운동이었다. 이토는 이에 반대했다. 군주라는 한 개인의 의사에 의해 정치가 좌우되는 것은 바람직하지 않다고 생각한 이토는 우선 궁중(宮中)과 부중(府中)을 분리하는 개혁을 추진하여 천황친정운동을 봉쇄했다.[16]

그 다음에는 1885(메이지 18)년 12월 내각제도 도입을 비롯한

---

14) 平塚篤 編, 『続伊藤博文秘録』(原書房, 1982年), 46147면.

15) 상동.

16) 坂本一登, 『伊藤博文と明治国家形成』(講談社学術文庫, 2012年) 참조.

행정기구의 개혁이 단행되었다. 그 결과 초대 내각 총리대신에 이토가 취임했다. 그 때까지 대신이 될 수 있는 자는 아리스가와노미야(有栖川宮)와 산죠(三条), 이와쿠라(岩倉) 등의 황족이나 화족(역주: 華族, 일본제국시 귀족계급을 하사받은 사람)으로 국한되어 있었다. 이토와 같은 정부의 실질적 리더조차도 국가의 최종적 의사결정에는 참여할 수 없었다. 하지만 그 후 가문이나 신분에 상관없이 국민이라면 누구나가 대신의 자리에 오르는 일이 형식상 가능해졌다.

나아가 이토는 대학제도의 개혁에도 착수했다. 1886년에 오늘날 도쿄대학의 전신인 제국대학이라는 새로운 고등교육체제를 구축했다. 그리고 그는 제국대학을 국가 행정을 담당할 엘리트 관료의 리크루트 시스템이라는 자리에 올려놓았다. 이와 더불어 제국대학 법과대학(지금의 도쿄대학 법학부) 안에 국가학회라는 조직이 만들어졌다. 국가학회란 현재도 도쿄대학 대학원 법학연구과 연구원을 중심으로 운영되고 있는 학술조직인데, 이 조직은 원래 당시 이토의 지원하에 일본 최초의 정책 싱크탱크라는 의미를 갖고 창설된 것이었다.

1888년(메이지 21년)에는 추밀원(枢密院)이 창설되었다. 추밀원은 원래 헌법전과 황실전범 초안을 심의하기 위해 설립된 것이었으나, 이토는 천황의 정치적 행위를 위한 자문기관으로 자리잡도록 하였다. 전술한 바와 같이 그는 궁중을 정치로부터 구별하고 그 곳에 천황을 밀어넣으려 하였다. 그러나 메이지헌법 규정상 천황은 형식적으로 통치권의 총람자(総攬者)이며 주권자였다. 그러한 주권자로서의 천황이 정치적인 의사결정을 하기 위해서는 추밀원에서의 심의를 거쳐야 했다. 추밀원은 천황의 정치활동을 제도화하고 질서를 부여하고자 한 이토의 입헌군주화 구상의 일환이었던 것이다.

이상과 같은 일련의 국가 구조개혁에 화룡점정이 된 것이 1889년(메이지 22년)의 메이지헌법 공포였다. 이로써 일본은 입헌 국가로서의 외용을 갖추게 되었다.

이렇듯 메이지헌법 제정기의 이토는 협의의 헌법뿐만 아니라 이를 일부분으로 하는 보다 넓은 의미의 국제(國制) 확립에 부심하고 있었다. 다음에서는 지금까지 논한 국제(國制)를 구성하는 여러 요소들 중 하나를 살펴보면서 이토가 이 시기에 구상하고 있던 국제(國制)의 형태를 보다 명확히해 보고자 한다. 그 한 가지 요소는 바로 제국대학이다.

이토는 입헌체제를 구축하기 위해서는, 그에 앞서 새로운 국제(國制)에 걸맞는 새로운 '지(知)'의 제도화가 반드시 필요하다고 생각했다. 그는 국가라는 것이 지(知)를 기반으로 하여 성립한다는 생각에 이르렀던 것이다. 필자는 이러한 이토의 국가구상을 '지(知)의 국제(國制)'라는 단어로 표현하고자 한다. 그리고 그 계기가 된 것이 헌법조사에서의 슈타인의 강의였다.

전술한 바와 같이 슈타인의 강의는 협의의 헌법이 아니라 보다 폭넓은 의미의 국제(國制)를 대상으로 하는 것이었다. 행정학의 창시자로서 그의 교설(教說)은 행정을 중심으로 이루어졌으나 그 기저에는 대학론이 있었다. 슈타인은 이토에 대해 입헌제에 앞서 이를 뒷받침할 지(知)의 기관을 설립할 것, 즉 대학을 정치엘리트 공급을 위한 국가기관으로 정비할 것을 강조했다.[17] 그리고 바로 여기에 헌법조사의 최대 수확이 있었다. 그것은 슈타인의 일본 초빙을 제안하는 이토의 편지에 "만일 조정에서 슈타인 선생님을 채용하여 대학을 감독하도록 하고 학문의 방향을 확정시켰더라면, 실

17) 이 부분에 대한 상세한 내용은 필자의 저서 『ドイツ国家学と明治国制―シュタイン国家学の軌跡―』(ミネルヴァ書房, 1999年).

로 작금의 폐해는 피할 수 있었으며 장래를 위해 좋은 결과를 얻었을 것임에 틀림없다"[18]라고 명기하고 있는 점에서도 알 수 있다.

이토는 슈타인을 통해 대학을 국가기관으로서, 또 국제(國制)에 반드시 필요한 요소로서 개혁하겠다는 구상에 눈을 떴다. 이토가 소유하고 있던 슈타인의 강의 노트에는 대학에서 생산되는 지(知)와 지식인에 의해 국가 체제가 확립된다는 점이 쓰여 있다. 바꾸어 말하면 국제를 쇄신하기 위해서는 그 전제가 되는 학식계층과 지(知)의 장치를 창출해야 한다는 것이다. 그러한 목적을 가지고 헌법에 앞서 창립된 것이 제국대학이었다. 제국대학을 중심으로 하는 지(知)의 체계를 창출하는 계기에 이토의 헌법조사가 있었던 것이다.

Ⅳ. '지(知)의 국제(國制)'의 조탁(彫琢) —입헌정우회 설립의 의미—

다음으로 메이지헌법과 더불어 이토의 또 하나의 공적이라 할 수 있는 1900년(메이지 33년)의 입헌정우회 창설에 대해 살펴보고자 한다. 종래에는 이토에 의한 이 정당의 결성이 초연주의자 이토의 변절로 여겨져 왔다. 별고를 통해 밝힌 바 있으나 헌법 성립시에 이토는 황족과 화족들의 면면을 앞에 두고 국민중심 정치의 전망에 대해 논했다.[19] 즉 당시부터 그는 무조건 정당정치를 배척했

18) 春畝公追頌会 編, 『伊藤博文伝』 中巻(原書房, 1970年), 305-306면.

19) 졸고 「伊藤博文の描いた「国のかたち」その1: 明治憲法の制定を考える」, 五百旗頭真ほか 著, 『日本の近現代史 述講 歴史をつくるもの』 下(中央公論新社, 2006年), 209면 이하.

던 것이 아니라[20] 점진적인 의회중심 정치체제로의 이행을 생각하고 있었다. 국민들의 폭넓은 지지 없이 강력한 독립국가는 존재할 수 없다는 생각을 갖고 있었기 때문이다. 따라서 이토에 의한 정우회 설립은 헌법 제정기부터 일관해 온 그의 사상적 소산으로 볼 수 있을 것이다.

이 점을 본고의 주제인 '지(知)'라는 측면에서 논증하고자 한다. 전 장에서는 이토가 메이지헌법 제정기에 행정중심의 국제개혁을 단행하였으며, 그 전제로 행정을 담당할 인적 리크루트 기관인 제국대학을 창립한 점을 지적했다. 이토는 슈타인의 가르침대로 입헌제도 도입에 앞서 행정을 확립하기 위한 지(知)의 혁신이 반드시 필요하다고 생각했다. 이렇듯 헌법에 그치지 않는 국제(國制)의 제정이 이토가 진정으로 추구하고자 한 바였다.

하지만 한편으로 이토는 이렇게 해서 구축된 국제(國制)에 헌정 정신을 주입하고자 의도하기도 했다. 즉 국제(國制)라는 용기 속에서 국민의 정치참여를 도모하는 헌정 운동이 전개되어야 한다는 것이 그의 국가구상이었으며, 그 귀결이 입헌정우회였던 것이다. 정우회 창립 전년인 1899(메이지 32)년에 이토는 사전 준비로 일본 각지를 유세하며 돌아다녔다.[21] 당시 그가 남긴 말 중에서 위의 사항에 해당되는 내용을 살펴보고자 한다.

앞서 이토가 국민의 정치참여를 도모했다고 언급했다. 그 배경에는 '각종 사업에 종사하는 자로 정치와 서로 관련이 없는 자가

20) 1882년의 헌법조사 당시 이토는 "정당이란 의회가 있으면 저절로 생겨나는 것"이라는 인식을 보여주고 있다'(8월 27일자 山田顕義에게 보낸 서한, 『伊藤伝』 304-305면).

21) 이 시기의 유세에 대한 보다 상세한 사항은 졸고 「伊藤博文の憲法行脚―立憲政治とは何か」 『ラチオ』 第4号(講談社, 2007年), 및 『伊藤博文演説集』(講談社学術文庫, 2011年) 참조.

있겠는가?'[22]라는 인식이 있었다. 그에 따르면 문명의 세계란 정치가 인간의 사회활동 만반에 침투한 세계를 말하는 것이었다. 바꾸어 말하면 인간이 행하는 모든 사업의 배후에는 국가가 대기하고 있고 필요한 경우 국가가 이들 사업을 뒷받침하며 추진해 나가는 것이 예정되어 있는 세계이다. 이러한 인식에 입각하여 이토는 국민이 정치의 영역에 객체로서뿐만 아니라 주체로서 등장하기를 희구했다. 그 때문에 그는 이 시기에 중의원 의원선거법 개정을 통해 유권자층을 확대하고, 소득세 비중을 높이는 세제개혁으로 국민의 폭넓은 층을 납세자로 전환시키고자 하였다.[23]

이는 도시 상공업자들을 정치적으로 동원하여 일본을 부르주아 국가로 탈피시키고자 하는 정책으로 생각될지도 모른다. 하지만 이토가 이 정책을 일관되게 '문명의 정치'로 이어지는 계단이라 주장했던 점을 간과해서는 안 된다. 그는 단순히 도시 부르주아의 정치참여를 촉구했던 것이 아니라 '문명'이라는 이념을 내걸고, 보다 일반적인 정치철학을 일관되게 전개하였다. 거듭 언급하지만 그 철학이란 국민을 정치의 주체로서 확립하는 것이었다. "문명의 국민은 민간의 일에 대해서만이 아니라 정부의 일에 대해서도 잘 알고 있어야 한다. 정부의 업무를 알고 정부가 어떠한 일에 쓰기 위해 국민으로부터 세를 거두는지, 이 거두어들인 돈을 어떻게 하

22) 伊藤博文, 『伊藤侯演説集』 第2(東京日日新聞, 1899年), 185면.

23) 1899년 증세시 소득세율이 인상되면서 종래의 법인 비과세도 수정되었다. 이후 소득세는 세입에서 차지하는 비중이 점차 늘게 된다. 이는 기존 토지 조세 중심의 세 체계로부터의 전환(토지에 대한 세금에서 소득에 대한 세금으로)을 도모하고자 한 것으로 볼 수 있다(税務大学校研究部, 『税務署の創設と税務行政の100年』, 46면). 다음 절에서 논할 정우회에 대한 실업가의 노력이라는 이토의 계략은 그들에게 납세자라는 의식 함양과 국가적 책무의 향상을 연동시키고자 한 것으로 파악할 수 있다.

는지에 대해서도 알아야 한다"[24]고 그는 역설한 바 있다.

이토는 국가에 납세하는 국민이 국가 통치를 끊임없이 체크하고 방향을 제시한다는 의미로 국민국가를 생각했다. 원래 그 국민에는 일정 요건이 있었다. 우선 첫째로 재력, 그리고 두번째로 지력(知力)이다. 이토는 이 두 가지 능력이 국력의 기반이라고 주장했다. 따라서 이들 능력을 촉진하기 위한 실업과 교육의 확충도 거론되었다.

이 중에서 보다 기본적인 근간이 되는 것은 교육이다. 교육에 의해 실업도 융성하고 입헌정치의 발전도 이루어지기 때문이다. 정치에 참여하는 자로서 국민을 존립시키는 것은 단순히 재산만이 아니었다. 재산 이상으로 강조된 것이 교육이었다. 이토 유세의 또 한 가지 큰 목적은 교육의 중요성을 국민에게 환기시키는 것이었다. 그리고 여기에는 그가 생각한 이상적 정치의 모습이 담겨 있었다. 이를 다음의 글에서 살펴볼 수 있다.

> 전제정치는 비밀로 이루어지는 부분이 많아 공자가 말씀하신 "民可使由之 不可使知之"[백성들이 그것을 따르게 할 수는 있어도 그것을 알게 할 수는 없다(반드시 알게 할 필요는 없다)]의 방식이나, 헌법정치란 되도록 국민에게 정치의 이해득실을 분명히 알게 하는 방식이다. 또한 그것을 이해하고 이해하지 못하고는 그 교육의 정도와 관계가 있다. 원래 교육이라는 것은 하루 아침에 진보시킬 정도로 간단한 것이 아니나, 서서히 젊은이들에게 학문을 익히도록 하여 교육을 진보시키는 한편 시대의 변천에 따라 헌법정치 구조를 이해하는 경험을 차근차근 쌓아가면서 정치도 모두 이해하기 쉬워

24) 전술한 伊藤博文, 『伊藤侯演説集』 第2, 160-161면.

지도록 해야 한다.[25)]

여기서 이토는 입헌제도의 주안점을 국민에 대한 정치적 정보 공개에 두었으며 교육의 진전에 따라 국민이 정치에 대한 이해를 넓혀가는 것을 헌법정치의 요체라 주장하였다. 그렇다면 그는 입헌국가에 있어서의 교육을 고대 그리스와 같은 도시국가의 정치적 시민을 육성하기 위한 것으로 생각했을까?

역설적으로 이토에게 있어 교육이란 비정치적인 것이어야 했다. 교육은 무엇보다도 국민을 실업에 종사하는 전문적 직업인으로 육성해야 하는 것이었다. 앞서 언급한 바와 같이 이토에게 학문이란 마땅히 실학다워야 하는 것이었다. 그렇다면 그 실태는 과연 무엇일까?

이토가 표방한 실학의 의의로 우선 제일 먼저 들 수 있는 것이 비정치성이다. 학문이라는 이름 아래 이토는 정치담론(政談)의 배척을 강력히 주장했다. 이렇게 해서 그는 예전에 사립학교에서 전개되었던 자유민권론을 비판하였으나[26)] 1899년에 들어 그 화살은 한학 등에 뿌리를 둔 국체론자에게 향해졌다. 이토는 한학자들에 대해 "무엇이든 전제적이지 않으면 일본의 국체에 맞지 않는다고 생각한다"며, 이는 "그들의 시야가 협소하여 고금의 정치와 그 실체를 이해하지 못하는 데서 오는 그릇된 견해"라고 일축했다. 입헌정치가 어떠한 것인가에 대한 이해가 없는 한학 등에 대해서는 '허학(虛学)'에 불과하다며, '사실응용이 가능한 학문'이야말로 오늘날 우리가 배워야 하는 것이라 주장했다.[27)]

---

25) 상동, 265면.

26) 전술한 졸저『ドイツ国家学と明治国制』, 186면 이하.

27) 伊藤博文,『伊藤侯演説集』第3(東京日日新聞, 1899年), 40면.

실학의 두번째 의의는 실생활에서의 응용 가능성이다. 실용성이야말로 문명사회의 학문이라 하였는데, 이러한 실용적 학문관은 학문의 도구시를 초래하기도 한다. 이토는 "학문은 청년이 성장한 후 각자의 뜻하는 바 사업을 이루고자 할 때의 수단에 지나지 않는다"라고 잘라 말했다. "학문 자체가 목적을 달성시켜 주는 것은 아니다. 우선 학문을 통해 세상에 대처하는 단계를 거친 후 익힌 것을 현실에 응용함으로써 비로소 인간은 경험을 얻는다. 그러한 경험을 쌓은 자는 어떠한 일에 종사하더라도 그 일을 해낼 수 있게 된다."[28] 이는 얼핏 학문을 실리주의적으로 폄하하는 언사로 들릴 수도 있겠으나, 본고에서는 오히려 여기에 담겨 있는 이토의 메시지를 파악하는 데 주력하고자 한다. 이를 위해서는 그의 성장과정을 살펴볼 필요가 있다.

농가 출신이었던 그가 공을 이루고 명성을 얻을 수 있었던 것은 분명 교육의 산물이었다. 요시다 쇼인(吉田 松陰)의 쇼카손쥬쿠(역주: 松下村塾. 메이지유신시에 활약한 인재를 배출한 사설 교육기관)에서 공부하였으며, 영국 유학의 뜻을 품고 밀항하는 등 이토는 에도막부 말기에 왕성한 지식욕을 가지고 넓은 세상에 눈을 뜨며 출세 길에 오르고 있었다. '지(知)'라는 것은 그에게 있어 신분제도를 극복하게 해줌과 동시에 양이(攘夷: 외국인 배척)라는 편협한 내셔널리즘에서 벗어날 수 있게 해주는 것이었다.

이러한 내력을 고려하면 학문을 수단이라 단언하는 그의 언설이 나타내는 바를 다음과 같이 설명할 수 있을 것이다. 이토는 자신의 경험에 비추어 학문을 통하여 각자가 지(知)를 취득함으로써, 그들이 개인으로 자립하고 신분 등 사회적 굴레에 얽매이지 않으

28) 상동, 38-39면.

면서 세상을 살아갈 수 있는 존재가 되는 것을 이상으로 삼았다. 이를 위해 지(知)는 실제 사회 속에서 활용될 필요가 있었다. 이를테면 개인과 사회를 이어주는 매개체로서 지(知)가 존재한다는 것이다. 지(知)를 통해 개인은 자신을 실현하고 사회 속에서 활동하며, 나아가 사회를 움직여 변화시켜 나갈 수도 있다. '실학'에 담긴 메시지란, 지(知)를 통해 각 개인이 저마다의 사회성을 마음껏 펼치고 자신을 확립할 수 있는 것이었으리라 생각된다.

이상의 내용을 정리하면 다음과 같다. 1899년 유세에서 이토가 국민에게 전하고자 했던 것은 바로 '문명의 국민'에 의한 국민정치를 호소하는 것이었다.

이토가 추구했던 '문명의 국민'이란 일차적으로는 다름 아닌 비정치화된 경제인이었다. 정치 담론에 휘둘림 없이 저마다의 실업에 힘쓰는 직업인이다. 하지만 한편으로 이토는 그러한 직업인들을 변화시켜 정치에 동원하고자 하기도 했다. "각종 사업에 종사하는 자로 정치와 서로 상관없는 자가 있겠는가?"라고 말했던 이토는 직업인이 직업인으로서의 본분을 다하기 위해 어느 정도의 정치성은 불가결하다는 점을 역설했던 것이다.

이러한 논리는 다음과 같이 설명할 수 있을 것이다. 국민 한 사람 한 사람은 평소에 자신의 생업에 전념해야 하지만, 한편으로는 이를 위한 조건을 정비하기 위해 정치에의 참여가 필요하게 된다. 즉 개개인은 자신의 경제활동을 저해한다거나 반대로 그 발전에 도움이 되는 정치적 요인이 존재하면 그 제거 혹은 실현을 목표로 정책 형성에 관여해야 하는 것이다.

이토는 전문지(專門知)가 실제로 응용되는 속에서 국가 경제발전에 이바지하는 정책적 지견이 용출되기를 기대하며 그러한 정책지(政策知)를 현실정치에 반영할 수 있는 국가의 의사형성 시스

템을 구축하고자 했다. 이러한 목적을 위한 정치적 포럼이 의회였고 의회로 정책적 지견을 수렴하는 파이프가 정당이었는데, 그러한 정당적 개념으로 창설된 것이 바로 입헌정우회였다. 무엇보다 이토 자신의 머리 속에서는 통상적으로 생각되는 정당이라기보다는 민간의 지(知)를 수렴하고 이를 정책지(政策知)로 발전시켜 국가의 의사형성에 반영시키는 싱크 탱크와 같은 존재로 관념되어 있었다고 할 수 있을 것이다. 그러한 의미에서 이토는 제국대학과 더불어 또 하나의 국제(國制)상 지(知)의 기관으로 정우회를 형성하고자 했던 것으로 생각된다.

Ⅴ. 한국통감의 두 개의 얼굴 —문명의 전도와 헌법 개혁—

본고에서는 이토를 지(知)의 정치가로 정의했다. 여기서 '지(知)'란 '실학'을 의미한다. 그는 사변적이고 관념적인 학문을 멀리하고 편의를 창출하여 경제적 생활을 풍요롭게 하는 경험주의적이고 실용적인 지식을 사랑했다. 그러나 그의 지나치게 주지주의적인 사상에 정치가 이토의 한계도 뿌리를 두었던 것으로 생각된다. 그 하나의 예증으로 그의 내셔널리즘에 대한 인식부족을 들 수 있다.

이토는 배타적 내셔널리즘을 기피했다. 1899년 유세의 또 다른 목적이 불평등조약 개정에 의한 국내 개방 때문에 일어나고 있던 외국인배척운동을 진정시키는 것이었다. 이토는 나라를 부강하게 하기 위해서는 적극적으로 국토를 개방하여 외국과의 교류를 확대해 나가야 한다는 입장이었다.[29] 그리하여 이에 반하는 민족

29) 전술한 졸고「伊藤博文の憲法行脚」, 184면.

주의적 내셔널리즘은 나라를 해할 뿐이라는 굳은 신념을 가지고 있었다.

한국에 있어서도 그는 한국인의 반일 내셔널리즘을 이해할 수 없었다.[30] 이토에게 있어 내셔널리즘과 같은 비합리적인 감정은 문명화가 진전되면 저절로 해소되는 문제로 비춰졌다. 문명을 창도하고 이에 입각한 통치 제도를 정비함에 있어, 일본에서의 통치와 한국에서의 통치에 대해 이토 자신의 차별은 없었으나, 한국인에게 이토는 외부에서 온 '남'이었으며, 이러한 남으로부터 문명을 강요받는 것은 감내하기 어려운 것이었다. 이는 자민족의 문화에 대한 부정으로 받아들여졌기 때문이었다.

이토가 이해할 수 없었던 것은 이 '문화'라는 것이 아니었을까? 그에게 국가구상의 지침이 된 것은 문화와는 구별되는 문명이었다.

문화와 문명을 여기서는 일단 다음과 같이 정의해 두고자 한다. 문화라는 것이 역사와 전통에 뿌리를 둔 자신(자국민)의 독자성과 고유성을 본바탕으로 하는 가치체계임에 반해, 문명은 타자를 전제로 하여 그들과의 교류와 대항의 형태로 전개되는 보다 보편성을 추구하는 가치의 운동이라고 말이다. 따라서 문화는 종종 다른 언어로의 번역 불가성을 표방하는 데 반해, 문명은 번역을 통한 유통을 신조로 한다.[31]

---

30) 전술한 伊藤之雄/李盛煥 編, 『伊藤博文と韓国統治』에 수록된 李盛煥, 「伊藤博文の韓国統治と韓国ナショナリズム」 및 졸고 「知の嚮導としての韓国統治」 참조.

31) 물론 이러한 문화, 문명 구별론의 이면에는 유럽 중심주의적 오리엔탈리즘의 위험성이 내재되어 있는 점에 대해서는 일부 주의해 둘 필요가 있다. 본문에서도 문명이란 근대 유럽의 그것이며, 문화란 유럽의 동아시아 진출로 인해 침식되고 있던 유교적 문화권을 의미한다. 이토가 문명을 표방했

이토는 자신을 성장시킨 문화적 교양과 국가경영을 엄격히 구분했다. 후자는 문명의 원리에 입각하여 수행해야 하는 것이었다. 서양에서 유래한 의회정치나 관료제와 같은 합리적 국제에 대해 통치 양식으로서의 타당성과 범용력을 인정하고 이의 도입을 위해 노력했다. 이토에게 있어 문화는 그러한 문명적 통치기구의 틀 안에서 안주하고 그것을 운용하는 정신으로 전환되어야 하는 것이었다.

그러나 현실정치 국면에서 그의 발목을 잡은 것도 바로 그 문화였다. 민족성에 유래하는 내셔널리즘이라는 문화 문제에 이토는 발목을 잡힌 것이다. 여기에는 국가구상과 정치지도에 있어 합리적인 것에의 추구와 비합리적인 것에 대한 배려라는 복잡한 문제가 내재되어 있었던 것으로 생각된다.

그런데 한국 통감으로 있던 시기에 이토에게는 또 하나의 얼굴이 있었다. 그는 당시 제실제도조사국총재(帝室制度調査局総裁)라는 자리도 겸하고 있었다(1907년 2월 11일까지). 이토는 표면적으로 황실제도의 정비를 내세운 가운데 메이지헌법 체제상의 중대한 개혁을 추진하고자 했다. 그것은 바로 군정 개혁이었다. 이토는 통수권 독립이라는 이름하에 군사행정이 내각으로부터 광범위하게 자립화되고 있는 점을 우려하면서 군을 내각의 통제하에 두기 위한 제도개혁을 구상했다. 한국통감은 그 일환으로 설립된 측면이 있었다. 통감에게는 주한일본군의 지휘권이 부여되어 있었는데 이

을 때 서양에 의한 세계 지배라는 현실을 시인한 문화제국주의적 인식이 있었다는 점도 지적할 수 있을 것이다. 그러나 이토의 오리엔탈리즘과 문화제국주의적 한계로 인해, 이토가 서구의 영향을 긍정적으로 받아들여 내재적 발전을 위한 서양문명의 수용과 동화를 추진한 동아시아의 몇 안 되는 정치가이자 사상가라는 측면을 간과할 수 있다. 필자는 서양문명의 한계를 파악하고 그 세계사적 의의를 실생활의 합리성에서 찾는 막스 베버의 역사관에 공감하며 본문과 같이 논한 점을 강조하고자 한다.

는 메이지헌법하에서 문관에게도 군의 통제권을 인정해 주고자 하는 시도였기 때문이다. 이토는 한국에서 문민통치(Civillian Control)의 실례를 만들어 본국 일본으로의 반영을 모색했던 것으로 짐작할 수 있다.

이토의 이러한 시도는 당연히 일본 군부의 거센 저항을 불러왔다. 1907년 3월 한국의 진해, 영흥만에 방비대를 배치하기 위한 조례안이 천황에게 올려졌다. 이토는 이것이 내각총리대신의 통제하에서 이루어지도록 했다. 그 때문에 조례안에는 사이온지 킨모치(西園寺 公望) 수상의 부서(역주: 副署. 메이지헌법하에서 칙서 등 공문서를 작성할 때 천황을 보좌하는 국무대신이 천황의 서명 옆에 서명하는 것)가 있었다. 이는 당시의 통수권 독립이라는 관행에 철퇴를 가하는 것이었고 이에 군부는 거세게 반발했다.

결국 이토는 이 방비대 문제에 대해 양보하였으나 이후에도 통감에 의한 주한 일본군의 감독에 힘을 쏟았다. 예를 들어 그는 한국에서의 군 행동을 법치화하고자 했다. 1906년 7월 한국인 각료와의 협의회에서 육군의 토지수용에 관한 결론이 내려졌다. 그 석상에서 이토는 기존의 육군에 의한 군용지 수용 방식을 비판하며 보상금을 토지 소유자에게 교부하도록 지시했다.[32] 또한 익월 8월에는 그 때까지 치안유지를 위해 일본군이 내렸던 군율이 완화되었다. 이로 인해 처벌규정 항목이 줄어든 이외에 사형이 폐지되기도 했다.[33] 이토는 한국통치의 군정 색을 일신하고 민정화를 촉진하고자 했다. 이는 한국 민중에 대한 회유책이라는 측면 이상으로, 군을 법치주의의 테두리 안에 두고 군의 자립화를 억지하고자

32) 施政改善協議会, 1906년 7월 12일(제8회), 金正明 編, 『日韓外交資料集成』 第6巻上, 271면.

33) 松田利彦, 『日本の朝鮮植民地支配と警察』(校倉書房, 2009年), 47면.

하는 본국의 헌법 개혁과 연동된 것이기도 했다.

또한 이토는 군사행정에 그치지 않고 군사상의 지령 계통도 장악하고자 했다. 한국주재 일본군 사령관 하세가와 요시미치(長谷川 好道)는 자신이 내린 훈령이 이토에 의해 철회된 사실을 기록하였다. 1907년 7월 하세가와 사령관은 폭도 진압을 위한 추가 파병을 위해 부하에게 훈령을 내렸으나, 이를 본 이토는 의도에 맞지 않는 부분이 있다 하여 말소를 종용하였고, 결국 하세가와는 일단 철회한 후 재발령을 내렸다. 군 내부 지휘전달체계의 상세에 이르기까지 이토는 감시를 게을리하지 않았다. 하세가와는 이러한 이토의 조치에 대해 "최근 통감의 군에 대한 태도에는 탐탁치 않은 부분이 있다"[34]고 보고하였는데, 분명 이것은 기존의 정군 관계에서는 이해할 수 없는 부분이었다.

이토에 의한 주한 일본군 장악 사례를 한 가지 더 들어보도록 하겠다. 1907년 8월 통감부 간도파출소가 개설되었다. 이 곳은 청과의 국경지대인 간도에 주재하는 한국인 보호를 위해 설치된 것이었는데, 모리야마 시게키(森山 茂樹)에 따르면 "이토의 진짜 의도는 장래 러시아의 행동에 대비하기 위해 간도에 일본의 거점을 구축하는 것이었다"고 한다.[35] 그러나 실제로 이토가 이 곳에 내린 지령을 살펴보면 오히려 일본군의 과잉 행동 방지가 그의 진의가 아니었을까 생각된다.

이토는 간도파출소장에게 "간도문제의 전도(前途)에는 경계 결정이라는 중요 문제가 존재하고 있으므로, 현 시점에서 귀관의 행동이 조금이라도 이 문제의 해결에 걸림돌이 되지 않도록 최대

34) 1907년 7월 2일자 寺內에게 보낸 長谷川의 서한, 전술한 『寺內正毅関係文書』 38-24.

35) 森山茂徳, 『近代日韓関係史研究』, 229면.

한 신중한 주의를 요함"이라는 지시를 내렸다. 그 신중한 주의라 함은 청국인들이 일본의 행위를 "점령 침략을 실행하는 것으로 오인"하지 않도록 하고, 이를 위해 "한국인의 고충을 듣게 되면 이를 즉시 청국의 관헌에 이첩하여 동 관헌에서 책임지도록 해야 한다"는 것이었다. 이토는 간도라는 한 작은 구역의 문제가 '나아가서는 만주 전 지역에 파급되어 중대한 사태에 이르게 되는 것'을 피하고자 했다.[36] 그러한 의미에서 간도파출소는 이토에게 있어 일본군의 팽창을 억누르기 위한 방파제와 같았다.

마지막으로 구체적 군사행동시 보여준 이토의 지시 사항에 대해 살펴보도록 하자. 한일신협약(정미 7조약)이 체결되어 한국군이 해산된 이후 반일 의병투쟁은 더욱 거세졌다. 이토도 이들의 소탕을 위해 일본군의 추가 파병을 본국에 요청하였다. 하지만 한편으로 실제 군대의 행동에 있어서는 자중을 촉구했다. 1908년 6월 12일 이토는 육군 장교 앞에서 연설을 했다.[37] 연설에서 그는 "본관은 통감으로 일본국을 대표하여 이 자리에 임하였으며, 천황 폐하 직속으로 한국보호의 임무에 종사하고 있다. 따라서 본관의 소견을 제군들에게 밝히는 것은 통감으로서 당연한 임무라 믿고 있다"며, 주류군에 대한 감독권자로서의 입장을 강조하면서 다음과 같이 훈계하였다. 조약상의 명문이 없는 한 절대로 군사를 이끌고 국경을 넘지 말 것. 폭도 토벌시 양민에게 위해를 가하지 말 것. 폭도 중에는 협박으로 인해 어쩔 수 없이 무리에 가담한 자가 많으므로, 한국인에게 일반적으로 공공연한 항일의식이 없다는 점을 잊지 말 것 등이었다.

이렇게 이토는 한국에서 일본군의 행동을 지속적으로 감시했

36)『日本外交文書』第41巻 第2册, 120-121면.

37) 国立国会図書館 憲政資料室 소장『倉富勇3郎文書』30-1.

다. 이는 이 시기에 일본에서 추진 중이던 헌법개혁이 장소를 달리하여 진전된 것으로 볼 수 있을 것이다.

이토의 한국통치에는 두 개의 얼굴이 있었다. 한국에 대한 '문명의 전도사'와 일본을 향한 '헌법 개혁자'가 그것이다. 본고의 말미에는 이토가 한국통치에 몸담은 이유에 대해 정리하고자 한다. 그 이유는 다음의 3가지로 나누어 볼 수 있다.

첫 번째 이유는 병합을 저지하기 위한 것이었다. 이토는 독자적인 문화적 전통을 가지고 한 나라를 일구어 온 한국의 식민지화에 반대했다. 하지만 당시의 상황으로는 한국의 정치 정세가 불안정하여 동아시아 전란의 요인이 될 수 있다. 그렇게 되지 않기 위해서는 한국이 한시라도 빨리 근대화 정책을 받아들여 독립국가로서의 실질적 모습을 갖추어야 한다. 이를 위해 국가체제 개조를 현지에서 지도하고자 한 것이 이토의 의도였다.

두 번째는 일본의 통치개혁을 위해서였다. 한국통감뿐 아니라 제실제도조사국 총재이기도 했던 이토는 이를 표면적으로 내세우면서 군정 개혁을 실행하고자 했다. 그것은 통수권 독립을 표방하며 군사 행정이 내각으로부터 광범위하게 자립화하고 있던 부분에 제동을 걸고, 군정을 내각의 통제하에 두기 위한 제도개혁이었다. 한국통감은 그 일환으로 마련된 자리였다. 주한일본군의 지휘권이 부여되어 있었던 한국통감이라는 자리는 메이지 헌법 하에서 문관에게도 군의 통제권을 인정하고자 한 시도였기 때문이다. 이토는 한국에서 문민통치의 실례를 만들고자 했을 것이다.

세 번째로는 만주로의 진출 저지를 들 수 있다. 이토는 예전부터 육군참모본부가 추진했던 만주로의 적극적 진출이라는 움직임에 비판적이었다. 이것이 새로운 국제분쟁의 불씨가 될 수도 있다는 점을 우려했기 때문이다. 이토는 통감직을 맡음으로써 청·한

국경지대(간도)에 주류하고 있던 일본군의 행동을 억제하고 만주로까지 일본군의 세력권이 확대되지 않도록 하는 역할을 하고자 했다.

이상과 같은 목적을 가지고 한국으로 건너온 이토였으나 한국에서는 지배층으로부터도 민중으로부터도 지지를 얻지 못한 채 그의 통치는 실패하고 말았다. 결국 이토는 1909(메이지 42)년 4월에 일본정부가 간도의 청국 귀속을 승인한다는 방침을 굳힘에 따라 6월에 통감직을 사임한다. 그리고 10월 26일 만주 시찰차 방문했던 하얼빈에서 한국인 의사 안중근의 총탄에 맞아 쓰러졌다.

제5장

일제강점기 사상범에 대한 형사사법절차
—'이재유의 조선공산당재건 경성지방협의회사건'을 중심으로—

박 성 민

* 기 논문게재지: 『성균관 법학』 제24권 제2호, 2012.

한국사법의 근대성과
근대화를 생각한다

Ⅰ. 서　론

1. 연구목적

일제의 식민지 경영에 있어 사법통제는 단순히 치안유지의 의미만을 가지는 것이 아니라 식민지인들의 저항의지를 꺾어 제국신민으로 순치시키기 위한 방편으로 활용되었다. 이에 따라 식민지에서의 사법통제는 편의성과 효율성이 기준이 되었고, 조직 및 절차적인 관점에서 일본본토와 구별되는 특례들이 인정되었다.

먼저 일본은 1909년 10월 「한국에서의 범죄즉결령」을 공포하여 경찰관에 의한 즉심을 인정하고 대상범죄도 광범위하게 설정하였으며, 예심판사에게 인정되는 강제처분권한을 검사와 사법경찰관에게 폭넓게 위임하고 있다. 반면에 1912년 3월 「조선총독부재판소령」을 개정하면서 지방법원의 합의제를 폐지하고, 구재판소를 없애는 대신 지방법원 지청을 두는 형식으로 법원조직을 축소하였다. 이와 같이 사법경찰관에게 강력한 강제처분권한을 인정하면서 법원조직을 축소하는 것은 그나마 식민지 조선에서 경찰조직이 가장 잘 정비되어 있었음을 반증하는 것이며, 또한 식민지의 폭증하는 사법수요를 감당할 만큼 법률전문가를 확보하지 못한 일본정부의 한계를 드러낸 것이라 할 것이다.

한편 이러한 어려움과 한계에도 불구하고 조선에 대한 사법통제는 효율적으로 이루어지고 있었고, 식민지 경영은 큰 어려움 없이 진행되는 것처럼 보였다. 그러나 1919년 3·1운동을 기점으로 지식인을 중심으로 한 조선의 독립운동이 왕성하게 전개되면서 상황이 급변하였다. 조선의 지식인들은 민족주의·사회주의·공산주의 · 무정부주의 등 사상적 무장을 통해 독립에 대한 명분을 다지고 세력을 확장하였기 때문에 일본으로서는 조선에 대한 사상통제가 식민지 경영의 성패를 좌우할 만큼 시급한 문제가 되었다. 특히 사상범에 대한 통제 중 형사사법통제는 즉효적이라는 점에서 일제의 의해 선호되었다.

문제는 사상범의 형사사법통제에 대한 종래의 연구가 개괄적이고 일반적인 논의에 천착하고 있어,[1] 개별사건에 있어 구체적인 운용의 모습을 확인할 수 없다는 것이다. 이에 본 논문에서는 1930년대 후반에 있었던 이재유의 조선공산당재건 경성지방협의회사건을 통해 이를 확인하고, 현행 형사소송법상의 형사절차와 비교함으로써 일제강점기 사상범에 대한 형사사법통제의 특징과 문제점을 소명하고자 한다.

2. 일제 강점기 사상범에 대한 형사사법통제

사상범에 대한 통제를 위해 일본은 예심판사의 권한을 경찰에 부여함으로써 경찰의 강제처분권한을 강화하였다. 아울러 법규의 정비를 통해 그 정당성을 부여하였는데, 법률적인 측면의 통제와 관련하여 특기할 만한 것은 1925년 이전에는 주로 보안법과 제령

1) 김철수, "일제식민지 치안관계법규의 형성과 적용에 관한 연구," 『한국사회학』 제29집, 1995; 문준영, "제국일본의 식민지 형사사법체제의 형성 —1895~1912년 대만과 조선의 법원조직과 형사법규를 중심으로—," 『법사학연구』 제23호, 2001; 양홍준, "통감부시기 형사경찰제도와 범죄수사," 『한국사학보』 제22호, 2006; 최종길, "1927년을 전후한 조선과 일본의 정치적 연관성 —조선에서 치안유지법이 확대 적용된 배경을 중심으로—," 『일본역사연구』 제31집, 2010; 水野直樹/이영록 역, "조선에 있어서 치안유지법체제의 식민지적 성격," 『법사학연구』 제26호, 2002.

제7호 및 신문지법, 출판법 등을 적용하였지만, 1925년부터는 치안유지법을 적용하였다는 점이다.

(1) 경찰의 강제처분권한 강화

1909년 7월 일본에서 「한국 사법 및 감옥사무의 위탁에 관한 한일각서」가 조인되고, 10월 칙령으로 「통감부재판소령」과 「통감부재판소사법사무취급령」이 제정되면서 한국[2]에서의 재판권은 일본천황의 대권 아래 통감부재판소로 통일되었다.

그리고 같은 달 「한국에서의 범죄즉결령」도 공포되었는데, 동령에서는 즉결관청으로 식민지 대만과 같은 행정청이 아니라 통감부경시 또는 통감부경부로서 한국의 경찰서장 또는 분서장의 직위를 갖는 자, 즉 경찰관을 상정하였다.[3] 이는 병합 후 1910년 12월 15일 공포된 조선의 「범죄즉결례(제령 제10호)」에 반영되었다. 범죄즉결례에 따르면 경찰서장 및 그 직무를 취급하는 자가 즉결할 수 있는 범죄의 범위를 상당히 폭넓게 반영하고 있다.[4] 특히 당시 조선인에 대해서는 일본의 형법이 아니라 형법대전을 적용하도

2) 당시 일본 공문서에서는 조선을 한국(대한제국의 줄임)으로 표기하였다.

3) 문준영, 앞의 논문, 126면.

4) 범죄즉결례 제1조 "경찰서장 또는 그 직무를 취급하는 자는 그 관할구역 내에서 다음과 같은 범죄를 즉결할 수 있다."

1. 구류, 태형 또는 과료의 형에 해당하는 죄
2. 3월이하의 징역 또는 백환 이하의 벌금 혹은 과료의 형에 처할 도박죄 또는 구류 또는 과료의 형에 처할 형법 제208조의 죄
3. 구재판소의 재판권에 속하는 사건에 있어 3월 이하의 징역의 형에 처해야 할 형법대전 제5편 제9장 제17조 및 제20절의 죄
4. 구재판소의 재판권에 속하는 사건에 있어 3월 이하의 징역, 금고, 금옥 혹은 구류, 태형 또는 백환이하의 벌금 혹은 과료의 형에 처해야 할 행정법규위반의 죄

록 하였는데, 형법대전의 법정형으로 태형이 일반화되어 있다는 점에서 조선인 범죄의 대다수를 경찰관서에서 즉결처분할 수 있게 되었다고 할 것이다.[5)]

한편 1912년 3월 제령 제11호로 공포된 「조선형사령」에서는 사법경찰관에게 독자적인 강제처분권한을 인정하고 있었다. 조선형사령 제11조는 현행범 및 준현행범의 경우에 검사와 사법경찰관은 범행장소에 임검하지 않고도 예심판사에게 속하는 강제처분권을 행사할 수 있다고 규정하였으며, 제12조 제1항은 검사로 하여금 현행범 아닌 사건이라도 수사의 결과 긴급을 요한다고 판단되는 경우에는 공소제기 전에 한하여 영장을 발하여 검증, 수색, 압수하거나 피고인[6)]이나 증인을 신문하거나 감정을 명할 수 있도록 하고 있는데, 동조 제2항에서는 사법경찰관도 구류장의 발부를 제외한 검사의 권한을 임시로 할 수 있다고 보았다.[7)] 또 제13조에서는 사법경찰관이 피고인을 신문한 후 금고 이상의 형에 해당한다

5) 일본은 1912년 12월 조선태형령(제령 제13호)을 공포함으로써 조선인에 한해 태형을 형벌로 가할 수 있도록 하였다. 조선태형령은 1920년에 폐지되었지만, 범죄즉결례는 1921년 개정을 통해 태형을 제외한 채 계속 유지하였다.

6) 당시 검사의 사건처리는 예심회부와 공소제기로 나누어져 있으므로 검사가 공소를 제기하는 것뿐만 아니라 공소제기여부를 예심판사에게 구하는 경우에도 피의자의 신분은 피고인으로 되었다. 따라서 공소제기 전 피고인 신문이라는 표현이 지금의 형사사법체계에서는 어색하게 들릴 수 있을지 모르지만, 당시의 형사사법체계에서는 그다지 이상할 것이 없었다.

7) 특히 동조의 규정은 메이지(明治) 형소법하의 조선형사령에는 없던 것을 1922년 다이쇼(大正) 형소법(1924년 시행)의 개정에 맞추어 개정 조선형사령(1924년)에 삽입한 규정이다. 이를 보면 종래 메이지형소법이 현행범 등에 대해서만 인정하였던 검사 및 사법경찰관의 강제처분권한을 급속을 요하는 사건의 경우로 확대하고 있음을 알 수 있다. 즉 일제강점기 내내 경찰의 강제처분권한은 확대되어 나가는 경향을 보인다.

고 사료되는 때에는 14일[8]을 초과하지 않는 기간에 유치할 수 있는 권한이 있으며, 제17조에서는 재판소와 예심판사가 필요하다고 인정하는 때에는 사법경찰관에게 압수, 수색, 검증을 하거나 감정을 명할 수 있다고 규정하고 있다. 즉 조선형사령에 의하면 당시 사법경찰관은 검사의 권한과 예심판사의 강제처분권한을 거의 대부분 행사할 수 있었다고 볼 수 있다.

이처럼 경찰에 광범위한 강제처분권한과 즉결처분권한을 부여한 것은 식민지 조선에서 폭발적으로 증가하는 사법수요 —이러한 사법 수요는 일반 형사범의 증가뿐만 아니라 민족주의 사상을 기반으로 조선독립을 추구하려는 정치사상범이 증가한 것도 원인이라고 할 수 있다— 를 효과적으로 충족시키기 위해서였다. 당시 조직적인 면에서 법원이나 검찰은 전문인력의 충원에 한계가 있었던 반면에, 경찰은 병합초기부터 어느 정도 완성된 조직과 충분한 인원을 가지고 있었기 때문에[9] 식민지 사법통제, 특히 사상범의 통제에 있어 효과적으로 대처할 수 있었다.

(2) 치안관계 법규의 제정 및 적용

일제는 보안법, 제령 제7호, 신문지법, 출판법, 치안유지법 등 다양한 치안관계법률을 제정 · 적용함으로써 조선의 독립이나 일

8) 해당 기간은 1924년 조선 형사령의 개정을 통해 10일로 단축하였다. 아울러 검사의 경우에도 종래 20일의 유치기간을 10일로 단축하였다. 이는 3.1운동에 자극받은 일본의 소위 문화정책의 일환으로 해석된다(신동운, "일제하의 예심제도에 관하여," 『서울대학교 법학』 제27권 제1호, 1986, 각주47).

9) 경찰관서의 수는 1910년 481개소이던 것에서 1920년에는 2,761개소로 격증하고, 1940년에는 3,168개소로 합병당시보다 6배가 증가하였다. 경찰관의 수도 1910년 5,694명이던 것이 1920년에는 18,386명으로 늘었고, 1940년에는 23,267명으로 합병당시에 비해 4배 가까이 증가하였다(朝鮮總督府統計年譜, 警察編, 1910-1940에서 참조).

본의 국체를 흔들 수 있는 사상범을 통제하고자 하였다.

보안법은 치안관련법규로서 통감부기에 최초로 제정되어 일제강점기 내내 위력을 발휘하였다. 보안법 제2조는 "경찰관은 안녕질서를 보호유지하기 위하여 필요한 경우에 집회 또는 다중의 운동 혹은 군중을 제한, 금지하거나 해산시킬 수 있다"고 하였고, 제7조는 "정치에 관하여 불온한 언동을 하거나 또는 타인을 선동, 교사, 사용하거나 타인의 행위에 간섭함으로써 치안을 방해하는 자는 50대 이상의 태형, 10월 이상의 금옥 또는 2년 이하의 징역에 처한다"고 규정함으로써 식민지의 집회 및 결사를 제한하였다.

한편 일제 강점기 언론에 대한 통제는 신문지법과 출판법을 근거로 이루어졌다. 신문지법은 황실의 존엄을 모독하거나 국헌을 문란케 하는 신문의 발행 등을 금지하고(신문지법 제1조) 치안을 방해하거나 관청의 문서나 의사 및 범죄를 왜곡하는 사항을 신문에 실어도 처벌하였다(신문지 규칙 제10조). 출판법은 위와 같은 내용을 담은 문서 및 도화의 출판을 금지하고 처벌하였다.

제령은 일제시대 조선총독이 법률을 대신해서 발하던 명령인데, 1919년 3・1운동 직후 제령 제7호로 「정치에 관한 범죄처벌의 건」이 공포되어 식민지 사상범 통제에 적용되었다. 제령 제7호 제1조는 "정치의 변혁을 목적으로 다수공동하여 안녕질서를 방해하거나 또는 방해하려는 자는 10년 이하의 징역 또는 금고에 처한다"고 규정하고, 제3조는 "본령은 제국밖에서 제1조의 죄를 범한 제국신민에게도 이를 적용한다"고 하여 만주・연해주・상해 등에서 전개되고 있던 독립운동을 규율할 수 있는 근거로 기능하였다. 이 외에도 일제는 경찰범처벌규칙이나 정치범처벌령 등을 통해 사상범에 대한 통제를 강화하였다.

그러나 1925년 치안유지법이 제정・시행되면서부터는 사상범에 대한 통제는 주로 동법을 통해 이루어졌다. 치안유지법은 1925년 4월 22일 공포(조선에서는 5월 12일부터 시행)된 이후 1928년 6월 29일(칙령 제129호)과 1941년 3월 10일(법률 제54호) 두 차례의 개정을 거쳤다. 동법 제1조 제1항은 "국체를 변혁 또는 사유재산제도를 부인할 목적으로 결사를 조직한 자, 정을 알고 이에 가입한 자는 10년 이하의 징역 또는 금고에 처한다"고 규정하면서(조직 및 가입죄), 제2조는 목적한 사항을 협의한 자(협의죄), 제3조는 목적한 사항의 실행을 선동한 자(선동죄)를 각각 7년 이하의 징역 또는 금고에 처하고 있다. 치안유지법은 일본'내지'에 있어서는 사상범의 통제에만 사용된 반면, 조선에서는 사상범뿐만 아니라 조선독립운동에도 적용되었다. 즉 식민지 독립의 기도=영토의 참절=천황통치권의 축소=국체의 변혁이라는 도식에 따라 동법 제1조를 적용하였다.[10)]

치안유지법은 제정 이후 두 차례의 개정이 있었지만 개정의 방향은 대체로 엄벌주의와 예방구금을 통한 적극적이고 지속적인 사상범 통제에 모아졌다. 1928년의 개정 치안유지법 제1조를 보면 국체변혁을 목적으로 하는 경우와 사유재산제도를 목적으로 하는 경우를 나누어 법정형을 가중하고 있다. 먼저 28년 치안유지법 제1조 제1항은 국체를 변혁하는 것을 목적으로 결사를 조직한 자 또는 결사의 역원 기타 지도자의 임무에 종사한 자는 사형・무기 또는 5년 이상의 징역형을, 그 정을 알고 결사에 가입한 자 및 결사의 목적 수행을 위해 행위한 자는 2년 이상의 유기징역형 또는 금고형을 규정하였다. 다음으로 동조 제2항은 사유재산제도를 부인하는 것을 목적으로 하여 결사를 조직한 자, 결사에 가입한 자 또는

10) 水野直樹/이영록 역, 앞의 논문, 54면.

결사의 목적 수행을 위해 행위한 자는 10년 이하의 징역 또는 금고형에 처할 것을 규정하고 있다.

41년의 개정에서는 종래 7개조의 조문이었던 것을 65개 조문으로 확대하면서 다시 한번 법정형을 상향조정하고, 형사절차에 관한 규정을 신설하였다. 특히 예방구금에 관한 규정을 삽입함으로써 형 집행을 완료한 자에 대해서도 재차 동법 위반의 죄를 범할 우려가 현저한 경우에는 2년간 예방구금 —횟수에 제한 없이 갱신할 수 있으므로 사실상 기간은 무의미하다— 할 수 있도록 규정하고 있다(개정 치안유지법 제39조 및 제55조).

Ⅱ. 이재유 사건의 개요 및 특징

1. 이재유 사건 개요

조선공산당재건 경성지방협의회 사건(이하 이재유 사건)[11]은 1933년 2월부터 1936년 12월 25일 이재유가 체포되기까지 만 4년 동안 일제에 대해 사상투쟁 및 독립운동을 전개한 사건으로, 이재유는 경성지방의 학생과 노동자를 포섭하여 노동운동과 학생운동을 독려하면서 그 선전 선동을 위해 '적기'를 등사 · 인쇄하여 배포하는 등 일제강점기 조선의 공산화 및 독립을 목적으로 실천적인 공산주의 활동을 전개하였다.

이재유는 1934년 1월 서대문서에 검거되었다가 4월 탈출하여

11) '조선공산당재건 경성지방협의회 사건'이라는 사건명은 당시 이재유의 재판기록을 수록한 「思想彙報(第16号, 昭和 13年 9月, 高等法院檢察局思想部)」에서 빌려온 것임을 밝혀 둔다.

농민으로 변장하여 숨어지내면서 잠행운동을 계속하던 중, 1936년 12월 25일 최종적으로 체포되었다. 이후 이재유는 경기도 경찰부에서 조사를 받아오다가 1937년 5월 1일 검찰에 송국되고, 5월 10일에 검사에 의해 예심회부가 결정되어 사건기록이 예심판사에게 송부되었다.[12] 그러나 해당 사건의 첫 번째 예심은 예심판사에게 송부된 후 6개월이 지난 1937년 11월 17일에 실시되었으며, 1938년 2월 17일 3차예심에서야 공판회부가 결정되었다. 이후 1938년 6월에 1차 공판이 시작된 이래 1938년 7월 12일 3차 공판을 끝으로 치안유지법 위반혐의가 인정되어 징역 6년형을 선고받았다.

재판과정에서 이재유에게 인정된 범죄사실은 모두 20가지에 이르렀다. 그 기록[13]을 보면 다음과 같다.

1) 1932년 2월경 김삼룡을 만나 공장에 들어가 파업을 야기하며, 실천적 투쟁을 통해 동지를 모으고 적색노조를 조직하기로 뜻을 모으기로 함.
2) 동년 5월경 안병춘을 만나 조선공산당 재건을 위해 소위 트로이카운동을 위해서는 다수의 동지를 모을 필요가 있다는 데 뜻을

12) 이재유의 사건기록과 관련하여 1937년 4월 23일에 검찰에 송치되었다고 보는 책도 있다(김경일, 「1930년대 서울의 혁명 — 이재유, 나의시대 나의 혁명」, 푸른역사, 2007 중 이재유연보 참조). 4월 23일에 최초로 검사에 의해 피의자 신문이 행해졌지만, 이는 사건이 검찰에 송국되기 전 경기도 경찰부에서 이루어진 신문이라는 점에서 절차상으로는 아직 검찰에 송국되기 전 단계라 할 수 있다.

13) 思想彙報, 第16号, 高等法院檢察局思想部, 昭和 13年 9月, 264~273면 參照. 해당 기록은 판결문의 범죄사실 중 회합장소를 뺀 중요부분만을 번역하였다.

모으고, 안병춘으로 하여금 영등포공장지대를 중심으로 동지를 모아야 한다는 뜻을 전달하여 승낙을 얻음.

3) 동년 6월경 정칠성을 만나 조선일보 내에서 실천을 통한 동지를 모을 것을 승낙받음.
4) 동년 7월경 이성출 및 변홍대를 만나 농민조합의 조직방법을 협의함.
5) 동년 7월 중순경 국제공산당 극동지부로부터 공산당 재건을 위해 조선에 입국한 김형선을 만나 국제정세 및 조선에서의 공산당 활동을 비판한 후, 조선공산당재건을 위하여 서로 제휴하여 활동하기로 뜻을 모음.
6) 동년 8월경부터 동년 11월에 걸쳐 이순금을 만나 공장에 잠입하여 여공들을 대상으로 공산주의 이념을 교양하고, 적색노조를 설립하여야 한다는 뜻을 전달하여 승낙을 얻음.
7) 동년 8월 중순 변홍대를 만나 적색노조를 설립함에 있어 먼저 산업별로 부분을 나누어 각 부분별 책임자를 두어 조직을 확대 발전시켜나가야 한다는 방침에 따라 변홍대로 하여금 용산방면에서 노동운동을 해야 한다는 뜻을 전달하고 승낙을 받음.
8) 동년 9월 상순부터 동년 10월 중순까지 이현상을 만나 조선견직회사의 여공 이창숙, 이정현 등을 소개받아 공장에서의 공산주의 운동을 지도해야 한다는 뜻을 전달하고 승낙받음.
9) 동년 9월경 최소복을 만나 각 학교 내에 1인 오르그(1인 조직 — 역자 주)를 두고 동지를 모아 평소 의식적인 조련을 통해 투쟁을 야기하도록 방침을 정하고, 학생운동에 종사할 뜻을 전달하여 승낙을 받음.

10) 동년 9월 중순경 공동피고인 변우식을 만나 학생방면에서 동지를 모아 서로 제휴하여 공산주의운동을 하기로 하고, 그 뜻을 전달하여 승낙을 받음.

11) 동년 10월경 이경선을 수회 만나 경성부 내 여학교에서 아는 사람을 모아 적색독서회를 조직해야 한다는 뜻을 전달하고 승낙을 받음.

12) 동년 10월경부터 약 1개월간 안승락을 만나 조선의 공산주의운동사, 조선에 있어서 공산주의 운동과 코민테른과의 관계, 운동의 통일방법, 공장의 조직방법 등에 대해 토론한 후 안승락에 대해 과거의 룸펜적 생활에서 벗어나 실천적 태도로 각자의 직장에서 활동해야 한다는 뜻을 전달하고 승낙을 받음.

13) 동년 12월경 정태식을 만나 경성제국대학 법문학부 내에서의 일상적인 투쟁을 통해 학생을 좌익적으로 지도하여 학부 내 적색독서회 또는 문화서클을 조직하고 좌익교수를 포섭하여 공산주의 운동에 매진해야 한다는 뜻을 전달하고 그 승낙을 받음.

14) 동년 12월경 경성제국대학 교수 미야케 기타노스케(三宅鹿之助)의 관사에서 그를 만나 조선 및 세계의 공산주의 운동에 대해 서로 의견을 교환하고, 이후 소화 9년 1월 중순까지 동인을 만나면서 현재 조선에 있어서 공산주의운동의 중요임무는 전국의 공장을 중심으로 적극적인 운동을 전개하는 데 있고, 공산주의 운동을 통일하는 것 즉 공산당의 재건을 위해서는 전조선에 걸친 정치운동을 확립하고 전국적인 정치신문을 발행하며, 투쟁장 내부에 있어 투쟁을 위한 경험교재로서 선전선동을 위한 출판활동을 왕성하게 하는 것 등을 중심으로 전국적인 정치활동방침의 확

립을 가장 긴급한 사항으로 해야 한다는 뜻을 제안하여 동의를 받아 냄. 또 그 방침의 확립에 있어 국제정세의 분석, 조선정세의 분석, 과거의 운동비판 및 당면임무를 결정하는 것의 사대강목을 포함하는 플랜을 결정하고 이를 기초로 서로 초안을 작성하여 코민테른집행위원회 제12회 총회 테제에 기준을 두고 그 신정세를 참조할 것, 조선정세의 분석에 대해서는 경제정세와 정치정세를 구별하여 1928년 12월의 코민테른의 조선문제에 관한 테제 및 1930년 9월 프로핀테른의 조선좌익 노조운동에 관한 테제를 기초로 하여 그 후 전개될 구체적 신정세를 참조할 것, 혁명의 전망에 대해서는 1930년 12월 테제를 기준으로 할 것 등을 토의.

15) 1934년 8월 상순경 박진홍을 만나 공산주의 운동을 권하는 뜻을 전달하여 승낙을 받음.

16) 1934년 9월 중순경부터 1935년 1월 상순경까지 이관술과 박영출을 각각 만나 서로 조선 내에서의 공산주의운동의 통일방법에 대한 의견을 교환하고 이들에 대해 학교 내의 활동기준으로서 학교 내 반동단체에 절대 반대하는 학생의 자주적 위원회를 조직하여 활동하고, 학생의 공산 및 반제그룹에의 가입의 자유를 도모하고, 반동적 교사의 수업을 거부하며, 일본제국주의의 제례일에 참여를 거부하고, 조선의 절대독립을 위해 투쟁할 것 등을 제시.

17) 1936년 3월 하순경부터 동년 9월 상순까지 피고인 변우식을 만나 세계 및 조선의 정세를 토론한 후, 조선의 독립과 공산화를 위해 서로 제휴하기로 하고 승낙을 받음.

18) 동년 3월 중순경부터 동년 10월 하순경까지 피고인 서구원을 만나 조선공산당 재건의 전제로 경성에서의 좌익전선을 통일할

필요가 있음을 역설, 8·1 캄파니아 및 간도공산당사건 피고인 사형집행반대라는 두 항목에 대해 다른 노선의 공산주의자와 제휴하여 공동투쟁하고, 이를 계기로 운동의 합동통일을 도모할 뜻을 전달하여 승낙을 받음.

19) 동년 8월 하순경부터 동년 12월 중순경까지 피고인 최호극을 만나 조선공산주의운동사 등을 설명한 후, 조선공산당재건의 일익으로써 학교 내에 적색독서회를 조직할 뜻을 전달하여 승낙을 받음.

20) 동년 10월 중순경 이관술을 만나 자기의 운동노선을 조선공산당재건경성준비그룹이라 명명하고 그 기관지로서 「적기」라는 제목으로 소책자를 인쇄·배포할 것을 모의.

① 동년 동월 중순경 군사적·경찰적·파쇼적 일본제국주의의 조선통치권력의 근본적 파괴, 조선의 절대 독립, 노동자 농민의 소비에트 정부수립, 조선 내의 일본제국주의 및 재벌의 산업기구, 특히 자본주의적 대경영은행, 트러스트, 콘시애룬 기타 생산기관의 노농소비에트정부에 의한 관리의 실시 등 조선의 독립 및 공산화의 필요를 기술한 국헌을 문란하게 할 수 있는 문서를 작성·서술하여 성규의 절차(출판법상의 절차를 말함 — 역자 주)를 밟지 않고, 등사용 기구를 사용하여 적기 제1호를 약 20부 정도 등사·인쇄하여 서구원에게 2부, 최호극에게 7부를 배포.

② 동년 11월 상순경 러시아혁명기념일에 있어 전국적으로 전개된 투쟁이 없다는 점은 유감이며, 금후 투쟁기념일에는 왕성한 활동을 해야 한다는 뜻으로 국헌을 문란케 할 수 있는 문서를 작성하여 전술한 방법으로 적기 제2호를 15부 인쇄하여 최호극에게 4부를 배포하면서 그 목적한 사항의 실행을 선동함.

재판부는 위 범죄사실 중 1)~19)까지는 치안유지법 제2조(협의죄),[14] 범죄사실 20)의 선동은 동법 제3조(선동죄),[15] 범죄사실 20)의 문서의 저작 및 배포는 출판법 제11조 제1항 제1호, 범죄사실 20)의 인쇄는 출판법 제11조 제2항 및 제1항 제1호에 해당하는 것[16]으로 판단하였다.

협의 · 선동, 저작 · 인쇄 · 배포의 각 소위는 연속범으로써, 저작 · 인쇄 · 배포의 각 소위는 순차적으로 전자는 후자의 수단이고, 그 배포는 선동이라는 한 개의 행위로 수개의 죄명에 해당하는 경우로서 형법[17] 제55조,[18] 제54조 제1항 전단, 후단,[19] 제10조[20]를

14) 치안유지법 제2조: 전조 제1항의 목적(국체를 변혁 또는 사유재산제도를 부인할 목적)으로 그 목적인 사항의 실행에 관하여 협의를 한 자는 7년이하의 징역 또는 금고에 처함. 그 미수는 벌하지 아니함.

15) 치안유지법 제3조: 제1조 제1항의 목적으로써 그 목적인 사항의 실행을 선동하는 자는 칠년이하의 징역 또는 금고에 처함. 그 미수죄는 벌하지 아니함.

16) 출판법(1909년 2월 23일 공포) 제11조 제1항: "허가를 받지 아니하고 출판한 저작자 발행자는 아래 구분에 따라 처단한다."

1. 國交를 저해하거나 政體를 변괴하거나 국헌을 문란하는 문서, 도화를 출판한 자는 3년이하의 징역.
2. 외교와 군사의 기밀에 관한 문서 도화를 출판한 자는 2년 이하의 징역.
3. 전2항의 경우외에 안녕질서를 방해하거나 풍속을 괴란하는 문서 도화를 출판한 자는 10개월 이하의 징역에 처함.
4. 기타의 문서 도화를 출판한 자는 백환이하의 벌금.

제2항 전항 문서 도화의 인쇄를 담당하는 자의 벌도 동일함.

17) 메이지(明治) 40년(1907년) 4월 법률 제45로 제정 공포되어 시행되어 오다가 이재유 사건 당시에는 다이쇼(大正) 10년(1921년) 4월(법률 제77호)에 일부 개정되어 시행되고 있었다.

18) 형법 제55조: "연속한 수개의 행위가 동일한 죄명에 해당하는 때에는 일죄로서 처단한다."

19) 형법 제54조 제1항: "1개의 행위가 2개 이상의 죄명에 해당하는 경우 또는 범죄의 수단 또는 결과인 행위가 다른 죄명에 해당하는 때에는 가장 중한 형으로 처단한다." 이는 상상적 경합을 규정한 것이다.

적용하여 가장 중한 치안유지법상의 협의죄의 형에 따라 그 소정형 중 징역형을 선택하였으며, 판시 전과와의 관계에 있어 형법 제56조의 누범으로써 형법 제57조를 적용하여 법정가중하여 형기범위 내에서 징역 6년형을 선고하였다.

이를 분설하면 이재유의 범죄사실 중 1)~19)는 협의죄의 연속범으로서 형법 제55조가 적용되어 협의죄 일죄가 성립하는 것으로 보고 있다.

그리고 범죄사실 20)에서 적기의 저작은 인쇄의 수단이고, 인쇄는 배포(출판)의 수단이 되며, 출판법 제11조의 배포행위와 치안유지법 제3조의 선동행위는 1개의 행위로서[21] 서로 다른 법률의

---

20) 형법 제10조 제1항: "주형의 경중은 전조에 규정한 순서(사형, 징역, 금고, 벌금, 구류, 과료)로 한다. 다만 무기의 금고와 유기의 징역은 금고를 중한 형으로 하고, 유기의 금고의 장기가 유기의 징역의 장기의 2배를 초과하는 때에는 금고를 중한 형으로 한다."

제2항: "동종의 형은 장기의 긴 것 또는 다액의 많은 것을 중한 형으로 하고, 장기 또는 다액이 동일한 때에는 단기의 긴 것 또는 소액의 많은 것을 중한 형으로 한다.

제3항: "2개 이상의 사형 또는 장기 혹은 다액 및 단기 혹은 소액이 동일한 동종의 형은 범정에 의해 그 경중을 정한다.

21) 치안유지법 제3조의 국체의 변혁 또는 사유재산제도의 부인을 실행하는 '선동'이란 것은 감정에 호소하여 자유로운 의사에 특수한 자극을 주는 것을 말한다. 따라서 단순히 유포 또는 선전과 같이 어떤 사항을 공중에게 전파함에 불과한 정도의 것은 이를 포함하지 아니한다. 선동의 방법에는 제한이 없다. 언어에 의하든 문서에 의하든 불문한다. 그러나 상대방은 불특정 또는 다수일 것을 요한다. 그러나 특정의 일인에 대하여 이를 행한 경우라 하더라도 불특정 또는 다수인에게 영향을 줄 만한 정황에 있으며, 그 범인이 이를 인식하면 선동이라 할 수 있다(1925년 5월 12일자 동아일보에 게재된 일본정부의 치안유지법 釋義 참조).

일본정부의 석의에 따르면 선동의 방법에는 제한이 없어 범죄사실 20)에 나타난 것과 같은 출판물의 배포행위도 선동이 될 수 있다. 즉 서구원이나 최호극 등 특정의 1인이라 하더라도 이재유의 지시에 따라 공산운동에 협

죄명에 해당하는 경우이다. 그래서 범죄사실 20)은 상상적 경합으로 소송법상 일죄가 되어 가장 중한 형을 규정하고 있는 치안유지법 제3조가 적용되게 되는 것이다.[22)]

결국 전체 1)~20)의 범죄사실을 보면 치안유지법 제2조의 협의죄와 동법 제3조의 선동죄가 적용되는데, 협의와 선동은 연속범으로써 협의는 선동의 수단이 된다는 점에서 형법 제54조 제1항에 따라 가장 중한 협의죄의 일죄로 된다. 협의죄와 선동죄는 각 징역형과 금고형을 규정하고 있고 모두 7년 이하로서 동일하지만, 형법 제10조 제3항에 따라 19가지의 범죄사실로 인해 범정(犯情)이 중한 협의죄가 기준이 되는 것이다.

한편 이재유는 1928년 3월 고려공청 일본총국에 가입하여 선전부 책임자로 활동하던 중, 그 해 7월 귀국 중에 검거되어 1930년 11월 5일 치안유지법 위반협의로 징역 3년 6월을 선고받고, 1932년 12월에 만기출소한 전력이 있다. 본 사건에서 이재유에 대해 인정된 최초 범죄사실의 실행시기가 1933년 2월이기 때문에 형집행이 종료한 후, 3개월이 지나기 전에 다시 재범을 한 것으로 파악된다. 당시 형법 제56조 및 제57조는 형집행이 종료된 후 5년 이내에 다시 범죄를 범하는 경우에는 재범의 형에 따라 징역형의 장기의 2배 이하로 가중처벌한다고 규정하고 있다. 이에 따라 이재유의 처단형은 1월 이상 14년 이하로 정해졌으며, 법원은 이 처단형의 범위에서 징역 6년을 선고하였다.

력하기로 한 이상 불특정 또는 다수인에 영향을 줄 만한 정황이 있으므로 배포행위 자체가 곧 선동행위로 해석되는 것이다.

22) 치안유지법과 출판법은 모두 징역형으로 동종의 형이므로 형법 제10조 제2항에 따라 7년 이하인 치안유지법 제3조가 3년 이하인 출판법 제11조 제1항 제1호보다 중하다고 할 수 있다.

이재유가 경성트로이카나 조선공산당재건 경성준비그룹을 조직하여 공산주의 활동을 전개했지만 치안유지법 제1조의 조직죄가 적용되지는 않았다. 이는 이재유가 검사의 신문에 대해 "경성트로이카는 단지 개인적인 연락을 하면서 장래 단체로 발전시켜나갈 것을 모의한 것에 불과하며, 그 시기는 국제선(국제공산당 극동지부)에 연락이 닿아 국제선의 명에 따라 조직을 수행하는 때"라고 진술한 데서도 이유를 찾을 수 있지만,[23] 결정적으로는 치안유지법에 대한 일본정부의 석의[24]에 기초한 결과라 할 수 있다. 해당 석의에 따르면 "치안유지법 제1조의 결사라 함은 공동의 목적을 위한 다수의 계속적 결합을 말하며, 결합의 정도에는 차이가 있겠지만 각 구성원이 공동의 목적을 위하여 일정한 구속을 받는 것을 그 본질로 하고, 그 법인격의 유무와 공연 또는 비밀은 불문한다. 한편 결사의 조직이란 결사의 성립에 필요한 사항, 예를 들면 목적이나 사칙 등을 정하고 결사로 하여금 사실상 활동할 수 있는 상태에 둠을 말하며 반드시 실제로 활동할 것을 요하지 않는다"고 하고 있는데, 이재유의 조직은 구성원에 대한 구속이 없으며 활동에 대한 기준은 있지만 특별히 조직운영에 대한 규칙은 없었다는 점에서 결사나 결사의 조직의 정도에 이르지 않았다고 재판부가 판단한 것으로 해석된다.

한편 이재유는 항소심을 포기한 후 서대문형무소에 복역하다가 공주교도소로 이감되어 형기를 마쳤지만, 전향을 거부함으로써 당시 개정 치안유지법(법률 제54호)상의 예방구금규정[25]에 따라

---

23) 이재유에 대한 검사의 제1회 피의자 신문조서(1937년 4월 23일, 경기도 경찰부)에서 참조.

24) 동아일보 1925년 5월 11일부터 14일자까지의 기사 참조.

25) 예방구금의 규정은 1941년 치안유지법(법률 제54호)의 개정을 통해 반영

출소하지 못한 채 1944년 10월 26일 공주교도소에서 옥사하였다.

2. 이재유 사건의 특징

이재유 사건의 경우 27명이 검찰에 송국되어 이 가운데 4명은 기소중지, 16명은 기소유예되고 이재유, 변우식, 서구원, 최호극, 양성기, 고병택, 민태복 등 7명만이 예심에 회부되어 재판을 받았다.

당시 일제의 보고에 기초하여 이재유 사건의 관련자를 살펴보면, 이재유가 관여한 공산주의 운동의 관계자로 검거 · 취조된 인원은 대략 500명, 송국된 사람은 이 중 250명이며, 기소자는 약 70명이라 하였다.[26] 이 인원이 어느 정도 중복 · 과장된 측면이 있다는 비판도 있지만,[27] 그렇다 하더라도 당시 이재유를 중심으로 한 공산당재건운동이 활발하게 벌어졌음을 잘 알 수 있다.

이재유는 수 차례 검거와 탈옥을 반복하면서 당시 공산주의

되었다. 개정 치안유지법 제39조는 치안유지법 위반으로 처벌받은 자가 형집행 종류 후 석방되는 때에 다시 치안유지법 위반의 죄를 범할 우려가 현저한 경우에는 재판소는 검사의 청구에 따라 예방구금에 처할 수 있다고 규정하고 있으며, 제55조는 예방구금의 기간을 2년으로 하고 특히 특단의 필요가 있는 경우에는 법원은 결정으로 이를 갱신할 수 있음을 규정하고 있다. 비록 제51조 제2항에서 변호인 및 피고인으로 하여금 재판소의 결정에 즉시항고 할 수 있는 길을 열어두고 있지만, 예방구금의 갱신에 제한이 없는 이상 전향하지 않은 사상범은 영구히 구금할 수 있는 길이 열린 것이다.

26) "京城を中心として赤化に暗躍狂奔しつつりたる李載裕竝金熙星等一味の犯罪概要及檢擧の眞相は左の 通である," 思想ニ關スル情報綴, 1937, 3면.

27) 이에 대해서는 동 기록이 과장되었다면서 이재유의 활동과 직접적으로 관련있는 인원은 권영태의 공산주의자 그룹을 포함하더라도 266명 검거에, 검찰에 송국된 사람이 20명, 기소된 사람은 13명에 불과한 것으로 보는 입장도 있다(김경일, 「1930년대 서울의 혁명 — 이재유, 나의시대 나의혁명」, 푸른역사, 2007, 307면).

운동의 아이콘으로 부상하게 되는데,[28] 특히 언론의 주목을 받은 것은 이재유가 1934년 1월 서대문 경찰서에 체포된 후 4월에 극적으로 탈출하여 약 40일간 경성제국대학 교수였던 미야케 기타노스케(三宅鹿之助)의 관사에 굴을 파고 은신한 때문이다. 이 사건은 일본인 엘리트 교수가 조선공산당의 수괴와 조선의 독립 및 공산화를 모의한 사건으로 포장되어 세간의 주목을 받았다.

미야케 교수는 1934년 5월 21일 체포되었고, 치안유지법 위반 혐의가 인정되어 징역 3년형을 선고받고 복역 중 공교롭게도 이재유가 체포된 1936년 12월 25일 가출옥하여 1937년 1월에 일본으로 돌아갔다. 그런데 미야케 교수의 판결문을 보면, 당시 이재유와 접촉했던 다른 조선인의 기록과 절차적인 부분에서 미묘한 차이가 있어 관심을 끈다. 이 부분에 대해서는 관련된 곳에서 자세히 살펴본다.

한편 이재유의 범죄사실 전체를 보면 1932년 12월 출옥 이후에는 경성에서 조선의 독립 및 공산화를 목적으로 하여 실천운동에 참여하고, 1935년부터는 분산된 조선의 공산주의 운동을 통일하는 데 전념하였음을 알 수 있다. 당시 이재유 사건은 일제에 의

28) 이는 각종 기록을 통해 어느 정도 확인할 수 있다. 먼저 김일성이 자신의 회고록 「세기와 더불어(제6권, 조선노동당출판사, 1995, 156-157면)」에서 이재유 사건을 언급하고 있고, 금강산인(필명)은 신천지에 기고한 "조선민족해방 영웅적 투사 이재유 탈출기(1946년 4월호 및 5월호)"에서 이재유를 일신을 바쳐 혁명운동에 종사한 참된 혁명가로 묘사하고 있다. 당시 신문도 이재유를 집중적으로 조명하고 있는데, 일제의 어용지였던 경성일보는 이재유의 체포소식을 호외(1937년 4월 30일자)로 보도하면서 '집요흉악의 조선공산당 마침내 괴멸되다'라는 표제로 "20여년에 걸친 조선공산당 운동사는 이제 최후의 한면이 완전히 봉쇄되고 이로써 조선공산당운동에 의한 모든 화근은 이제 여기에서 완전히 괴멸 · 종식되었다…"라고 하였고, 동아일보는 이재유의 탈출과 체포 및 공판과정을 계속적으로 보도하면서 공산주의 활동의 동지였던 박진홍과의 연애사를 보도하는 등(동아일보 1936년 7월 16일자) 그의 개인사를 비롯한 일거수 일투족이 당시 장안의 화두가 되었다.

해 조선공산당 재건을 도모한 것으로 평가되었다. 조선공산당 재건이란 코민테른의 지부승인이 취소된 조선공산당을 코민테른의 12월 테제에 의거하여 재건하려 한 것으로서, 1929년부터 1930년대 중반까지 조선의 각 지방에서 지하활동으로 전개되었다.[29] 이재유의 공산주의 활동은 경성의 노동자, 농민, 학생을 대상으로 적색노동조합 및 농민조합의 조직을 독려하고, 공산주의사상의 선전・선동을 위한 책자발간 등의 적극적이고 실천적인 방향으로 전개되었다는 점에서 조선공산당 재건운동의 특징을 나타내고 있다.

Ⅲ. 이재유 사건에 대한 형사절차상의 문제

1. 체포 후 경찰의 신문과정에서 나타난 문제점

(1) 법정 유치기간의 위반

이재유의 재판기록을 보면 1936년 12월 25일에 경찰에 의해

29) 조선의 공산주의 운동은 3・1 독립운동 후 인텔리를 중심으로 민족해방사상으로서 사회주의 및 공산주의 사상을 도입하면서 시작되었다. 처음에는 계몽활동으로 시작하던 것을 점차 청년단체 및 노동단체가 조직되고 나아가 비합법적인 공산당이 결성되기에 이르렀다. 그러나 이후 일제의 탄압으로 인해 공산당조직은 분열되어 1925년부터 1928년까지 4번이나 공산당이 조직되면서 1928년 말 코민테른은 파벌싸움을 이유로 조선공산당에 대한 승인을 취소하였다. 그리고 코민테른은 당의 재건지령이라고 할 수 있는 12월 테제를 발표하는데, 12월 테제는 인텔리가 중심이 아니라 노동자 농민을 중심으로 당을 재건할 것을 주문하였다. 이에 따라 조선의 공산주의 운동은 노동자 농민의 조직화에 매진하게 되고, 재건운동은 지방분산적인 경향을 띠게 되었다[김삼웅, "조공재건위사건과 서대문형무소," 1999(한국현대사통합DB, 서울, 2002)에서 참조].

체포된 후, 1937년 5월 1일에서야 비로소 검찰에 송국되었다. 즉 5개월간 경찰에서 조사를 받았다는 것을 알 수 있다. 그러나 이는 조선형사령[30]과 다이쇼 형사소송법[31]에 위배되는 조치였다.

당시 조선형사령 제12조 제2항은 사법경찰관도 피의자를 유치할 수 있도록 하고 있었다.[32] 그러나 조선형사령 제13조는 그 기간을 10일로 제한하고 있으며,[33] 이를 갱신할 수 없도록 하고 있다. 다만 사법경찰관이 甲 범죄에 대하여 유치하던 중 경합범의 관계에 있는 다른 범죄 乙을 발견하여 이를 신문한 후 형사령 제13조

---

30) 조선형사령은 1912년 3월 18일 제령 제11호로 제정되어 동년 4월 1일에 시행되었다. 이후 10여차례의 개정을 거치면서 조선인에 대한 형사절차를 규율하는 법률로서 기능하였다.

31) 1922년 5월 5일 법률 제75호로 공포되어 1924년 1월 1일부터 시행되었으며, 1949년 1월 1일 전면개정될 때까지 조선과 일본의 형사절차를 규율하였다.

32) 조선형사령 제12조 제1항: "검사는 형사소송법에 규정한 경우 이외에 사건이 금고 이상의 형에 해당하고 급속한 처분을 요하는 것이라고 사료하는 때에는 공소의 제기 전에 한하여 압수, 수색, 검증 및 피의자의 구인 또는 증인의 신문, 감정, 통역 또는 번역의 처분을 할 수 있다."

제2항: "전항의 처분에 의하여 검사에게 허여된 처분은 사법경찰관도 또한 이를 할 수 있다."

급속을 요하는가의 판단은 검사 및 사법경찰관이 그 때 그 때 사정에 따라 임의로 판단한다(朝鮮高等法院 判決 明治 44年 刑上 第109號 明治 44年(1911) 9月 16日 判決, 朝鮮高等法院刑事判決錄 1卷 177面 — 문준영, 「법원과 검찰의 탄생」, 역사비평사, 2010, 567면에서 재인용).

33) 조선형사령 제13조 제1항: "사법경찰관은 전조 제2항의 규정에 의하여 피의자를 신문한 후 형사소송법 제87조 제1항 각 호에 규정한 사유가 있다고 사료하는 때에는 10일을 넘지 않는 기간 이를 유치할 수 있다."

제2항: "사법경찰관은 전항의 유치기간 내에 서류 및 증거물과 함께 피의자를 관할법원의 검사 또는 상당관서에 송치하는 절차를 취하여야 한다."

제3항: "전2항의 규정은 사법경찰관이 형사소송법 제127조(사법경찰관이 현행범인을 체포하거나 넘겨받은 경우)의 규정에 의하여 피의자를 신문하여 금고 이상의 형에 해당하는 자라고 사료하는 경우에 이를 준용한다."

에 정해진 요건을 구비한 것이라고 사료한 때에는 乙죄에 대하여 피의자를 유치할 수 있으므로[34] 갱신이 절대적으로 불가능한 것은 아니다. 한편 현행 형사소송법 제202조는 사법경찰관이 피의자를 구속한 경우 그 기간을 10일로 제한하면서,[35] 제208조에서 동일범죄사실에 대해 다른 중요한 증거를 발견한 경우를 제외하고는 재구속하지 않는다는 것을 밝히고 있다. 비록 현행 형소법 제208조가 예외적인 경우 재구속을 인정하고 있지만, 석방 후 재구속이라는 점에서 조선형사령처럼 연장을 통한 계속적 구속은 인정하지 않는다.

아무튼 이재유 사건을 보면 이재유가 경찰에 체포된 후 경찰관서에서만 150일을 있었는데, 이는 형사령의 유치기간을 상회하는 것이다. 사법경찰관들이 이재유의 판시 범죄사실을 서로 다른 범죄사실로 판단하여 계속 유치를 결정하였는가는 확실하지 않다. 다만 사법협회의 결의에 따르면 "동일 수사절차 중에 새로이 발각된 범죄사실이 연속범의 관계 —실제 이재유의 범죄사실은 대부분 연속범의 관계에 있는 것으로 이해되었다— 에 있는지 여부를 묻지 않고 이를 동일사건에 포섭시켜서 수사를 진행함을 원칙으로 하며, 동일한 피의사건에 대하여 다시 피의자를 유치할 수 없는 것이다. 사법경찰관 집무규정 제55조도 동일사건에 대해서는 다시

34) 玉名友彦 著, 국역 朝鮮刑事令釋義, 법원도서관, 2005, 74면.

35) 한편 현재 검찰의 구속기간 또한 10일이지만(현행 형소법 제203조), 지방법원 판사의 허가를 얻어 10일 이내에서 연장할 수 있도록 하고 있다(제205조). 특기할 만한 것은 현재 우리나라에서 치안유지법의 역할을 하고 있는 국가보안법의 경우에는 구속기간 연장에 대해 사법경찰관에게는 1회, 검사에게는 2회 연장이 가능하도록 규정하면서 최대 50일까지 구속할 수 있음을 규정하고 있어 주목된다. 일제의 치안유지법 운용에 있어 부단히 장기화시켰던 유치기간의 관행을 현재의 국가보안법이 법제화시켜 놓은 것처럼 인식될 수 있다는 점에서 개정이 필요할 것으로 판단된다.

피의자를 유치할 수 없다고 규정하고 있다. 따라서 새로이 발각된 범죄사실에 대해서 다시 유치할 수 없는 것이다"라고 하고 있어[36] 음미해 볼 가치가 있다.

사법협회가 새로 발각된 범죄사실에 대해서 사법경찰관은 다시 유치할 수 없다는 취지의 결의까지 채택한 것을 보면, 당시 사법경찰관이 범죄사실의 동일성을 불문하고 편법적으로 유치기간을 상회해서 피의자를 신문하는 일이 많았고, 이로 인한 피의자의 인권침해사례도 빈발했음을 유추할 수 있다. 해당 결의에도 불구하고 이재유가 유치기간을 상회하는 기간 동안에 경찰관서에서 신문을 받았다는 점에서 고문이나 가혹행위가 행해졌을 가능성이 있으며,[37] 이는 사상범이 엄격히 통제되던 식민지 조선의 실상을 반영하는 것이라 할 것이다. 이와 달리 미야케 교수의 사건기록을 보면, 1934년 5월 17일에 체포되어 검찰에 송국된 날짜가 5월 25일이므로 경찰에 유치된 기간은 10일이 채 되지 않았다.[38]

(2) 고문에 의한 피의자신문조서 작성

다이쇼 형사소송법 제343조는 피고인 등의 진술을 녹취한 서류는 '법령에 의해 작성된 신문조서'가 아닌 한 일정한 요건하에서만 증거로 사용할 수 있다고 규정하고 있다.[39] 그 결과 수사기관의

---

36) 司法協會 決議, 昭和 10年 1月 22日(1935) 參照.

37) 이재유는 제2회의 공판기일을 마치고 법원에 제출한 청원서에서 경찰로부터 고문을 받았음을 진술하고 있다.

38) 이후의 사건경과를 보면, 1934년 5월 25일 수리된 사건은 검사가 1934년 6월 4일에 예심판사에게 송부, 1934년 8월 27일 예심이 종결되어 공판에 회부, 1934년 12월 27일에 공판이 마무리되었다(미야케 교수 재판기록 참조).

39) 동조는 진술자의 사망, 질병 기타 사유로 진술자를 신문하는 것이 불가능한 때, 소송관계인의 이의가 없는 때에 한해 증거로 사용할 수 있다고 규정

임의처분 명목으로 작성한 청취서는 법령에 의해 작성된 신문조서가 아니므로 원칙적으로 지방재판소의 공판에서 증거로 사용할 수 없다. 그러나 조선형사령하에서는 이러한 제약은 의미가 없다. 조선형사령 제12조는 사법경찰관이나 검사에 대한 급속처분인 신문권을 활용하여 피의자나 증인을 신문하여 신문조서를 작성할 수 있도록 하고 있고, 이 신문조서는 법령에 의하여 작성된 신문조서로서 당연히 증거능력을 가지게 되기 때문이다.[40)]

문제는 고문에 의해 작성된 조서의 증거능력에 관한 문제이다. 이재유는 1937년 7월 5일 제2회의 공판이 있은 3일 후에 최종진술의 기회를 다시 달라는 청원서를 제출하면서, 그 사유 중 하나로 "경찰조서는 고문에 의한 위조가 많았고, 검사의 조서는 검사가 경찰서에 출장하여 경관과 협동하여 고문하면서 작성한 것임…"을 제시하고 있다. 해당 청원서의 내용을 보면 고문에 의한 자백은 자백배제법칙에 따라 자백의 증거능력을 부정해야 한다는 취지로도 볼 수 있다.

생각건대, 이재유의 청원서를 기초로 현재의 자백배제법칙을 상정하는 것은 무리가 있다. 오히려 이재유의 청원서는 해당 조서가 고문에 의해 작성된 것을 문제삼는 것이 아니라 고문에 의해 작성되어 '허위가 있다'는 점, 즉 조서의 허위를 문제삼고 있다는 점에서 자백의 증명력을 문제삼는 것으로 이해하는 것이 타당하

하고 있다.

40) 문준영, 「법원과 검찰의 탄생」, 568면 및 신동운, 앞의 논문, 161면. 다이쇼 형소법 제56조에 의해 피고인 · 피의자 · 증인 등의 신문에 대해서는 조서를 작성하도록 되어 있었고, 조선형사령 제12조에 의해 검사 및 사법경찰관은 급속처분권에 따라 피의자를 신문할 수 있었으므로 검사와 사법경찰관은 조서를 작성하여야 하며, 해당 조서는 형소법 제56조에 의해 법령에 의하여 작성한 조서가 된다.

다.[41] 영미의 경우 이재유 사건과 비슷한 시기인 1936년이 되어서야 Brown사건에 의해 Due Process에 의거한 자백배제법칙을 확립하였고,[42] 독일의 경우도 1950년대에 이르러서야 자백배제법칙이 자리잡았다는 점을 고려하면,[43] 당시 이재유 사건에서 자백의 임의성을 문제삼아 그 증거능력을 부정하려고 했다고 보기에는 무리가 있다. 결정적으로 당시 다이쇼 형소법에서는 자백배제법칙에 대한 명문의 규정이 없었다.

물론 규정이 없다고 해서 다이쇼 형소법이 고문이나 사술 등의 자백강요수단을 묵인 또는 방조한 것으로 볼 수는 없다. 즉 고문에 의해 작성된 조서의 증거능력을 부정하는 조문이 없을 뿐, 법관은 양심에 따라 해당 조서의 증명력을 의심해야만 한다.[44] 그러나 이재유 사건에서 법관은 이러한 고민을 하지는 않았다. 식민지 조선에 있어 고문은 공공연히 자행되었지만, 이에 침묵한 것은 법률이 아니라 법관이었다.

이재유는 청원서를 통해 제2회 공판기일에서 제한된 자신의

41) 이재유의 청원서 내용을 보면 "경찰조서는 고문에 의한 위조가 많았고, 검사의 조서는 검사가 경찰서에 출장하여 경관과 협동하여 고문하면서 작성한 것임, 예심조서는 와타나베 류우지(渡邊隆治) 판사가 담당하면서 경찰조서를 그대로 낭독하여 피고인의 진술없이 코바야시 쵸우조우(小林長藏)판사에게 회부, 거의 그대로 종결되었음. 이번 공판 중 사실 심문은 너무나 지나치게 간단하게 하고 또 이 사건에 대한 경찰적 여론과 그에 의한 관변의 여론이 피고인 사건의 내용과 너무나도 천양지차로 다른 까닭에 피고인이 자백한 최종진술에 의해 피고인 사건의 정체를 명백히 진술하기를 바라는 바임"이라고 하고 있다. 청원서 내용을 보면 해당조서의 증거능력을 부정하는 것이 아니라 진술서의 내용이 사실과 다른 부분이 있어 최종진술의 기회를 얻어 이를 명확히 소명하기를 바란다는 취지로 보아야 한다.

42) Brown v. Mississippi, 297 U.S. 278.

43) 이재상, 신형사소송법, 박영사, 2011, 525면 참조.

44) 다이쇼 형소법 제337조.

최종진술기회를 다시 얻으려 한 것일 뿐이며, 증거능력을 부정하여 무죄를 주장하려 한 것이 아니다. 왜냐하면 해당 조서를 증거로 사용하지 않는다 하더라도 이재유는 3회에 걸친 공판 중에 거의 대부분의 공소사실을 인정했기 때문에[45] 다이쇼 형소법 제346조[46]에 따라 치안유지법 위반죄가 인정되었을 것이다.

2. 검사의 신문과정에서 나타난 문제점

조선형사령 제15조와 형소법 제255에 따라 검사는 10일 이내에 공소를 제기하지 않으면 구금을 취소하여야 한다. 이에 따라 이재유는 1937년 5월 1일 경기도 경찰부에 의해 사건이 검찰에 수리된 지 10일 만인 5월 10일 예심회부가 결정되었다.

문제는 개정 전 조선형사령에 의하면 공소제기기간이 20일이었던 것이 10일로 줄어들면서 피의자를 신문할 수 있는 시간도 줄

45) 유죄로 인정된 범죄사실을 공판정에서 대부분 자백했지만, 일부 예심조서의 내용을 공판정에서 부인한 기록도 있다. 예를 들면 판시 범죄사실 3)의 정칠성을 만나 협의한 사실은 예심조서에는 기록이 있지만, 공판조서에는 이를 부인하였다(朝鮮總督府, 朝鮮人抗日運動調査記錄, "治安維持法違反 ― 李載裕外六名訊問調書"參照). 한편 판사는 해당 범죄사실도 유죄의 범죄사실로 인정하였다(思想彙報 第16号, 265면).

46) 형소법 제346조: 구재판소(조선의 재판소도 해당)에 있어 피고인이 자백한 때에는 소송관계인의 이의가 없는 한 다른 증거를 취조하지 않을 수 있다.
자백에 의해 공판절차를 간이화할 수 있다는 점에서 해당 규정을 현행 형소법상의 간이공판절차로 이해할 수도 있다. 현행 형소법상의 간이공판절차는 자백이 있는 경우에 증거조사 등의 공판절차를 간이화하고 있지만—예를 들면 간이공판절차에서는 전문증거에 대해서도 현행 형소법 제318조의 증거동의가 있는 것으로 본다—, 자백만으로 유죄의 심증을 형성할 수 없음을 천명하고 있다. 따라서 자백만으로 유죄의 심증형성이 가능한 것으로 이해하는 동 규정을 현행의 간이공판절차와 동일한 것으로 볼 수는 없다.

어들었다는 점이다. 이를 보완하기 위해 사건이 검사에게 송국·수리되기 전 검사가 경찰서에 출석하여 피의자를 신문하는 일이 있었는데, 이재유 사건의 경우에도 이러한 정황이 나타나고, 이재유도 이를 문제삼고 있다.

먼저 검사가 4월 23일 작성한 제1회 피의자 신문조서를 보면 작성주체는 검사지만, 작성장소는 경기도 경찰부로 되어 있다.[47] 이는 사건이 송국되기 전 경찰관서에서 검사가 임의로 피의자를 신문한 것이라 할 수 있다. 이재유의 청원서를 보면, 그 사유 중 하나로 "…검사의 조서는 검사가 경찰서에 출장하여 경관과 협동하여 고문하면서 작성한 것임…"을 제시하고 있다.

현행 형소법 체제에서는 검사가 경찰관서에 임의출석하여 피의자 신문조서를 작성하는 경우에는 해당 피신조서의 증거능력을 부정한다.[48] 현행 형소법 체제하에서는 작성주체에 따른 조서의 신뢰도에 차별을 두어 전문법칙의 적용을 배제하는 요건을 달리하고 있다. 특히 사법경찰관작성의 피신조서는 검사작성의 피신조서와 달리 증거능력이 인정되는 요건이 까다로운만큼 수사기관에 의한 편법적 신문이 자행될 수 있어 우리 판례가 이를 제한하고 있는 것이다. 즉 지금의 형소법 체제에 의하면, 이재유에 대한 검사의 피신조서는 공판정에서 증거로 사용할 수 없게 된다.

문제는 이러한 피신조서 작성이 당시의 다이쇼형소법에 반하

---

47) 朝鮮總督府, 朝鮮人抗日運動調査記錄, "治安維持法違反 — 李載裕外六名訊問調書" 參照. 이 때문에 종종 검사에게 사건이 송국된 것이 4월 23일이라는 입장이 있다는 것은 전술하였다.

48) 검찰송치 전에 피의자를 상대로 검사가 피의자신문조서를 작성한 것은 내용만 부인하면 증거능력이 상실되는 사법경찰관 작성의 피의자 신문조서상의 자백을 부당하게 유지하는 수단으로 악용될 가능성이 있으므로 제312조 제1항을 적용할 수 없다(대판 1994.8.9, 94도1248).

는가의 문제이다. 다이쇼 형소법 제343조에 따르면 검사작성의 피신조서는 법령에 의해 규정한 신문권을 가지고 작성한 것이어서 해당 조서는 당연히 증거능력을 가진다. 이는 경찰조서 또한 마찬가지이다.[49] 현행 형소법 체제에서는 법원의 공판조서 정도가 당연히 증거능력을 가지는데, 이런 점에서 다이쇼 형소법 제343조의 규정은 검사 및 경찰관이 작성한 조서에 대해 법관이 작성한 공판조서와 동일한 정도의 신뢰를 부여한 것이라 할 수 있다. 따라서 다이쇼 형소법 체제하에서는 검사가 경찰관서에 출장하여 피신조서를 작성하였다는 정도로 조서의 신뢰도를 의심하여 증거능력을 제한하였을 것이라고는 보기 어렵다.

3. 예심과정의 문제점

예심이란 공소제기 후에 피고 사건을 공판에 회부할 것인가의 여부를 결정하고 공판에서 조사하기 어렵다고 생각되는 증거를 수집하고 확보하는 공판 전 절차를 말한다. 예심제도하에서 검사는 경찰로부터 사건을 송국받은 후 피의자를 신문하여 공소제기여부를 결정하게 되는데, 이 때 검사는 사건을 바로 공판에 회부하거나 예심판사로 하여금 공소제기여부를 결정하게 하도록 사건을 송부할 수 있다.

예심제도는 기소여부를 법원이 신중하게 결정하도록 함으로써 피의자에 대한 기소남용을 방지하고, 공판절차를 기다려서는 멸실, 훼손될 우려가 있는 증거의 수집과 보전에 만전을 기함으로써 실체진실의 발견에 기여하는 것이 목적이라 할 수 있다.[50]

---

49) 이런 점에서 현행 형소법이 경찰이나 검사 작성의 피신조서에 대해 전문법칙을 적용해 증거능력을 제한하는 것과 대비된다.

그러나 식민지 조선에 있어서는 예심의 기소남용방지는 큰 의미를 가질 수 없었다. 왜냐하면 범죄즉결례를 통해 즉결심판이 광범위하게 인정되고 있었으며, 중죄사건에 대한 검사의 예심회부가 필수적인 것이 아니라 임의화되어 있었기 때문이다.[51] 일반적으로 구예심(求豫審)과 구공판(求公判)을 결정하는 것은 범죄의 경중, 범죄사실의 복잡성 등으로, 메이지 형소법의 경우에는 중죄사건의 경우에는 예심을 의무화하고 있었다.[52] 이에 반해 식민지 조선의 경우에는 조선형사령 제16조에서 사안이 복잡한 경우에만 예심을 청구할 수 있는 것 —이 조차도 검사의 재량이다— 으로 하고 중죄의 경우에는 규정조차 없었다.[53]

이재유 사건의 경과를 보면 이재유는 1937년 5월 10일 예심회부가 결정되었고, 동년 11월 17일에 피고인 신문이 시작되어, 1938년 2월 17일에 3차 예심을 끝으로 절차가 종결되어 공판회부가 결정되었다. 사건의 경과를 보면 알 수 있지만, 예심기간은 9개월에 걸쳐 진행되었다. 일반적으로 예심제도의 가장 큰 문제로서 예심절차의 부당한 장기화를 들지만, 이에 못지않게 절차상의 문제나 조서의 증거능력과 관련해서도 문제가 있다.

---

50) 현행 형소법은 예심제도가 없다. 다만 검사의 기소남용방지를 위한 보완책으로 예심에 비해 부족하지만 즉심과 재정신청제도가 있고, 공판 전 증거수집과 보전에 대해서는 제184조의 증거보전제도와 제221조의 2의 증인신문청구가 기능하고 있다.

51) 신동운, "일제하의 예심제도에 관하여," 『서울대학교 법학』 제27권 제1호, 152면.

52) 明治刑訴法 弟61條.

53) 중죄사건에 있어 예심의 임의화는 대만에서 먼저 실시했는데, 이는 일제의 식민지경영에 있어서는 보편적 현상이라 할 수 있다. 조차지 및 식민지가 증가하면서 예심을 담당할 예심판사가 절대적으로 부족했기 때문에 나타난 현상이라 할 수 있다.

(1) 변호사의 조력을 받을 권리의 부재

다이쇼 형소법 제39조에 따르면 피고인은 공소의 제기가 있은 후에는 언제라도 변호인을 선임할 수 있다고 하고 있다. 검사에 의해 구공판 또는 구예심의 처분이 있으면 공소제기가 있는 것으로 보기 때문에 예심절차에서도 변호인의 조력을 받을 수 있지만, 피의자 신분으로 경찰관서나 검찰국에서 조사를 받을 때는 변호인의 조력을 받을 수 없었다. 이는 현행 형소법 제30조 제1항이 피고인이나 피의자는 언제나 변호인을 선임할 수 있도록 규정하고 있는 것과는 대조를 이룬다.

한편 사건 경과를 보면 이재유의 변호인 선임계는 변호사 신태옥에 의해 1938년 5월 30일 제출되었다.[54] 동년 6월에 공판이 시작되었으므로 예심단계에서 이재유는 변호사의 조력을 받을 수 없었다는 것을 알 수 있다. 이는 밀행주의가 지배하는 예심절차의 기본적 속성에 기인한 것으로 판단된다.

예심은 밀행주의가 기본이다.[55] 메이지 형소법의 경우 예심판사의 피고인 신문에는 법원서기만이 입회하여 조서를 작성하고,[56] 증인신문에도 검사와 피고인의 입회권은 없었다.[57] 즉 피고인은 신문절차에서 변호인의 조력을 받을 수 없었으며, 증인신문에 대해서는 피고인과 변호인은 입회권조차 없으므로 반대신문권은 애초에 꿈도 꿀 수 없는 일이었다.

이에 반해 다이쇼 형소법은 메이지 형소법에 비해 변론주의를

54) 朝鮮總督府, 朝鮮人抗日運動調査記錄, "治安維持法違反 — 李載裕外六名訊問調書 等," 4945면.

55) 신동운, 앞의 논문, 156면.

56) 메이지 형소법 92조.

57) 메이지 형소법 92조.

강화한 측면이 있다. 일단 예심절차에 변호인을 선임할 수 있고, 증인 신문의 경우에 검사 및 변호인에게 입회권을 인정하고 있으며,[58] 검사 · 피고인 또는 변호인은 예심 중 언제라도 필요한 처분을 예심판사에게 청구할 수 있었다.[59] 그러나 필요한 처분을 청구하더라도 이에 대한 인용여부는 예심판사의 직권에 속하는 재량사항이며,[60] 변호인은 예심에 입회를 허가받아야 예심처분에 관한 서류 및 증거물을 열람하고 등사할 수 있었으므로,[61] 변론주의 강화는 유명무실한 것이었다.[62]

변호인의 입회가 예심판사의 재량사항이었으므로 피고인은 변호인을 선임할 수 있다 하더라도 변호인의 조력을 받기가 쉽지 않았음을 알 수 있다. 당시 예심단계에서 이재유가 변호인을 선임하지 않은 이유를 명확히 알 수는 없지만, 변호인을 선임하였다 하더라도 입회할 수 있었을까 하는 의문이 드는 것은 사실이다. 이재유의 공판기록을 보면 예심판사가 신문을 할 때 답변을 유도하거나 종용하는 사례가 있었음이 보인다.[63] 만약 변호인이 신문 당시 입회하여 있었다면 과연 예심판사의 답변 유도나 종용이 가능했을까.

한편 이재유는 변호인뿐만 아니라 그 누구의 조력도 받을 수 없는 상황이었다. 이재유에 대해서는 죄증인멸과 도주우려를 이유로[64] 예심절차 내내 타인과의 접견 및 수수가 금지되었다.[65] 현행

58) 다이쇼 형소법 제302조 제1항.
59) 다이쇼 형소법 제303조 제1항.
60) 신동운, 앞의 논문, 161면.
61) 다이쇼 형소법 제44조 제2항.
62) 같은 취지의 입장으로는 신동운, 앞의 면.
63) 이재유 사건의 공판조서를 보면, 예심판사가 "대수로운 일이 아니므로 아무래도 좋지 않은가"라고 해서 답변을 유도한 정황이 있다(김경일, 앞의 책, 460면 이하 참조).
64) 다이쇼 형사소송법 112조 제1항: 재판소는 죄증을 인멸하거나 도망할 염

형소법을 보면 변호인과의 접견교통권은 절대적으로 보장되지만, 비변호인과의 접견교통권은 법률의 범위 내에서 제한된다(현행 형소법 제89조). 현행의 형소법 체제에서도 죄증인멸 및 도주의 개연성이 있는 경우에는 비변호인과의 접견 및 수수를 제한하므로 도주한 전력이 있는 이재유에 대해 접견을 제한한 조치가 부당하다고는 할 수 없다. 그러나 예심절차 내내 변호인의 조력도 받을 수 없는 이재유의 입장에서는 비변호인과의 접견 수수마저 제한됨으로써 절차 내내 외로운 싸움을 할 수밖에 없었다.

(2) 요식적인 절차가 되어버린 예심

예심조서는 다이쇼 형소법 제343조에 따라 법령에 의해 작성된 조서로서 공판정에서 절대적인 증거능력이 인정된다. 문제는 조선형사령에 의해 예심판사의 권한이 대부분 검사와 사법경찰관에도 인정되어 있었다는 점이다. 즉 예심판사가 적극적으로 증거수집 및 조사를 하지 않고, 경찰이나 검사의 피의자 신문조서에 의존할 수 있는 토대가 조성되어 있었다 할 것이다. 이에 따라 예심이 실질적으로 증거수집과 보전의 기능을 다할 수 없다는 한계에 봉착하게 됨으로써 실제로 조선에 있어서는 예심제도가 유명무실

려가 있는 때에는 구류된 피고인과 타인과의 접견을 금하거나 또는 타인과 수수할 수 있는 서류 기타 물건을 검열하고, 그 수수를 금하거나 또 차압할 수 있다. 단 양식은 그 수수를 금하거나 차압할 수 없다.

65) 治安維持法違反-李載裕外六名訊問調書, 4229면 等 參照. 한편 해당 처분을 통해 변호인의 접견 수수도 제한할 수 있는지는 불분명하다. 현행 형소법의 경우에는 변호인의 접견교통권은 제한할 수 없으므로 현행 형소법 제89조의 타인에 변호인은 들어가지 않는다. 그러나 다이쇼 형소법 체제에서는 변호인의 접견수수를 제한할 수 있으므로 제112조 제1항 —동조가 현행 형소법 제89조와 동일한 조문이라 하더라도— 의 타인에 변호인을 포함하는 해석을 할 여지도 있다.

해지는 결과 —기소남용의 방지목적도 의미를 상실했다는 점은 이미 확인하였다— 를 낳기에 이르렀다.

이는 이재유의 최종진술기회를 요구하는 청원서에도 나타나 있다. 이에 따르면 "예심조서는 와타나베 류우지(渡邊隆治) 판사가 담당하면서 경찰조서를 그대로 낭독하여 피고인의 진술없이 코바야시 죠우조우(小林長藏) 판사에게 회부, 거의 그대로 종결되었다"고 하고 있는데, 이는 예심이 지극히 형식적이었음을 보여주는 대표적 예시라고 할 것이다.

(3) 예심기간의 부당한 장기화

다이쇼 형소법 제113조에 따르면 예심에 있어 구류기간은 2월로 하고 계속의 필요 있는 경우에는 1월마다 결정으로 이를 갱신할 수 있도록 하고 있다. 다이쇼 형소법상의 구류갱신에 횟수의 제한은 없다.[66] 한편 조선형사령 제16조는 "조선에 있어 형소법 제113조에서 2월로 쓰여 있는 것은 3월로 하고 1월로 쓰여 있는 것은 2월로 한다"고 규정하였다. 이에 따라 예심에 의한 구류기간이 일본 본토에 비해 장기화되어 있었다. 구류기간의 기산점과 관련해서 검사가 피의자를 구금한 채로 공소를 제기한 때에는 법원은 형사령 제16조에 규정된 구금기간의 기산점을 검사가 구금한 날부터 기산하는 것으로 보았다.[67]

이를 기초로 이재유 사건의 경과를 살펴보면, 이재유는 다이쇼 형소법 제90조 제1항 및 제87조에 따라 죄증인멸 및 도주우려가 있다고 판단되어 구금이 결정되었다.[68] 경찰에서 검찰로 사건

66) 이는 현행 형소법이 피고인 구속의 경우 심급별로 2개월을 기준으로 매 2개월씩 2차에 한해 갱신하도록 하고 있는 것과 구별된다(현행 형소법 제92조).

67) 大正 12年(1923年) 12月 19日, 覆審法院以上監督官會議決議.

이 송국된 것이 1937년 5월 1일이므로 이재유의 구금에 대한 기산점은 5월 1일이 된다. 따라서 이재유의 구금기간은 다이쇼 형소법 제113조와 조선형사령 제16조에 의해 7월 31일로 종결되지만, 7월 28일 1차로 2개월간의 구금갱신결정이 있은 후 1938년 5월 31일까지 모두 6차례의 갱신이 있었다. 특히 예심이 종결되어 공판에 회부한 것이 1938년 2월 18일이었음에도 공판이 개시된 6월까지 다시 3개월 이상 구금이 계속되었다.

앞서 살핀 바와 같이 조선에 있어서는 예심제도가 기소남용의 방지 및 증거수집과 증거의 보전이라는 본연의 기능을 다할 수 없는 상황에서 그 기간만이 부당히 장기화되어 있어 미결상태에서 피고인의 고통만 가중되었다고 할 수 있다.

4. 공판절차상의 문제점

이재유 사건은 1938년 2월 18일 예심이 종결된 후 4개월이 지난 1938년 6월 24일 제1차 공판이 있었고, 7월 5일 2차 공판, 7월 12일 제3차 공판에서 이재유에 대해 징역 6년이 선고되었다.

당시 공판정에서는 경찰조서와 검찰조서 그리고 예심조서가 각각 증거로 사용되었으므로,[69] 공판정에서의 증거조사나 사실심

68) 제90조 제1항: 제87조의 규정에 의해 피고인을 구류해야 할 원유가 있는 때에는 이를 구류할 수 있다.
제87조 제1항: 다음 경우에는 직접 피고인을 구인할 수 있다.
1. 피고인이 일정한 주거를 가지고 있지 않은 때
2. 피고인이 죄증을 인멸할 우려가 있는 때
3. 피고인이 도망하려 한 때 또는 도망할 우려가 있는 때

69) 해당 조서들은 법률의 규정에 의하여 작성된 것으로써 당연히 증거능력이 인정된다는 점은 앞서 살펴보았다.

리는 형식적인 절차가 될 우려가 있었다. 이재유의 3차에 걸친 공판조서를 보면 재판장은 예심조서의 내용과 이재유의 진술을 비교하는 것에 상당한 시간을 할애하고 있는데,[70] 이것만 보더라도 공판정에서 사실심리가 서면에 의해 형식적으로 이루어졌다는 것을 알 수 있다.

아무튼 이재유는 자신의 범죄사실을 공판정에서 대부분 인정하였다. 특기할 만한 것은 이재유가 제2회 공판절차가 끝난 후 청원서를 통해 최종진술의 기회를 다시 달라고 한 점과 재판장에 대해 기피신청서를 제출한 점이다.

먼저 피고인의 최종진술의 기회보장과 관련하여 다이쇼 형소법 제349조 제3항은 "피고인 또는 변호인에게 최종에 진술할 기회를 주어야 한다"고 규정하고 있다. 이재유도 이러한 기회가 주어졌지만, 자신의 진술을 다하지 못하고 법원은 날씨 등을 이유로 서둘러 폐정하였다. 이재유 사건에서 재판장이 이재유의 최종진술을 다 듣지 않고 폐정한 이유는 아마 다른 공범자들과 이재유가 차별화된 행보를 보였기 때문으로 추측된다. 당시의 공판기록을 보면 변우식 등 다른 공동피고인들은 최종진술의 기회에 전향적인 발언을 하였지만, 이재유만은 현재의 사회제도를 변혁할 수 있는 것은 공산주의이고 장래에 일본도 공산화될 것이라는 발언을 하는 등 스스로의 사상적 무장을 공고히 한 것을 알 수 있다.[71] 이재유는 최종변론을 마치지 못하고 제2회 공판절차가 종료된 다음, 형소법 제350조에 따라 1938년 7월 8일 최종진술의 기회를 다시 달라는 청원서를 제출하였다. 형소법 제350조는 최종변론 후 변론재개에 대한 규정인데, 해당 사항은 법원의 재량이므로 청원은 받아들여

70) 김경일, 앞의 책, 460면 이하(부록-이재유사건의 공판조서) 참조.

71) 김경일, 앞의 책, 486-487면에서 참조.

지지 않았다.

한편으로 이재유는 7월 9일 재판장에 대한 기피신청서를 제출하였다. 그 사유는 크게 4가지인데, 피고인의 진술과 질문을 억압적으로 중지시키고 제한한 사실, 재판장이 피고사건의 취조고문주임경관을 공판정에 입회시켜 피고인을 위협하고 피고인의 진술을 불리하게 함으로써 스스로 사법권의 침입을 인정하게 한 사실,[72] 검사의 8년 구형이 법정형인 7년을 상회하는데도 이를 인정한 사실,[73] 최종진술의 기회를 제한한 사실 등이다.[74] 이재유 사건에 있어서는 형소법 제24조의 제척사유는 없는 것으로 보이며, 이재유는 편협한 재판을 할 우려가 있는 것으로 판단하여 기피신청을 한 것으로 생각된다.

기피신청의 경우 형소법 제25조는 제1항에서 "판사가 직무 집행으로부터 제척되어야 할 때, 또는 편협한 재판을 할 우려가 있는

72) 현행 형소법의 경우에도 조사자 증언제도를 두어 피고인을 신문한 경찰관의 공판정의 입회가 가능하도록 하고 있다. 물론 현행 조사자 증언제도가 사법경찰관 작성의 피의자 신문조서의 내용을 피고인이 부인한 경우에 대한 증거보완의 일환으로 인정되는 것으로써 이재유 사건의 경찰관 입회와는 다르다고 할 수 있지만, 사법경찰관의 공판정 입회만으로 공판절차가 위법하다거나 피고인에게 불리한 것으로 평가할 수는 없다. 다만 사법경찰관이 피의자를 신문하는 과정에서 가혹행위나 고문이 있었다고 한다면 법원은 이를 심리에 고려하여야겠지만, 당시 이를 기대하기는 어려웠을 것이다.

73) 이 점은 이재유와 변호인이 법률을 잘못 이해한 것이다. 왜냐하면 이재유는 1930년 11월 5일 치안유지법 위반혐의로 징역 3년 6월을 선고받고, 1932년 12월에 만기출소한 전력이 있다. 이재유는 형집행이 종료된 후 3개월이 지나기 전에 다시 재범을 하였으므로, 형법 제56조 및 제57조에 따라 징역 장기의 2배 이하로 처단형을 정할 수 있었다. 따라서 당시 치안유지법상 협의죄의 법정형이 7년인 것을 감안하면 14년 이하의 범위에서 처단형이 결정되기 때문에 검사의 구형량이 과하다고 할 수는 없다.

74) 朝鮮總督府, 朝鮮人抗日運動調査記錄, "治安維持法違反 — 李載裕外六名訊問調書 等," 5094면 以下.

때에는 검사, 피고인 또는 사소당사자는 이를 기피할 수 있다"고 규정하고 있다. 그러나 한편으로 형소법 제29조 제1항 및 제2항에 따르면 소송지연의 목적이 명백한 기피신청에 대해서는 기피신청을 받은 해당 재판부가 각하결정을 할 수 있다. 즉 오늘날의 간이기각결정을 할 수 있도록 규정하고 있다. 또 일반적으로 기피신청이 있으면 소송진행이 정지되지만, 위와 같이 간이기각결정이 있는 경우에는 소송진행을 정지하지 않는다.[75] 소송진행의 정지는 소송지연방지를 위해 간이기각결정을 둔 취지를 형해화시키기 때문이다. 또 동법 제31조는 이와 같은 간이기각결정의 경우에도 즉시항고할 수 있도록 규정하고 있지만, 이재유는 즉시항고하지 않은 것으로 보인다.

현행의 형사절차에서 기피신청의 시기와 관련하여 기피신청권을 보장하면서도 남용의 방지를 위해 기피신청을 변론종결시까지로 제한한 것을 보면,[76] 심리 중에 가만히 있다가 선고만을 남겨둔 상황에서의 기피신청을 하는 것은 재판을 지연시킨다고 볼 만한 충분한 사유가 된다. 이재유의 경우에도 제2회의 공판이 끝나고 최종 결심공판이 남은 상황에서 기피신청서를 제출했으므로 이는 기피신청을 기각할 만한 사유라 할 것이다.

---

75) 다이쇼 형사소송법 제30조: 기피 신청이 있는 때에는 전조의 경우(소송지연 등의 목적으로 기피신청하는 경우)를 제외하고 소송절차를 정지해야 한다. 단 급속을 요하는 경우에는 이에 제한되지 않는다.

76) 권오걸, 『스마트형사소송법』, 형설출판사, 2012, 44면; 배종대/이상돈/정승환, 『신형사소송법』, 홍문사, 2009, 32/26.

Ⅳ. 결 론

이 논문에서는 이재유 사건을 수사단계, 예심단계, 공판단계로 나누어 고찰하고 있다.

수사단계에서는 경찰 수사단계에서의 과도한 유치기간의 문제와 고문에 의한 피의자신문조서의 작성이 문제되었다. 한편 검찰수사단계에서는 단축된 유치기간으로 인해 검사가 경찰서에 출장하여 피신조서를 작성하는 문제점을 고찰하였다. 경찰의 유치기간이 검사의 유치기간을 훨씬 상회하는 것은 조직적인 면에서 경찰이 검찰보다 훨씬 잘 정비되어 있었음을 반증하는 것이다. 그리고 당시 경찰은 검사와 비슷한 강제처분권한을 행사하며, 경찰 작성의 피신조서에 대해서는 검사작성의 피신조서와 동일한 정도의 증거능력이 인정되는데, 이러한 특징으로 인해 검사보다는 경찰에 더 장기간의 유치기간을 부여하고 있는 것으로 판단된다. 이러한 특징은 현행 형소법체제에서 검사에 비해 단기간의 유치기간을 부여받고 있는 우리 경찰과 대비된다. 현행 형소법 체제에서 검사는 경찰에 비해 강력한 처분권한을 가지고 있고, 검사작성의 피의자신문조서도 사법경찰관 작성의 피신조서에 비해 증거로서의 신뢰성이 더욱 강화되어 있다는 점은 유치기간의 차이와 무관하지 않다.

한편 예심단계에서는 이재유가 변호인의 조력을 받을 수 없었다는 점과 예심의 요식화로 인한 문제, 그에 비해 예심이 장기화되어 있었다는 점을 살펴보았다. 특히 예심이 가지고 있던 기소남용의 방지 및 증거수집과 보전이라는 기능은 조선의 사상범에 대해서는 그 의미를 상실하고 있었다. 기소남용의 문제는 즉심의 광범위한 인정과 중죄사건에 대해 예심을 임의화함으로써 그 의미를 상실하였고, 증거수집과 보전의 기능은 경찰과 검사의 피신조서에 당연히 증거능력을 인정함으로써 형해화되어 있었다 할 것이다. 이재유 사건의 경우에도 예심절차는 경찰이나 검사의 조사를 확인하는 수준에 불과하다는 점을 살펴보았다. 현행의 형소법 체제는 예심제도를 취하고 있지 않으므로 절차상의 직접적 비교는 어렵다. 다만 검사의 기소남용방지를 위한 보완책으로 즉심과 재정신청제도가 있고, 공판 전 증거수집과 보전에 대해서는 제184조의 증거보전제도와 제221조의2의 증인신문청구가 기능하고 있다. 즉심과 재정신청만으로는 기소재량을 광범위하게 인정하는 검사의 공소권을 제한하기에는 무리가 있으며,[77] 공판전 증거보전의 경우에는 검사나 피고인 등의 신청이 있는 경우에 한해 인정된다는 점에서 한계를 가질 수밖에 없다. 즉 현행의 제도에서도 각각의 기능은 나름의 한계를 가지고 있다고 할 것이다.

마지막으로 이재유 사건의 공판절차를 보면, 서면을 근거로 심리가 진행되고 있음을 알 수 있다. 이는 현행 공판절차가 변론주의의 강화를 통해 공판중심주의를 실현하려는 것과 대비된다. 현행 형소법은 실체진실의 발견을 위해 조사자 증언제도와 교호신문제도를 도입하는 등 공판중심주의의 실현에 중점을 두고 있지만, 당시로서는 이미 공판전단계에서 작성된 조서에 대해 당연히 증거능력을 인정하고 있기 때문에 심리가 서면을 중심으로 형식적으로 이루어질 수밖에 없는 한계를 가지고 있다.

이상 이재유 사건을 통해 일제의 사상범통제의 구체적 모습을 평하자면, 대체로 법률에 근거하여 절차를 진행하고 있지만, 경찰

77) 검사의 광범위한 기소재량으로 인해 최근에는 판사가 검사에게 공소제기를 부탁하는 소위 기소청탁의 문제도 제기되었다.

및 검찰 작성 조서에 당연한 증거능력을 부여함으로써 예심절차나 공판절차가 요식화되거나, 법정 유치기간을 상회하는 구금기간으로 인해 불법적이고 편법적인 신문이 행해진 점이 특징이라 할 것이다.

찾아보기

【저자약력】

김성돈
성균관대학교 법학박사
성균관대학교 법학전문대학원 전임교수

류부곤
서울대학교 법학박사
한경대학교 법학과 전임교수

이정훈
서울대학교 법학박사
울산대학교 법학과 전임교수

박성민
성균관대학교 법학박사
울산대학교 인권법학연구센터 전임연구원

다키이 가즈히로(瀧井一博)
교토대학교 법학박사
국제일본문화연구센터 전임교수

한국사법의 근대성과 근대화를 생각한다

2012년 12월 30일 초판 인쇄
2013년 1월 10일 초판 발행

저　자 김성돈 · 이정훈 · 다키이 가즈히로 · 류부곤 · 박성민
발행인 이 방 원
발행처 세창출판사
서울 서대문구 냉천동 182 냉천빌딩 4층
전화 723 - 8660　팩스 720 - 4579
e - mail: sc1992@empal.com
http://www.sechangpub.co.kr
신고번호 제300 - 1990 - 63호

잘못 만들어진 책은 바꾸어 드립니다.　**정가 22,000 원**

ISBN 978-89-8411-358-9 93360

한국사법의 근대성과
근대화를 생각한다